元宇宙指南
虚拟世界新机遇

[韩] 崔亨旭 (최형욱) / 著　宋筱茜　朱萱　阚梓文 / 译

메타버스가 만드는 가상경제 시대가 온다

CTS 湖南文艺出版社
PUBLISHING & MEDIA　HUNAN LITERATURE AND ART PUBLISHING HOUSE

博集天卷
CS-BOOKY

著作权合同登记号：图字 18-2021-272

图书在版编目（CIP）数据

元宇宙指南 /（韩）崔亨旭著；宋筱茜，朱萱，阚梓文译 . -- 长沙：湖南文艺出版社，2022.1

ISBN 978-7-5726-0494-2

Ⅰ . ①元… Ⅱ . ①崔… ②宋… ③朱… ④阚… Ⅲ . ①信息经济 Ⅳ . ①F49

中国版本图书馆 CIP 数据核字（2021）第 250227 号

上架建议：经济学·经济学理论

YUANYUZHOU ZHINAN
元宇宙指南

作 者：［韩］崔亨旭
译 者：宋筱茜 朱 萱 阚梓文
出 版 人：曾赛丰
责任编辑：匡杨乐
监 制：吴文娟
策划编辑：曾雅婧
营销编辑：傅 丽 闵 婕
版权支持：金 哲
装帧设计：潘雪琴
出 版：湖南文艺出版社
（长沙市雨花区东二环一段 508 号 邮编：410014）
网 址：www.hnwy.net
印 刷：三河市中晟雅豪印务有限公司
经 销：新华书店
开 本：700mm×995mm 1/16
字 数：248 千字
印 张：22
版 次：2022 年 1 月第 1 版
印 次：2022 年 1 月第 1 次印刷
书 号：ISBN 978-7-5726-0494-2
定 价：68.00 元

若有质量问题，请致电质量监督电话：010-59096394
团购电话：010-59320018

METAVERSE

01　失衡与重建

从人类秩序的角度来看，当今正处在一个剧烈变迁的时代。剧烈的变迁会让人们感到困惑、混沌、无所适从，因为这种时代充满不确定性。剧变时代带来不确定性的原因有很多，其中一个重要原因是，技术变迁已经把人们不自觉地带入一个新的时代，人们却还是在以上一个时代的观念看待问题。新的时代不服从上一个时代的逻辑，基于上一时代的观念所形成的预期在现实中会屡屡落空，不确定性便浮现出来。

这种状况在历史上曾经出现过多次。比如，西班牙和葡萄牙率先开启了地理大发现，然而两国仍然是站在陆地的观念下来理解大海的。后起者英国、荷兰到海上冒险的时候，最好的土地已经都被西班牙、葡萄牙占取了。这两国被迫转换视角，不再是站在陆地上看海洋，而是转到海洋上看陆地。视角一旦转换，海洋就不再是人们需要克服的障碍，而是连通全球的大道了。所以，英、荷等国不再以占有海外土地为目标，而以占领咽喉航道的据点为手段，以称霸海洋为目标。这开启了一整套全新的战略逻辑，以及与之相适应的全新政治–经济逻辑。而率先开启了海洋时代的西、葡两国因为观念的滞后，并未真正地统治海洋。

观念与时代的错位，背后反映的是一系列失衡，失衡经常又是由技术进步带来的。知识生产和传播技术的进步会给人们带来对于正当秩序的新想象，以及这种想象的社会扩散。

进一步来说，物质层面的失衡，精神层面的失衡，最终都可以归结为观念上的失衡。技术已经呼唤出了新的时代，但人们在观念上仍然停留在上一个时代，应对失衡的方案与策略可能就是南辕北辙，甚至引发更大的失衡，引爆更大的问题。

所谓进步就是重建均衡，其中非常关键的一点又是观念上的升维。技术进步驱动着新的财富和知识的出现，但倘若这些新的东西还未获得精神自觉，则此时还没有形成新的秩序，而仅仅是出现了新的要素。此时也不是说传统秩序就不存在了，它通常会以某种形式成为人们突进到新的要素世界时所依凭的基础设施；但是传统秩序与新要素之间又可能有各种激烈的冲突。如何能够安顿激烈冲突的传统秩序与新要素，并导向新的秩序呢？这就需要一种观念层面的升维。

02 互联网与人类秩序

观察历史是为了理解当下。当下的世界处在巨大的不均衡当中，我们需要看清是什么技术造成这种不均衡，未来我们又需要如何升维。

造成这种不均衡的技术就是广义的互联网技术。互联网并不仅仅是种技术，它更是对人类秩序之演化逻辑的一种技术模拟。更进一步，因为互联网在重新构造人类相互之间的连接方式；同时，互联网上有大量的新观念，观念的传播速度也是前所未有地快，人们对于正当秩序的想象模型也就在不断地迭代演化，新的想象模型也以前所未有的速度在飞快传播。这些都使得互联网技术推动人类秩序的演化节奏大幅加快。

从20世纪90年代末互联网开始大规模兴起到现在，短短二十几年的时间，世界已经变得面目一新。这毫无疑问会带来大量不均衡的情况，同时，我们的观念更是会大幅落后于这个时代。所以迄今为止的互联网世界仍然处在秩序的混沌期，混沌期的意思是说，互联网世界还未获得精神自觉，从而仍不构成新秩序，而仅仅是一些仍然内含着各种偶然性的新要素而已。直到我们能够足够地升维，从更高视角来同时俯瞰新要素与传统秩序，找到统合两者的逻辑，新的秩序才能真的浮现出来。

03 数字世界的层次

（广义的）互联网构造着一个令人眼花缭乱的数字世界，但这个数字世界内在是分层次的。这里所谓层次不是高低之分，而是以其与传统世界的距离远近来划分。

（1）近几年来我们不断可以听到一句话："所有的行业都值得重做一遍，以互联网的方式。"数字经济再怎么发达，仍然需要各种线下经济实现，这些线下实现必须依托传统产业，所以传统产业是不可能消亡的，没有夕阳产业，只有夕阳做法。传统产业在今天必须以互联网的方式重构自身。这里我们就看到了与传统世界有着最紧密关联的数字领域，物联网，以及各种设备生产商、运营商等都是数字世界与传统世界的接口性存在，这是数字世界的第一层次。

（2）第二层次的数字世界则进入了由当下诸多数字巨头构建的虚拟经济，但这是非分布式的数字世界。在过去的十几年中，数字巨头营造出了一个庞大无比的数字世界，虚拟经济所制造的财富规模及其增值速度是传统世界完全无法想象的。在其所推动的内容生产上，这些数字巨头毫无疑问是分布式的；但网民都是在数字巨头提供的平台上活动的，数字平台本身的管理则是集中式的。所以，第二层次的数字世界由数字巨头主导。

（3）第二层次的数字世界是非分布式管理的，这还没有穷尽互联网的分布式可能性。于是又有了第三层次的数字世界，这会是一种纯分布式的世界，从用户的活动到平台的管理，这些都是分布式的。区块链为第三层次数字世界的出现提供了技术可能性。区块链的公有链的生命力基于链上的群体共识，而群体共识本身是分布式的，它可以基于某种原因建立起来，也可以一哄而散，没有人能够实质性地掌控它。

这就是第三层次的真正分布式数字世界的特征，它是由群体共识所主导的。

（4）元宇宙属于哪一层次，目前它还处在一种模糊状态。现在的元宇宙多半是由第二层次的数字巨头所推动建立的，仍然是一种非分布式的状态，是被数字巨头所主导，可以被数字巨头创造与摧毁的。但在逻辑上来说，真正的元宇宙应当是属于第三层次的，它应该是一种真正分布式的数字世界，它会有最初的发起者，但其发展演化的过程会超脱于最初发起者，获得其独立的生命力。区块链技术为这种元宇宙提供了技术可能性，分布式自治组织这种全新的类公司机制则为元宇宙提供了组织可能性。

元宇宙有着极大的可能性代表着未来，这又与技术的演化有关。当下元宇宙的大火，很像20世纪90年代末互联网泡沫的时候，由于人们直觉意识到了未来，于是纷纷拥进来卡位。也正是在泡沫过后活下来的公司把人类真正带入了互联网时代，才有了我们今天这个样子的世界，我们也才能坐在这里讨论元宇宙。

简单说，我们眺望到了未来，但我们还看不清最后会是谁真正地带来未来；甚至很有可能，真正带来未来的还没有出现，属于第三层次数字世界的元宇宙还未真正出现。而第三层次数字世界又依赖于第一层次数字世界作为基础设施，第一层次数字世界则更多地依赖传统世界作为基础设施，层层的传导会构成一个庞大的相互依赖、共生演化的网络。这种共生网络会反向地重塑传统世界的产业逻辑，也会更加深刻地重塑整个"传统-数字"共生世界的政治-社会逻辑。

面对这个正在生长中的数字世界，人们就像500年前面对海洋的西班牙人一样。这个数字世界还没有充分长成，其逻辑也还没有充分展开，人们无法对其有实在的认识，更多的是站在传统世界来想象这个世界。如何把握这样一种现实，对其获得精神自觉，从而真正地实现升维，构建起一种统合传统世界与数字世界的更具超越性的秩序，这是当下人类必须回应的一个时代问题。

施　展

2021年11月13日

序言

平坦的地球：无界的元宇宙
与虚拟经济时代

前不久，Facebook（脸谱网）发布了一则更新公告，它宣布Oculus Quest将支持无线连接功能。从那时开始，我就心心念念地等待着Oculus Quest的软件更新。虽然现在很多应用程序都已经可以不需要电脑运行了，它们只凭虚拟现实头盔内部的计算功能基本就可以运行，但像《半衰期：爱莉克斯》（Half-Life: Alyx）这种对设备性能要求极高的游戏还是需要通过一条条长长的USB数据线连接高配置电脑，并且驱动PCVR①才能运行起来。有了这项更新，用户不再需要数据线，用无线功能就可以玩高配置游戏了。

不仅如此，从120赫兹的显示器，到能识别物理键盘的虚拟现实办公应用Infinite Office（无限办公室），这次更新将一次性释出许多让人迫不及待想试一试的新功能。作为Oculus Quest的早期使用者，我激动不已，

① 编者注：PCVR即个人电脑外接的虚拟现实头戴式显示器，它接在电脑上方能使用。头戴式显示器一般分为三类：一体机VR、PCVR、VR主机。

心情就和等待苹果手机（iPhone）或特斯拉（Tesla）电动车推出新软件时一样。在完成更新之后，过去我一个月只用一两回的虚拟现实头盔，现在我一星期总要用上好几次。

我一直关注着过去几十年间技术的发展革新及新兴产业的诞生过程，并且从中领悟到了一个事实：每当变化的拐点到来时，我们都可以感受到奇妙的暗流涌动。

任何新事物的出现总要推翻长期以来的既得利益者，并建立起新的价值体系。人们会纷纷涌向新的平台，他们每天习惯的行为和生活方式也会因此而变得不同。在拐点降临的前夕，我们很早就能观察到其征兆，变化的种子已经发芽，它们正在破土而出。

万维网、苹果播放器（iPod）、智能手机、社交网络、虚拟现实头盔、特斯拉电动车、比特币……这些就像空气和水一样存在于我们现在的日常生活中。然而，仅仅在30年前，许多改变世界的产品和服务还不存在于这个世界上。当然，我们知道它们曾经不存在。但从变化的影响和结果回溯，我们才意识到，早在变化出现之前，本质的动因和起点就已存在。10年后、20年后改变世界的种子，此时此刻正在我们身边生长出小小的新芽。

当感觉到拐点正离我们越来越近时，我们是能够看到一些现象的，而这些现象可以分为两个阶段。第一阶段是指各项核心技术各自发展却始终无法达到临界点，最终其中一两项技术完成突破之前的时刻。各位玩家都做出了许多尝试，犯下的错误也不少，但都没有造成足够的冲击。第二阶段是指产品从早期使用者手中来到普罗大众中间，在成为大众的选择前，它们达到临界质量的那个时刻。MP3数字音乐产业的格局被苹果播放器颠覆之前，社交网络出现后开始向大众普及之前，苹果手机出现在每个人手上之前……在这些时刻，我们都可以看到变化的面貌和现象。

在这两个阶段的拐点上，我们都可以感觉到各个领域中"元宇宙"离我们越来越近。而我也开始写作这本《元宇宙指南：虚拟世界新机遇》。

哪些事物处于第一阶段，哪些领域已经开始抵达第二阶段……另一个能产生巨大变化和冲击的新时代已经近在我们眼前。

我个人正准备在元宇宙这个巨大的疆域里开启新平台的业务，这本书的写作也成为一个极佳的契机，它让我能够好好梳理新业务的整体动向和变化的方向，以及创造价值所需的核心因素。

我希望这本书能给想要在事业上找到新机会的企业家，想在现有产业中找到创新机会并做出新尝试的企业战略部门负责人，想通过读懂变化方向而为未来早做准备的创新者带来一些帮助，帮助他们发现临界点，创造出能改变世界的机会。

目 录

第六章 # 元宇宙的核心技术与必须克服的技术课题

第七章 # 元宇宙创造的新未来

第一章

元宇宙不是圆的

METAVERSE

每个人都有无限机会，
平坦的地球诞生！

格列佛周游列国的故事，想必大家小时候或多或少都读过或听过。小矮人生活的"利立浦特"、巨人生活的"布罗卜丁奈格"……记得在漫画或者绘本里，我读到过好多次关于它们的故事。

格列佛漂流到海边，当他醒来时发现自己整个身子都被绳索捆绑起来，周围密密匝匝全是15厘米左右高的小人。这个场景给人的印象太过深刻，以至于我现在回想起来都感觉这一幕好像就发生在眼前。很久之后我才知道，《格列佛游记》后两部中的空中飞岛"勒皮他"和由马统治的"慧骃国"其实是对当时社会的辛辣讽刺。这些格列佛游历过的想象国度看起来虽各不相同，但我却能感受到它们之间以人为中心的巧妙连接。

我也曾想象，当进入与现实世界相连的数字元宇宙（Metaverse）时，我们是不是就变成了格列佛，开启了我们的旅行？来到小人国，我们就变得力大无穷；面对令人敬畏的巨人，我们又变得如此渺小。就像所有的想象在飞岛都能变成现实，我们在虚拟世界中也成为全知全能的存在，凌驾于宇宙和大自然的伟大力量之上。我们可以尽情飞翔，也可以和来自全世界的独特虚拟化身秉烛夜谈。阴暗的中世纪城堡仿若迷宫，我们在地下室里寻找宝藏；城市如同钢铁丛林，我们在其间和朋友一起战斗奔跑。我们或用砖石盖起一栋建筑，建设一座城市；或在宇宙中穿越几百万光年的距离，成为一个星系的领袖。

这一切在元宇宙中都是可能的，并且目前也正发生着。18世纪的格列佛用很久时间才能游遍的想象之国，我们一夜之间就能走遍，我们每天都能在新的城市和空间中冒险。

数字技术打造出的元宇宙正在扩张中——开辟新空间，创造新世界，建设新城市。元宇宙和宇宙的第一点相似之处就是不断扩张。而第二点相似之处则是无人能触及其尽头，尽头处有什么也依然是未知的。

如同宇宙在大爆炸的瞬间从一个点开始膨胀，互联网上的一个个字节也在不断扩张，并且创造出如今的元宇宙。宇宙是无数时空、能量、物质、星球和粒子的总和。元宇宙与之相似，是由无限的虚拟时空和数据构成的。就像物质世界中存在宇宙，数字世界中也存在着元宇宙。

元宇宙的基础是连接。当超过一半的人类彼此连接、共同生活时，元宇宙也就此展开。宇宙大爆炸发生在138亿年前，而元宇宙的大爆炸不过是30年前的事。不知不觉间，我们每天都在元宇宙和现实世界里过着双重生活，分不清两者之间的界限。因为数字连接已经成了我们生活的一部分，渗透到日常的方方面面，而元宇宙也渗透进了生活。元宇宙能扩张到多大，我们生活的世界就能变得有多大。

在15世纪，哥伦布开始大航海，这是为了寻找新大陆、黄金和宝藏，抓住机遇获得财富。他相信在崭新的土地上有许多待开发的机会。也是因为相信地球是圆的，他才扬帆起航，驶向茫茫大海。令后人惊奇的是，他们最终真的证明了地球是圆的，并在第四次航行中发现了美洲大陆。西印度航路开辟后，美洲大陆带给了欧洲巨大的新机遇。

现在就是下一个大航海时代。向外，我们去发现、去征服宇宙；向内，数字打造出的元宇宙正在无限延展。这是另一个宇宙般硕大无朋的世界，它也必将成为充满机会的新大陆和新宇宙。这里充满未被发现的机会与可能性，它们正等着我们去挑战。

如果说，过去发现一片新大陆是去发现地球创造的事物，那么现在的元宇宙就是我们直接去创造、去找寻的。在元宇宙里，新大陆、新宇宙、新时空变成一张缩略图。无须几个月的航海或飞行，在现实世界的一瞬间里我们就能移动到想去的地方。不再剥削原住民，也不会破坏大自然，一切都能通过数字技术创造出来。尤瓦尔·赫拉利（Yuval Noah Harari）在《未来简史》中提出过"人是否能成为神"的疑问，而在元宇宙中，答案是"人已经成为神"。物理世界中人们相信的那些所谓"神"的能力，人类在元宇宙中也能够拥有。

哥伦布过去探索的地球是圆的，我们现在仍然生活在这个圆的地球上，但我们期待的元宇宙不再是圆的。更准确地说，它没有一定的形态，所以也就可能是任何形态。它饱含着我们的想象，它可以广大无边，也可以有棱有角；它的疆域可能有地球那么大，也可能只有足球场大小。我们可以把它打造成纯然的虚拟世界，也可以让它成为层层堆叠在现实世界之上，彼此连接的一道道图层。

所以，对每个人来说，元宇宙都是平的。每个人都能找到机会，每个人都能创造价值。虽然我们不能定义元宇宙的物理形态，但从可能性和机遇的角度来看，元宇宙是平坦的，也是无限大的。

让我们一起在平坦的元宇宙里探寻那无数的变化与可能性，共同探索元宇宙的意义与历史，以及人们潜意识中的欲望。许多企业曾经尝试过元宇宙实验，但它们因何而失败？又因何消失不见？我们可以探讨个中缘由，循着前人的足迹继续前行。要如何设置技术与环境之间的临界点？而这个临界点又应该在何时到来？我们也可以一起探讨这些问题，同时深入观察在这场全世界范围内发生的变革里，各个企业为在元宇宙中占得先机而做出过哪些努力？实施了哪些战略？最后，让我们来一起畅想元宇宙带来的未来产业多元的面貌，思考可以化身成虚拟经济、完成元宇宙化[①]（Metaversification）的一切。

[①] 作者注：元宇宙化是指与用户场景（context）或周围环境相连接并被虚拟化，从而具有元宇宙属性的现象。

第二章

连接的进化颠覆一切

01

互联网的进化

人与人之间的连接始终处于进化中。在互联网出现之前，电信、电话、广播等连接的技术就已存在。用户掌握了连接的主导权也就掌握了权力与金钱——为人们提供信息，自己能接收信息，这些都可以成为一种权力。

提供信息的范围和目的是多元化的。从告诉一个朋友市场上商品的打折信息，到向全国的棒球爱好者通报比赛结果，这都是在提供信息。因此，通过向大众提供希望他们看到的信息，你就可以操控或影响大众，提供信息也就成了一种权力。同时，在接收信息时，根据信息的实用性，利用信息来获得乐趣或利益，也使得接收信息成了一种权力。想要保证信息交换通道的畅通，就必须要做到保障各方之间的连接性。

过去人们通过印刷技术来保障这种连接性。报纸及其他纸媒作为大众媒体发挥着自己的权力，并取得了飞跃性的发展。电力技术发明之后，大规模的生产和消费成为大趋势。在此趋势下，通过以电波为特征的连接性，大众传播一跃成为新的大众媒体。

连接性的早期形态是单向的。无论是纸媒的印刷，还是电波的发送都是如此。公共广播电视是大众传播的基本形式，它通过电波单方面输出人们所需信息，其特征是单向触及非特定的大多数人。大众传媒正是在这一技术的基础上诞生的。作为最早的大众传媒，广播自诞生之日起耗时38年才实现了向5000万名听众传输信息，而电视为达成这一观众人数则花费了13年之久。

不过，自此之后，广播听众和电视观众的人数都开始呈指数增长。人们可以编排节目，选择内容，在他们需要的时间段投放广告。广播电视的制作和播放技术在很长一段时间内为电台和电视台提供了动力，使它们发展为极具权力的媒体。但真要说到能体现连接性的新技术，我们还是要等到有线电视的登场。有线电视转变了广播信息放送的形式，使原来向非特定的多数群体放送节目的方式转变为锁定特定用户，与之建立起频道连接。这种无死角、品质稳定的连接慢慢地占据了优势地位。以有线电视为基础的传媒产业与公共广播电视一同建立起丰富多样的内容、频道和网络，形成了一个庞大的生态系统。

然而，互联网的诞生改变了世界上的一切法则和标准。这种连接变成了双向的，也变得更广、更快，权力由此开始被分散。许多线下的事情逐步被转移到线上，亚马逊（Amazon）、易趣（eBay）、谷歌（google）诞生了。那些把靶心转向互联网的用户得以存活，但其他用户则退出了历史舞台。

连接也有大小和方向之分。根据可以连接多少人，是单向的还是双向的这样的区别，连接的属性有所不同。在数字媒体和互联网出现之后，作为交换数据的沟通媒介，互联网超越了人们在空间和时间上的局限，进而生成、储存和交换海量数据也成为可能。互联网取代了许多传统的线下业务，各种形态的数字媒体也随之诞生，并依靠各种数字设备实现生产和消费。

当数字技术的传输成本、储存成本、处理成本达到边际成本时，从文本到语音、图片、视频等多媒体的生产和消费不再受到制约。在包括报纸、公共广播电视、杂志、音乐、游戏、电影、出版等在内的媒体的各个领域里，我们都可以观察到过去在制约中获益的既得权力者式微，机会成本进一步下降的系列连锁反应。

随着线上活动几乎取代一切活动，并逐渐成为人们生活中无法避而不谈的一部分，连接起来的互联网也将权力分散并移交给个人，历史上最强大的"个人"由此诞生。由互联网创建的价值与现实世界的价值也开始连接在一起。

02
社交网络的诞生

社交网络平台出现在21世纪初。通过互联网，人们互相交换数据。从某个时刻开始，以这些数据为基础，人们开始形成新的关系。

在关系之上，关注也开始形成，信任不断累积，互联网由此进化——交换的不再是数据而是关系。诸如Twitter（推特）、Facebook、Instagram（照片墙）、领英（Linked-in）之类的社交网站诞生，而且它们以千万、亿、十亿为单位进行扩张。

社交网络能够追踪并交换人与人之间的关系数据，它的出现使得通过社交媒体和关系的扩张来生产、分享以及消费数据的方式产生变化，进而在广告和营销领域引发巨变。在人们建立关系，并以共同话题为中心产生连接的同时，营销开始通过社交来寻找客户，商业贸易建立了以社交为基础的体系，日常生活中人们在社交网络上投入的时间和精力也在逐渐增多。

03
通过智能手机成为连接中心的人类

20世纪80年代是掌上电脑和个人电脑的时代。个人拥有数字设备的时代缓缓拉开帷幕。20世纪90年代至21世纪初，人类社会进入了成千上万人都在使用手机和个人电脑的全盛时期。是否具有连接性成为区分过去与现在的重要标准。数字设备也超越其本身的属性拥有了连接性。

移动设备从简单管理日程的设备变身为可以与所有人通话的移动电话，而在连接网络之后，过去仅用来运行软件的个人电脑也发展为既能广泛获取世界上各方面的信息，也能生产信息的设备。

紧随其后，人们进入了手机和智能设备的时代。2007年，苹果手机的问世开启了前所未有的实时连接时代。人们可以随时随地搜索自己想要的信息，使用自己想要的服务，和想要与之产生连接的任何人沟通交流。此后，几乎人手一台能够随时产生连接的智能设备。这台设备有着强大的运算能力和以相机为代表的各类传感装置，利用其连接性，它也成了内容生

产的核心力量。与此同时，固定终端作为连接中心的地位被撼动，个人的移动性增强，"人"成了连接的中心。人们能够随时随地通过手机这个便携计算机生产并分享数据，与他人沟通，而且过去彼此不相连的物理空间也根据需求的变化产生了连接。

随着建立在"本地"这一位置之上的物理空间出现，按需服务也开始成为可能。媒体的实时性受到威胁，内容编辑去中心化就会形成新的用户环境。

04

与物相连的世界

　　在没有明确的人类介入的情况下，这里所说的"物"也可以相互连接在一起，它们通过传感装置来识别变化。互联网让人与物、物与物之间得以交换信息、相互交流，而互联网本身也就成了"物联网"。这意味着我们生活的方方面面都将被赋予了互联网的连接性，从个人健康到智能家居、办公、能源、安全、环境、物流、制造，乃至于智慧城市，这一充满可能性的光谱足以覆盖全部领域。一旦大量的传感装置与物在网上互相连接，即使没有人类的介入，许多事情也都可以实现自动化。与互联网相连的物开始为人类工作，而人们可以远程识别场景进行操控，这也将使物获得识别环境的能力。

05

连接的未来：
元宇宙、区块链与连接起来的智能

在此基础上，现在具有视觉场景的元宇宙正开始被连接在一起，区块链也被连接在一起，互联网长久以来梦想能够实现的分散式信任网络就此达成。一切都被上传到云端，人工智能正在变成可以为任何人所用的工具，进而分享人类的感情和经验，互联网本身也将向着成为一种被连接起来的智能而进化。

连接也正是这样持续进化的。无论愿意与否，我们都无法让这种变化停下脚步。让连接性变得更复杂而密集，更深刻而富有关联性，更迅捷也更巨大的同时，人类正在也必将成为连接起来的整个世界的中心。

第三章

什么是元宇宙？

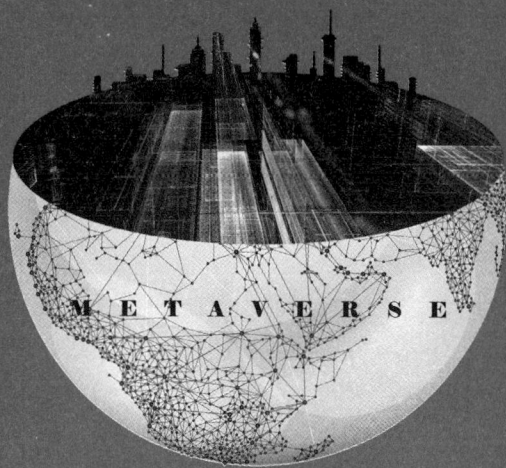

METAVERSE

"元宇宙"一词最早可以追溯到1992年，在尼尔·斯蒂芬森（Neal Stephenson）的赛博朋克科幻小说《雪崩》（Snow Crash）中，除了"元宇宙"首次登场以外，还出现了我们日常使用的"虚拟化身"（Avatar）一词，该词源于梵语，原指神下凡后化作人形的分身或化身等，后来在1985年理查德·加里奥特（Richard Garriott）开发的《创世纪 IV》中，该词被用于指代以图像形式呈现的游戏化身和用户角色，自此该词被赋予了新的意义。

　　在小说中，只有借用虚拟身体，人们才能进入虚拟世界"元宇宙"中活动，这时用户获得的身份和实体首次被称为"虚拟化身"。当然，如今在日常游戏和社交网络上，用于代替和象征用户的数字虚拟角色已作为一种扩展意义被广泛应用，就连小朋友也拥有多个虚拟化身。

　　小说的主人公阿弘是韩裔混血儿，他在现实世界中是兼职配送比萨的外卖员。但实际上他是一名深藏不露的天才黑客，是元宇宙里最强的战士和英雄。小说的故事情节十分引人入胜，讲述了主人公发现周围的人在感染奇怪病毒后，其在现实世界的精神和肉体也跟着受损，为了查明真相，主人公来回切换于现实世界与元宇宙之间。在与厉害人物展开角逐和查案的过程当中，他惊讶地发现这背后竟有一个现实世界的庞大传媒企业在操控这一切。

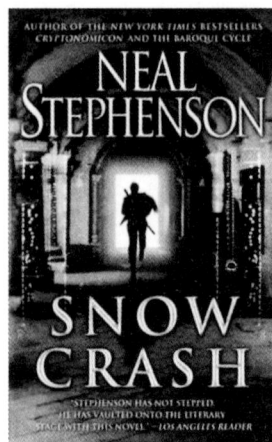

　　"元"（Meta）意味着"超越、高出"，"宇宙"（Verse）则代表了"世界"，它们的结合直观地暗示了"元宇宙"一词的含义。元宇宙，是一个由数字技术实现的无限虚拟世界，也是一个具有与用户互动场景的多维时空世界。

　　由于目前尚未有统一的标准定义，所以每个人对元宇宙的定义和划定的范围都略有不同。有人认为元宇宙是通过增强现实（AR）、虚拟现实（VR）等技术实现的世界；也有人认为元宇宙囊括了游戏、互联网等，是个广义的概念；还有人认为这只是在韩国流行一时的现象或是营销用语而已。但毋庸置疑的一点是，这是经历新冠疫情后韩国社会正在加速数字化转型的重要现象。虽然现在我们对此还没有统一的定义，但照目前的趋势发展下去，未来它的含义和领域会继续扩大，对各行各业的影响力，以及各行各业对它的关注度都会进一步提高。

01

从虚拟空间的视角看元宇宙

早期元宇宙的概念如《雪崩》中描述的那样，主要是在虚拟空间的概念下得到讨论的。当时虚拟现实掀起了一场技术热潮，在其初期开发的头戴式显示器受到人们普遍关注，所以尼尔·斯蒂芬森笔下的元宇宙与虚拟世界的意义相同。

随着时间的推移和万维网的进化，产业趋势发生改变，正如前面所述，这种变化促成了翻天覆地的范式转移。同时还推动了《天堂》（Lineage）、《魔兽世界》（World of Warcraft）等大型在线角色扮演游戏的诞生，并出现了一些早期社交网络服务，如"赛我小窝"和网络游戏《第二人生》（Second Life）等等，这对元宇宙的内涵延伸也产生了巨大影响。

图片来源：blog.laval-virtual.com[1]

元宇宙位于现实世界另一端的虚拟世界中心，人们渐渐认识到它可以拥有多种不同形态和目的，并尝试从更多维度去理解和分析它。

首先，我们需要区分虚拟世界和虚拟现实。在迈克尔·海姆（Michael Heim）的著作《从界面到网络空间：虚拟实在的形而上学》中，由互联网形成的"赛博空间"是一个假想的、模拟的世界，也可以被看作一个通过数字得到感知的世界。人们使用计算机将现实世界还原至某个可视化的数字空间里，让用户通过传感器完成控制与交互。这就是虚拟现实。而虚拟世界的含义则更广，它指的是一切通过互联网实现多用户连接互动的模拟环境。也就是说，虚拟现实是虚拟世界的下位概念。

另外，也有学者尝试用现实世界来划分元宇宙［金国贤（音译），2007］，他认为"现实界"是围绕现实中作为道具使用的计算机的场景。

人们为了让计算机起到处理信息和分析数据等功能而实际操作和运营的空间被称作"现实界"，而在计算机里模拟现实功能的空间，如门户网站、赛我网、万维网等则被称为"理想界"。

此外，如《天堂》《魔兽世界》等游戏是与现实无关、全凭想象力和幻想构建出来的另一种空间，这种空间被命名为"幻想界"。由这三种世界相互融合后重新构建出来的空间就是"元宇宙"。在这种划分当中有一点很关键，即以现实界用户为中心改善现实生活的理想界以及追求丰富想象和趣味的幻想界都没有完全脱离现实。

02

从未来情景看元宇宙

2007年，加速研究基金会（Acceleration Studies Foundation）在"元宇宙路线图"（Metaverse Roadmap）项目中，从短期和长期的观点对元宇宙的未来做了情景规划（Scenario Planning）。

要理解情景规划的概念，首先我们要明白未来是难以预测的，因此我们需要根据不同的不稳定因素来假定多种未来可能发生的情景，然后针对不同的情景来规划相应的应对策略。

进入21世纪，呈指数增长的信息中混杂着信号和杂音，这就使得不稳定因素增多，于是情景规划的重要性再次受到关注。在"元宇宙路线图"项目中，加速研究基金会首先从两个层面设定了两种不稳定性较高的重要因素，并设想了四种可能会发生的情景，这当中涵盖了许多重要内容，以至于近来有人将这四种情景当作元宇宙的四个核心领域来讨论。

在2007年制定"元宇宙路线图"时，这四种情景还只是四种可能性，但随着技术的迅速发展和社会的主动接纳，如今它们已全部成为现实。它们在发展形势和速度方面虽然有一定程度上的差异，但至今仍在不断进化中。因为这四种情景的划分很明确，所以我们将它们理解为元宇宙的四个领域也无妨，实际上也有许多人是这么理解和介绍元宇宙的。

元宇宙的情景规划首先分别从两个层面设定了不稳定因素并将其分别置于两条坐标轴上，一个层面是要看内容和应用程序经过电脑模拟之后是变得更加虚拟化还是更能增强现实；另一个层面从用户的角度来看，要看是更偏向个人领域的内在原因还是用户与外部交互的外在原因。然后以这两条轴来划分四个象限，每个象限代表一种情景。个人领域部分可以分为增强现实和实现虚拟化两种情景；同样，与外部交互的领域也可以分为两种，一种是将现实增强的情景，另一种虽然也是与外部交互的情景，但是是基于现实世界场景进行虚拟化的情景。

元宇宙路线图的四种情景

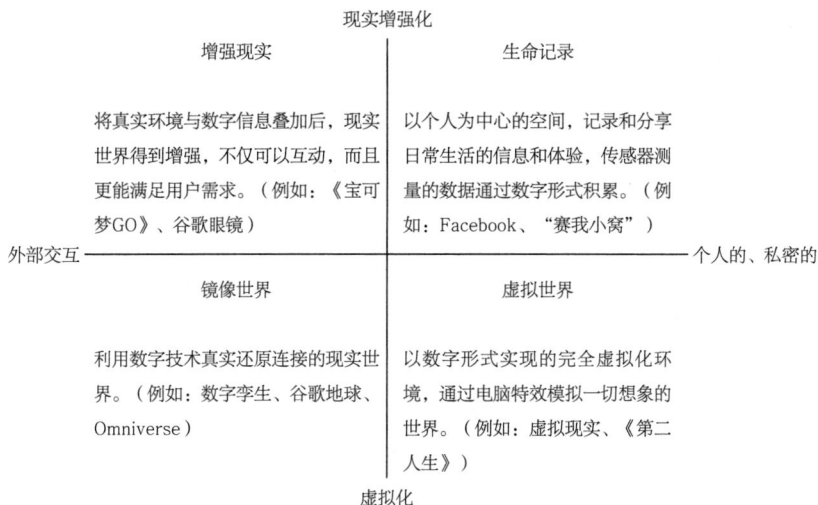

现实增强化

增强现实	生命记录
将真实环境与数字信息叠加后，现实世界得到增强，不仅可以互动，而且更能满足用户需求。（例如：《宝可梦GO》、谷歌眼镜）	以个人为中心的空间，记录和分享日常生活的信息和体验，传感器测量的数据通过数字形式积累。（例如：Facebook、"赛我小窝"）
镜像世界	虚拟世界
利用数字技术真实还原连接的现实世界。（例如：数字孪生、谷歌地球、Omniverse）	以数字形式实现的完全虚拟化环境，通过电脑特效模拟一切想象的世界。（例如：虚拟现实、《第二人生》）

外部交互 ———————————————————————— 个人的、私密的

虚拟化

尽管发展速度和普及程度在不同的领域会有所差异，但就整体而言，实现起来较为容易的生命记录（Life Logging）领域普及度较高，其次为虚拟世界和镜像世界，而这两个领域也正在发生巨大的变化。

增强现实技术

在科幻电影中经常会出现增强现实的相关场面。比如在《星球大战》中，我们经常能看到里面的角色通过三维全息投影的方式出现在遥远的飞船里进行交流的场景。像这样的技术叫作遥现（telepresence），它利用电脑特效将虚拟的人物或信息投射到现实世界当中。这时用户实际所在的物理空间即为基础场景，而增强现实就是在基础场景之上投影虚拟的信息或物体，增强用户的视觉和感受。

在增强现实技术中，用户所在的物理空间至关重要。为了将虚拟的物体或信息应用到现实世界中，设备与技术同样也是必不可少的要素。

想必大家都在有湖水或喷泉的地方见过投影在水幕上的电影或动画。可能会有人认为这也是现实空间与虚拟信息的结合，因此也属于增强现实的一种。

但值得注意的是，它与我们所定义的增强现实有一个本质上的区别，就是缺少了交互的环节，它不会根据实际情况做出相应的灵活反应。换言之，假如这个水幕电影音乐喷泉能与用户实现交互，实时做出相应的反应，那么它就可以被看作是一种增强现实的体现。

日本有一个叫作TeamLab的科技艺术团体，他们的作品则与增强现实的标准相符。日本东京台场的森大厦数字艺术美术馆正在展出他们的作品《无界》（Borderless），为了与观众产生交互，展馆里设置了数百台投影仪和摄像头。投影仪将流动的瀑布和翩翩起舞的蝴蝶等画面投射到白色的墙面上，当摄像头采集到观众脚踩和触摸的动作时，这些图像和画面都会随之发生相应的变化。

要根据情况实时做出反应，设置就必须具备一些要素，比如"位置信息"就是其中最重要的一个要素。这里所讲的位置信息包括GPS位置信息和空间信息，GPS位置信息指的是利用从卫星接收到的电波精准定位的经纬度坐标，空间信息指的是能够反映空间特性的信息。位置信息的输入源十分多样化，在室内或阴影区域无法接收卫星信号时，人们可以通过A-GPS和无线AP信号定位，又或者在信标（Beacon）上收集位置信息等。

位置信息之所以重要，是因为在用户的物理环境基础上，这一信息可以实现最多元化的应用，也可以在增强现实中连接大量数据。其中在与基于地图的服务联动时，这一信息尤为重要。像这样以位置信息为基础，结合空间的特性，再加上时间信息，用户和环境就可以实现实时交互了。

为了将基于定位的各种服务与用户的实际情况联动起来，空间信息是必不可少的要素，它包括从摄像头、激光雷达（LiDAR）等图像传感器输入的视觉信息或是构建三维模型的数据。通过增强现实设备和云计算处理分析后，视觉信息可为用户提供更准确、更丰富的信息。比如视觉信息与位置信息、地图数据联动后，用户可以获得非常准确的导航服务或兴趣点（Point of interest）信息；同时，通过识别同一个空间里的其他人或物，它也能够实现与物理空间里的场景自然联动等多种服务。

图片来源：shutterstock.com[2]

这一技术被命名为增强现实的最大原因就是，它以现实物理位置和空间为基础，达到增强用户体验和使用感受的效果。在用户见到的增强现实技术中，视觉信息是最直接和最快的要素。因为要把虚拟的信息或物体自然协调地投射到用户看得见的实际物理空间中，并根据用户的行为和动作做出实时反应，在这个过程中最需要的是运算能力。又因为要通过显示器来体现真实感，所以这也是最难及最受制约的因素之一。

增强现实技术要求用户和外部环境保持同步，因此当用户采取行动或做出特定动作时，为了准确掌握其意图和情况，我们需要借助各种传感器来追踪用户的行为，比如接收到向右转头、走路或者看向某物等各种各样的用户行为后，再将其反馈给视觉或听觉。

从宏观来看，前面提到的摄像头也属于这个领域的技术成果，所以这也是增强现实技术被归类为与外部交互情景的最大原因。

在此情景中，增强现实技术与现实世界产生连接后形成的虚拟空间才具有元宇宙的属性，而仅以标记技术为基础的物体识别技术并不属于元宇宙的范畴，这一点很重要。换言之，增强现实技术只是构建元宇宙的道具，但其本身并不能代表元宇宙。

综上所述，增强现实情景以物理现实世界为基础，连同能够与外部世界产生交互的各种应用程序共同发展，并向着更广的领域拓展，尤其是基于智能手机的增强现实应用有望推动第二个鼎盛时期的到来。

其实在2007年苹果手机首次面世时，利用苹果手机的传感器和GPS信息与摄像头联动的增强现实应用程序一下暴增，但由于性能的局限性和各种技术上的限制导致发展势头有所减缓。近年来，智能手机上开始装有高性能多核图形处理器，随着无线宽带网的发展和摄像头、显示器性能的提高，智能手机的增强现实应用程序再一次迎来巅峰期。

虚拟世界

虚拟世界不仅是用户存在的空间，一起参与的其他用户、物体、内容等一切场景都是通过计算机特效虚构和模拟出来的，所有的信息和互动也都在虚拟世界里实现，即一切以用户为中心的交互都发生在虚拟世界里。同时，虚拟世界也指多个用户一起连接互动的虚拟化共享空间，同时连接的用户数从几十人到几十万人、几百万人不等。虚拟世界可以是用二维平面表现的空间，也可以是让人身临其境的三维空间，它是一个以数字信息为基础，由计算机合成的、不受约束的想象世界。

尤瓦尔·赫拉利曾说过，人类与其他动物最大的区别是人类可以虚构，并且拥有将虚构的东西化作现实的能力。虚构的本领才是人类最厉害的特别之处，即使是无法变为现实或是难以想象的事物，也可以在虚拟世界中实现。

在虚拟世界里，一切想象皆有可能。是善是恶，可行抑或不可行等这些现实世界的价值标准在虚拟世界里并不适用，同样，现实世界中的物理定律或者技术限制在虚拟世界里也不具备任何约束力。在水里呼吸，没有任何装备也能飞向太空，瞬间移动，时间旅行，这些活动在虚拟世界里都可能得到实现，甚至我们还可以创造新的宇宙和新的生命体。

凡是我们在脑海中构想出来的画面都能体现在虚拟世界里。但虚拟世界并不与以用户为中心的外部物理环境产生交互，一切活动都靠电脑特效在虚拟的场景中实现。

图片来源：blog.virtualability.org[3]

虚拟世界是可交互数字空间，它将奇幻小说中充满想象力和虚构成分的故事用电脑特效技术呈现出来。用户可以在里边相互交流、见面、交换信息或做任务，以及完成在允许范围内的一切行动。

在理想情况下，虚拟世界具有无限的时间和空间，并且对参与人数没有限制。而实际上由于计算机运算能力和资源的限制，虚拟世界的规模受到了一定限制，但技术一直往消除限制的方向发展。

虚拟世界可以分为三大类：比如《魔兽世界》《英雄联盟》等基于任务导向型的多玩家游戏环境属于游戏型虚拟世界；而像《第二人生》这种基于日常生活与社会生活环境的空间则属于生活型虚拟世界；另外，与工作、教育、展示、会议、内容等特定目的相结合的虚拟空间则属于服务型虚拟世界。但是随着像《罗布乐思》（*Roblox*）、《我的世界》（*Minecraft*）这类兼容了以上三种类型的游戏不断出现，这个分类也就变得不再重要了，由目的和特性决定的兼容形态开始迅速进化。

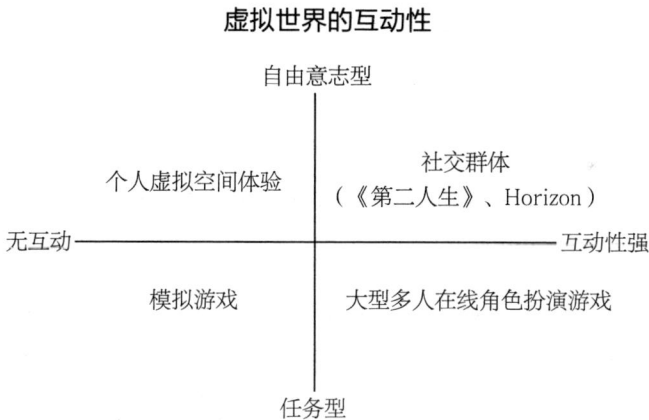

虚拟世界的互动性

```
                    自由意志型
                        |
                        |
  个人虚拟空间体验        |       社交群体
                        |    （《第二人生》、Horizon）
  无互动 ————————————————+———————————————— 互动性强
                        |
     模拟游戏            |    大型多人在线角色扮演游戏
                        |
                        |
                      任务型
```

虚拟化身是虚拟世界的核心要素，它代表用户的身份在虚拟世界中活动。因此，以虚拟化身为中心的交互在虚拟世界中非常重要。根据交互程度，虚拟空间可以分为两大类：一类是需要不断与其他用户进行交流，以沟通为中心、互动性很强的虚拟世界；另一类是没有互动或是尽可能减少互动的个人虚拟空间。另外，根据用户的动机和目的，虚拟空间也可以分为两大类：一类是像《第二人生》那样强调自由意志的虚拟世界，另一类则是基于任务和闯关体系的任务导向型虚拟世界。

生命记录

生命记录建立在现实世界的物理场景基础上，是以数字的形式记录和存储用户日常发生的事件。它以现实为基础，但不与外部发生交互，而是向数字空间拓展，生命记录是由用户的活动和参与构成的世界，在这个世界里人们可以根据生成数据的主体继续细分。一般来说最容易被认知的生命记录世界是指个人上传和分享自己的想法、生活见闻、新闻或日常照片的社交媒体或社交网络服务。

在Facebook、Twitter和Instagram等社交平台上，人们每天都撰写、上传和分享无数帖子。在这些数字化平台上，人们通过记录自己来分享他们想分享的时刻，与其他用户交朋友，通过相互发表评论、发起对话等方式互动。

生命记录的特点是，它虽然以我们所在的现实世界为基础，但是它生成和制作的所有信息、数据都以数字的形式记录并共享在平台上。

如果传感器或设备生成的用户数据也被记录和共享到数字空间中的话，那么这也属于生命记录的范畴。跑步记录器Strava、运动追踪器Endomondo、计步软件Pacer等应用程序可以通过智能手表或智能手机的传感器监测并记录用户的活动内容。

通过读取加速度传感器或陀螺仪传感器的数据，设备可以监测用户是在走路、跑步、骑自行车、爬山还是游泳。用户的活动激烈程度、消耗多少卡路里以及在某个路线上的移动速度，这些都可以记录和共享在生命记录里。在公开的活动记录中，其他用户可以对记录的数据表示支持或发表评论，就像他们对待自己撰写和分享的内容那样对其他人的分享给予回应和表示共鸣。

最近面世的大多数移动设备都配备了几十个传感器，在用户同意信息收集条款后，这些传感器可以详细准确地收集和记录用户活动数据，这些数据汇集在一起就形成生命记录的生态系统。

随着这种技术支持的实现，量化自我的趋势也变得更加活跃。这意味着设备可以记录和量化用户所有可测量的活动和身体变化。随着如智能手机这样具备监测功能的活动跟踪器等的出现，数据基础也在不断扩大。与此同时，通过测量、跟踪和记录环境的变化，设备将看似无关的数据连接起来后，还可以跟踪数据之间的关系和关联性，这样一来，个人用户就可以通过分析更加客观、有逻辑地了解自己。

在生命记录的情景中，个人的数据被记录和共享，生命记录朝着以用户为中心进行交互的领域不断发展，并正在开拓元宇宙里的连接空间。

镜像世界

镜像世界的领域同时属于计算机虚拟化和与外部交互的情景，它是以现实世界为原型构建或复制出来的数字世界。对镜像世界来说，能够多大程度地还原现实世界十分重要，但最关键的问题还是如何准确快速地将现实世界与虚拟化的镜像世界连接和同步起来。

谷歌地球是典型的镜像世界。它通过航空拍摄实际街道和建筑物，将其转换为三维模型呈现在数字平台上。虽然不是实时的，但它定期更新上传，所以可以反映出真实物理世界的变化。在空中飞行模式下，用户可以飞到任何地方的上空鸟瞰，大城市的所有建筑都经过平台详细构建，用户在点击放大后连建筑的细节都可以看到。从首尔出发，我们只需几秒钟就可以越过太平洋飞到内华达州的上空，当我们放大拉斯维加斯大道时，就可以看到以实际现实为原型，被缩小后建模而成的凯撒宫大酒店或梦幻酒店了。

虽然新冠疫情让海外旅行变为一件难事，但我们可以通过镜像世界飞到地球的任意地方参观。尽管镜像世界无法给予我们现实世界的真实性与体验感，但它通过数字技术实现对现实世界的镜像反映，我们可以把它看作元宇宙领域的一个重要情景。

类似的例子还有运用地图和坐标的地理信息系统的一系列平台，如谷歌地图和街景，这是镜像世界的标志性平台。早期的地图服务大都存在粗劣、不够精细等问题，但随着技术的发展，它现在已经变得十分细致和具体，并且还含有大量的信息和工具，所以镜像世界也在不断进化，它不再单纯地停留在二维信息的层面上，而是开始与用户们产生交互，与现实世界连接在一起等。

比如实时路况、道路交通事故、拥堵情况等信息会被同步反映到地图服务上，通过模拟选择开车或乘坐公共交通到达目的地，用户就可以查询到相应的最佳路线和最快路线。在移动的过程中，信息也会实时更新，用户可以获得新的路线通知或避开事故地点的提醒。像这样，地图服务已经可以通过数字技术模拟现实世界，并结合现实中的实时信息与用户产生交互了。

谷歌的街景功能是将360度全景摄像头拍摄出来的路景与坐标、方向相结合，然后通过实景照片呈现拍摄当时的实际景象，它与谷歌地球类似，但不是从鸟瞰图视角，而是从行驶车辆的视角镜像反映现实世界的。

图片来源：gearthblog.com[4]

另外，谷歌街景还在试验开发新的功能，让用户进入不同的场所观看和体验其内部场景，或者让他们进入博物馆或美术馆内间接观赏作品和场馆内部空间。如此一来，不必亲自去纽约，用户也能近距离地欣赏到纽约现代艺术博物馆的作品了，并且他们还能连线收听解说和导览。虽然镜像世界与虚拟世界的技术条件相同，但我们还是可以从虚拟化的场景是基于对现实的建模还是对想象的体现这一细微差异来区分它们的。

从镜像世界的属性来看，用户之间的互动并不多，但是导航正在朝着社交化的方向发展，比如在Waze这种在线地图应用上，用户们会将他们上传的信息共享给其他用户。虽然最新路况和注意事项很难实时反映到地图上，但用户们会在比较短的时间内将自己经过路段的路况共享到Waze上，以此弥补这部分的缺口。比如用户在哪个位置看见了躲在道路一旁执勤的警车，又有哪个路段存在危险坠落物等，他们将这些信息分享到镜像世界后，其他用户会经常从中受到帮助。

另外，在Kakao导航上可以显示出用户在地图上登录的兴趣点权重，从上面能看见有多少用户在地图上登录过哪家餐厅或咖啡馆等，其他用户则可以根据登录人数来判断这家店是否好吃、受欢迎程度如何。此外，导航还与Kakao地图的评论区关联，因此用户可以看到实际反馈和意见，也就是说，生命记录也可以与镜像世界相连。

镜像世界的另一条分支是"数字孪生"（Digital Twins），这一技术目前备受产业界关注。这是美国通用电气公司在开发智能工厂和虚拟制造的解决方案时提出的概念，它是指将现实世界中的实际设备、飞机发动机、工厂、生产设备、现场和发电厂等站点通过计算机进行模拟，并且实现虚拟化。

通过设置与现实世界尽可能相同的操作条件和参数，模拟设备或工厂的运行，设计者可以找到最佳调谐条件，或是发现造成运行问题的环境。在建设实际工厂或站点之前，设计者可以借助数字孪生技术模拟，提前验证施工过程中可能会出现的问题，将风险降至最低。早期的数字孪生模型以单纯的模拟目的为主，因此有人认为不能将它视为镜像世界。但随着其情景不断朝着与用户交互的方向前进和发展，现在人们已经可以充分地把数字孪生技术归为镜像世界了。

通过将安装在飞机发动机上的数百个传感器获得的实际测量值持续同步到数字孪生引擎模型中，我们可以预测发动机可能会发生的事故，因此提前更换零件，延长飞机安全使用寿命。工厂在实际运行设备时也可以通过安装好的传感器接收外部信息的输入，通过智能工厂的数字孪生，工厂就可以实现生产管理的优化和效率最大化，并对用户的操作和维护过程给予反馈。

在数字孪生中，通过模拟找到的最佳变量也可以自动应用于物理设备，相反，在物理设备中调配的设置也可以反映到数字孪生中，镜像世界根据目的和规模的不同正在向各种方向不断拓展。

03

元宇宙到底是什么？

通过元宇宙概念的起源和以上四个情景规划，我们可以看到，元宇宙的内涵和维度都在不断地延伸和拓展。元宇宙概念最初是指用电脑特效制作的虚拟世界，它由真实感十足的、能令人沉浸其中的虚拟现实场景构成。

天空、土地、环境、建筑、道路、人物以及动物都是由电脑特效制作的虚拟场景。现实世界中的无数用户通过虚拟形象进入虚拟世界，他们之间产生连接，并且开始互动，在这之中建立社会关系或是举办活动。更进一步来讲，虚拟世界是一个无时无刻不在运转的平行世界，其运转依靠由虚拟货币和虚拟商品支撑的虚拟经济来维持。

狭义的元宇宙

· 需要对元宇宙与在元宇宙中应用的技术进行区分和理解，并对元宇宙的概念进行扩展。

元宇宙
虚拟现实
（《雪崩》，1992）
虚拟世界

· 呈现"元宇宙化"趋势

低维 → 多维，应用多项技术，7个核心要素

广义的元宇宙概念扩展

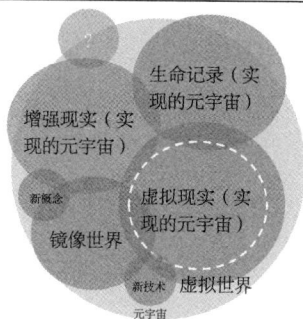

生命记录（实现的元宇宙）

增强现实（实现的元宇宙）

新概念
镜像世界

虚拟现实（实现的元宇宙）

新技术　虚拟世界
元宇宙

然而受计算机运算能力和互联网的制约，早期流行的虚拟世界是靠二维画面构建起来的，它只能实现部分功能和效果。后来，随着虚拟世界逐渐虚拟化并被增强，其情景在受到限制的同时也开始向现实世界的相关领域拓展。元宇宙的概念起初是狭义的虚拟世界，随着技术的发展和元宇宙向现实维度的拓展，它的概念也得到了扩展。

即便如此，随着人类感知能力和认知能力的发展，或是电脑界面的进步，元宇宙依然有可能向更大的世界观拓展。与此同时，元宇宙初期未能完整实现的功能和效果，比如提升用户参与感的互动和交流、虚拟世界的场景，也将在同各种技术结合的过程中逐步发展及完善。

> 元宇宙（Metaverse）的定义参考
>
> 元宇宙是一个以众多用户为中心的无限世界，一个与互联网紧密相连的多维数字时空，里面既有基于实用目的的被增强的现实，也有被现实化的虚拟想象，而人们可以通过现实世界中的入口进入其中。

　　人们目前所说的元宇宙已经是维度得到拓展后的广义元宇宙，它是以现实世界为基础，与互联网相连接，继而以数字化的形式呈现的虚拟世界，同时也是一个与增强现实等所有虚拟空间相连接的世界。也就是说，当前元宇宙的概念比它最初诞生时的概念更为具象。从整体上来看，用想象力打造的虚拟世界与以实用目的被增强的现实世界相连接，它们共同打造出一个以众多用户为中心的多维结合体，这便是元宇宙。

04

元宇宙的7个核心要素

在前面提及的拓展概念和几个情景中包含了形成元宇宙的重要标准和核心要素。当然，由于目前人们对元宇宙尚未有统一的见解或标准定义，这些要素也还会发生变化，而且每个情景的要素也都不尽相同。

不过，我们还是可以从这些概念和情景中发现十分重要的共同元素。如尼尔·斯蒂芬森的《雪崩》所述，所有的一切都存在于虚拟当中，从小说中的"街区"到现在我们周围可以发现的各种情景，本质上都是相通的。

（1）元宇宙一直以网络连接为基础。多个用户可以通过连接的互联网随时随地与元宇宙相连。在如今的社会，不论是智能手机还是电脑都始终与网络相连，因此连接网络并不费劲，想要避开网络的连接反而更不容易。像这样，元宇宙与我们的世界始终连接在一起，无论何时何地，我们都可以与其相连。

（2）元宇宙是与我们现实生活相连、由数字技术实现的无限世界，因此混合了现实物理世界与虚拟世界的属性。现如今，网络已像空气一样渗透到我们的日常生活当中，以至于让人难以分清线上和线下。现实世界和虚拟世界也是这样层层叠叠相互交融的，并且它们还在继续无限扩张。

（3）元宇宙中存在与用户共享的虚拟场景，在里面用户们可以互动。现实这条纬线与虚拟这条经线相互交织，而场景就存在于其间，两者交错重叠之处就是用户们相互交流沟通的关系网。

（4）人们可以在元宇宙里以多重身份、多种方式存在，每个场景内都存在最佳的、最令人沉浸的用户体验。元宇宙的用户可以同时拥有多重身份。每一种身份都基于不同场景中独立的用户体验存在，各身份在相互连接的瞬间合并为一个完整的身份。

（5）在元宇宙这个空间中，时间系统不会停止，时间按照自己的周期推移。即使用户不连接元宇宙，时间也仍在继续前进。将与现实世界同一个时间轴的空间以及周期不同的其他时间轴的空间连接在一起，这就出现了一个完整的元宇宙。

（6）人们只有通过由多模式输入装置和输出装置构成的特殊硬件和软件组合才能进入元宇宙的世界。由数字构建的世界有个特征，就是它只有变为可传送的比特才能连接。通过多模式的输入装置，我们变为比特，然后输出由比特产生的互动，就形成了元宇宙。

（7）元宇宙是建立在数字虚拟经济基础上的多重平行世界。每个世界都有各自的价值体系，这里装着人类的欲望，于是形成了虚拟经济。虚拟的经济积累虚拟的财产，价值交换便逐渐形成了，在众多的世界中，元宇宙是位于最顶端的体系。

元宇宙的7个核心要素

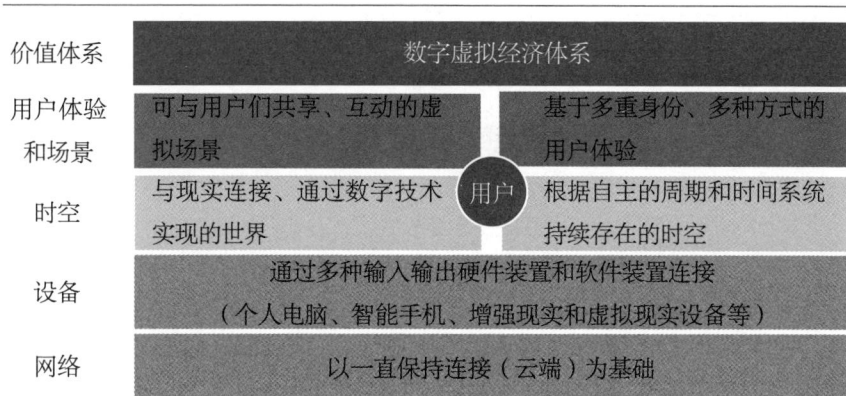

价值体系	数字虚拟经济体系	
用户体验 和场景	可与用户们共享、互动的虚拟场景	基于多重身份、多种方式的用户体验
时空	与现实连接、通过数字技术实现的世界	用户 根据自主的周期和时间系统持续存在的时空
设备	通过多种输入输出硬件装置和软件装置连接（个人电脑、智能手机、增强现实和虚拟现实设备等）	
网络	以一直保持连接（云端）为基础	

05

游戏是元宇宙吗？

被人们称为"虚拟世界"的事物首先出现在人类的想象里，然后通过小说、影视的描绘，逐渐有了实体模样。在计算机拥有绘图及运算能力之后，游戏便诞生了。于是人们开始在游戏里实现他们的各种想象。但那时游戏还不属于元宇宙的领域，因为游戏用户只是在虚拟的世界中以最终目的地为目标不断地做任务、通关。而元宇宙的目标则是在共享的虚拟空间内让用户们产生互动，实现社会化。

20世纪80年代，基于计算机通信文本的多人地下城堡游戏问世，游戏开始尝试多用户同时连接平台。90年代之后，随着任天堂、索尼等虚拟现实头戴式显示器及各种游戏的推出，游戏则开始尝试打造不同于虚拟现实的虚拟世界。伴随互联网的发展，1996年Niantic实验室的创立人约翰·汉克（John Hanke）参与开发的《子午线59》（*Meridian 59*）和1997年理查德·加里奥特开发的《网络创世纪》（*Ultima Online*）创造了大型多人在线角色扮演游戏形式, 由此元宇宙的世界观开始急速发展。

自那以后越来越多的游戏诞生了, 所以即便说是"游戏打造了元宇宙"也不为过。大规模的用户通过互联网连接虚拟世界后相互合作、竞争, 甚至是相互斗争, 慢慢地虚拟世界产生了更多的用户层。随着《网络创世纪》《上古卷轴》等开放世界游戏的设计者发现虚拟世界中存在的人类新欲望后, 这些游戏便进化成了《第二人生》、《哈宝宾馆》(Habbo Hotel)等游戏, 网络游戏的世界观及规模因此变得更加宏伟。

游戏与元宇宙不同吗?

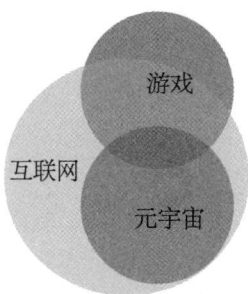

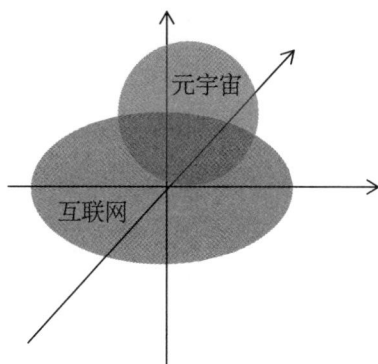

随着智能手机的普及，游戏也发生了转型，原本只有在个人电脑上才能玩的游戏现在经过开发后，用户只要依靠智能手机的网络就能随时随地玩了。另外需要依靠专用设备的游戏也变得越来越多，比如微软Xbox、索尼PS等主机游戏，以及需要佩戴Oculus Quest、HTC Vive等虚拟现实头盔才能玩的《半衰期：爱莉克斯》、*Population：One*等虚拟现实游戏，高速发展的游戏正在往更多元的方向进化。

游戏具备虚拟世界的属性，跟随元宇宙的诞生与进化一同发展至今。因此也有人认为游戏就是虚拟世界，同时也是元宇宙。但这么说并不全对，不是所有的游戏都是元宇宙。首先，元宇宙是要基于网络连接的，因此大部分不联网的单机游戏、用户之间没有互动或是不存在与现实世界的界限接口的游戏等都只是游戏，而不属于元宇宙。

元宇宙虽起源于游戏但不止于游戏，它是与我们生活的世界相连接的另一个世界，元宇宙就像我们的想象一样无边无际，并且一直在不断发展壮大。

06

元宇宙开启镜像世界时代

"元宇宙是下一代互联网——三维互联网。"

这是英佩游戏（Epic Games）的总裁蒂姆·斯威尼（Tim Sweeney）的主张。元宇宙时代来临之后，二维互联网将进化为三维互联网，所有用户将进入虚拟空间，他们可以搜索并浏览新闻，与此同时，他们不仅可以打游戏、开展社交活动，还可以购物。

沉浸感和真实感将达到峰值，用户能够体验各种人生经历的互联网时代即将来临，真是让人心驰神往。互联网不仅是建立连接最核心的基础配置和关键元素，也是能让用户随时随地进入元宇宙的核心方式。互联网虽是元宇宙存在的必要条件，却并不拥有元宇宙的所有属性。因此蒂姆·斯威尼主张："尽管三维互联网将成为元宇宙的未来，但它却不是元宇宙的全部。"这带有很强的个人目的。

互联网标准化组织早已意识到了三维互联网的潜力，他们从很久前就开始发展网页三维标准和技术，这使得网页可以顺畅地载入并运行三维元素。因此，硬件不再是进入元宇宙的唯一入口，也就是说，仅通过网页浏览器就可以进入元宇宙的时代来临了。

网页游戏变得更加大众化，更进一步来讲，剧院、样板房、展示柜、展览厅以及旅游景点等也都在尝试通过网页开展出更多可能性。

有了浏览器，即使用户不安装硬件和软件客户端也能够进入元宇宙，浏览器成了现实世界和虚拟世界的接口。

当前，谷歌云游戏平台Stadia、维尔福集团的游戏平台Steam以及苹果公司的游戏订阅服务Arcade已经进入了流式传输时代，元宇宙也将如它们一样开启流式传输时代。

元宇宙本质上是一个在云端运行的世界，它与特定的活动或门户网站相连接形成一个镜像世界，用户可以随意切换现实世界和虚拟世界。虚拟世界在不断拓展，但即便如此，其积累的过程也不会产生断点或停滞，这就保障了用户始终能够沉浸于其中。当前，电脑系统和网络的影响力达到最低值，这给了虚拟世界可持续发展、进步的空间，而非直接成为一个完成体。

混合现实与扩展现实

在虚拟现实中，用户与虚拟场景交互，其基础运行场景是数字化虚拟环境。而增强现实的基础是现实世界。也就是说，增强现实就是在现实世界的物理空间中，将由虚拟信息和虚拟物体构成的叠加网络与现实世界重合，并使两者发生关系的技术。

随着技术的高速发展，增强现实与虚拟现实重叠的情况也时有发生。在不同的情况下，也会发生难以区分虚拟现实和增强现实的情况，比如虚拟现实设备会被用来实现增强现实，增强现实中也会出现虚拟现实，而这就是混合现实（Mixed Reality，简称MR）。我们无从知道未来还会演变出怎样的形态，因此我们将所有虚拟技术统称为扩展现实（Extended Reality，简称XR）。

虚拟现实
全数字化环境

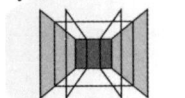

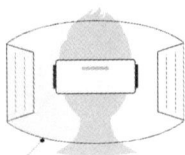

增强现实
现实世界与数字信息的叠加

混合现实
现实与虚拟的合并

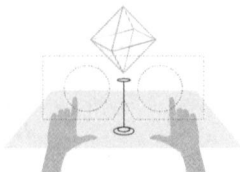

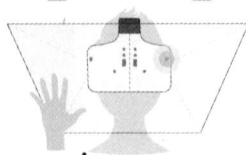

全封闭式合成体验，无现实世界的感觉。

现实世界仍是体验的中心，虚拟细节起到增强作用。

同时在物理环境和虚拟环境进行交互和操作。

真实环境 ← **混合现实** → **虚拟环境**

实体用户界面
使用真实的物体来展示计算机生成的信息，并与之交互。（Ishii & Ullmer, 2011）

增强现实
将计算机生成的信息"添加"到现实世界。（Azuma, et al.2001）

增强虚拟
将真实的信息"添加"到计算机合成的环境中。（Regenbrecht, et al. 2004）

虚拟现实
指的是完全由计算机生成的环境。（Ni, Schmidt, Staadt, Livingstion, Ball, & May, 2006; Burdea & Coffet 2003）

投影增强模型（PA模型）是一种空间AR显示，与TUI密切相关。

空间增强现实
将计算机生成的信息直接投射到用户环境中。（Bimber & Raskar, 2005）

"透视式"增强现实（非光学透视和视频透视）
用户通过佩戴头戴式显示器，可以看到计算机生成的信息叠加在顶部的现实世界。（Cakmakci, Ha & Rolland, 2005; Billinghurst, Grasset & Looser, 2005）

半沉浸式虚拟现实
显示器只占据用户视野的局部区域。

沉浸式虚拟现实
使用基于头戴式显示器的系统或投影式系统，可完全占据用户的视野。

使用实物创建虚拟模型。（Ichida, Itoh, & Kitamur, 2004）。当用户将实际存在的"活动立方体"（Active Cube）加入创建时，对应的虚拟模型就会自动更新。

The 'Bubble Cosmom'——SIGGRAPH 2006新兴技术。跟踪充满烟雾的气泡路径，并在它们上升时将图像投影到其中。

"透视式"增强现实；蝴蝶是由计算机生成的，其余一切都是真实存在的。（Fischer, Bartz & Straβer, 2006; Kölsch, Bane, Höllerer, & Turk, 2006）

使用Barco Baron工作台的半沉浸式虚拟现实。（Drettakis, Roussou, Tsingos, Reche & Gallo, 2004）

基于投影系统的沉浸式虚拟现实。用户们完全沉浸在"洞穴"之中。（FakeSpace, 2006; Cruz-Neira, Sandin & DeFanti, 1993）

图片来源：en.wikipedia.org[5]

第四章

一次读懂元宇宙的历史

METAVERSE

01

电影里的元宇宙

　　科幻电影的虚构性和想象力与元宇宙颇有些本质上的相似之处——虽然始终要考虑技术手段和技术背景，但想象力能让一切成为可能，理应排在更优先的次序上。

　　几秒钟就能完成数百万光年距离的旅行，以现实的形式与相隔遥远的亲人见面，在广阔的幻想乐园或者侏罗纪公园里探险……这些事虽然听起来没什么科学依据，但在科幻电影里都是可能的。长久以来，人们通过电影或小说来想象、呈现这些幻想和希望，进而将它们展现在观众和读者面前。

　　如同科幻电影可以用数字技术来呈现多元的空间形态，元宇宙的作用机制也十分类似。科幻电影长期承载着人类的欲望，成为欲望投射的对象，而随着技术的不断发展，这种欲望也被实体化，这个过程也是一段漫长的旅行。说来也许令人惊讶，这样的愿望其实在漫长的人类历史上并不鲜见。就像舞蹈与歌唱，它深植于人类的本性与基底，是一个极为重要的欲望投射对象。

02

虚拟现实的历史：
发现人类的欲望

1832年，英国物理学家、电气工程师查尔斯·惠斯通（Sir Charles Wheatstone）沉迷于立体镜的研究。他发现，人的双眼视差可以使图片看起来是立体的，而且他依靠这个发现制造出立体镜。在这之后又发展出多种形态的立体镜，而立体照片卡的出现则让更多的人能够看到立体的图片。这种技术虽然并不是虚拟现实的，但在研发虚拟现实头戴式显示器时，研究人员所使用的重要原理却是与之相似的。在这么久之前，人类就发现了自身希望看到立体影像的欲望，并将之延续发展至今。

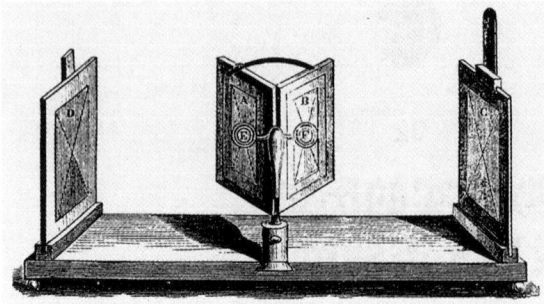

　　虚拟现实的故事第一次出现在1935年斯坦利·温鲍姆（Stanley Weinbaum）的小说《皮格马利翁的眼镜》（*Pygmalion's Spectacles*）中。故事以梦境和现实之间的认知和感觉为主题，颇具哲学意味，而那个可以全方位观看梦境的眼镜正与今日虚拟现实所追求的价值巧妙相合。

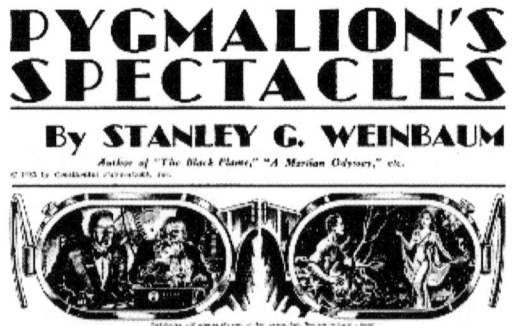

《皮格马利翁的眼镜》斯坦利·G. 温鲍姆

　　尽管与虚拟现实的概念相去甚远，1939年问世的一款名为"视图主控"（View Master）的立体幻灯片眼镜在全世界范围内都受到了极大的欢迎，能够拍摄立体照片的照相机也于1952年问世。我还记得，在20世纪

70年代至80年代，类似的玩具也一度在韩国很流行。

拍下你自己的立体照片！"View-Master"个人立体相机

1962年，莫顿·海利希（Morton Heilig）发明了第一台可以称得上三维电影设备的多通道仿真体验系统"Sensorama"。他也曾尝试在立体影像上加入立体声、气味、震动、吹风等，打造现代版4DX电影的雏形，但终因技术所限而未获成功。

在这之后，人们开始了正式的虚拟现实研究。伊万·萨瑟兰（Ivan Sutherland）在其1965年的会议论文《终极显示》（"The Ultimate Display"）[1]中提出，如果在空间内部制造一台计算机，那么空间即可成为一种终极的显示器。1968年，他又推出了一款作为现代头戴式可视设备（HMD）技术先驱的概念型头盔式显示器。通过两个阴极射线管（CRT显示器），人们可以看到立体影像。这一设备十分沉重，以至于人们需要把它固定在天花板上。但由此虚拟现实成了一个新的研究领域，伊万·萨瑟兰也被称为"虚拟现实教父"（the Godfather of VR）。[2]

而让虚拟现实研究进入真正繁荣期的人则是最早的商用虚拟现实公司"VPL研究中心"（VPL Research）的创办人杰伦·拉尼尔（Jaron Lanier）。1985年该公司开发出了眼镜式设备，成为现代虚拟现实头盔规格的重要参考设计，还推出了作为输入设备的可穿戴手套。同时，VPL还为连接在其网络上的多数用户提供了可用于虚拟现实探险的程序和虚拟化身，杰伦·拉尼尔也成为"虚拟现实之父"。

杰伦·拉尼尔掀起的热潮在个人电脑时代达到了顶峰，20世纪90年代也可以被称为虚拟现实的全盛期。1995年，世嘉（SEGA）的虚拟现实，任天堂（Nintendo）的《虚拟男孩》（Virtual Boy）等游戏及设备问世，专业杂志《电脑游戏者》（*PC GAMER*）对此给予极高的赞誉，并指出"虚拟现实是游戏的未来"。

　　然而，其后互联网正式普及，个人电脑伴随着微软的Windows（视窗）系统的发展而急速成长，虚拟现实遭遇了技术瓶颈，热度也渐渐下降，需要等待很久才能迎来它的第二个繁荣期——2012年醉心于虚拟现实研究的帕尔默·洛基（Palmer Luckey）出现。

03

尚未完成的增强现实历史

　　增强现实的起源也可以追溯到很久以前。1862年，当时任教于伦敦皇家理工学院的约翰·佩珀（John Pepper）发明了一种用镜子在剧场中制造全息图像的装置。

　　该装置因被运用在有幽灵角色出现的戏剧中而声名鹊起，被人们称为"佩珀的幽灵"（Pepper's Ghost）。虽然它只是利用类似镜子和玻璃的

反射来制造非常简单的全息图像，但这种方式却与现代增强现实技术的原理基本相同，故而也可被视作增强现实的起源。

在著名的《绿野仙踪》（*The Wizard of Oz*）的作者弗兰克·鲍姆（Frank Baum）1901 年的小说《万能钥匙》（*The Master Key*）中，增强现实眼镜首次登场了。主人公罗布·乔斯林（Rob Joslyn）喜欢电力，他在一次实验中偶然召唤出了电精灵。电精灵在三个星期内把数个设备作为礼物送给了他。主人公在第二周得到的礼物之一就是一副叫作"品行显示镜"（Character Marker）的眼镜。戴上这副眼镜之后，主人公可以在别人的额头上看到字母，以此区分此人是好还是坏，是傻瓜还是待人亲切的人，是贤者或者是恶徒。这看起来很简单，但和现代的增强现实眼镜已经十分相似了。

增强现实虽然不曾有过大发展的时期，但在20世纪60年代前后，它曾经被运用于飞机的平视显示器（Headup Display）或头盔等处。不过其后

它并没有在更多的地方得到特别的发挥，相关研究也并未取得很大进展。在1995年，虚拟现实进入全盛期，增强现实也随之得到了一定的发展。基于虚拟输入输出技术（Virtual I/O）的苹果智能眼镜（iGlasses）已经十分接近今日增强现实眼镜的原型了。该设备具有视频图形阵列（VGA）分辨率的显示器，它连接电脑后也可输出图像，是相当早期的产品。直到2013年谷歌眼镜推出前，增强现实大部分都是使用智能手机镜头的手机应用程序。

1838年查尔斯·惠斯通的立体镜

1787年罗伯特·巴克（Robert Barker）的全景图

公元前80年，第二风格罗马壁画

1929年，埃德温·林克 的飞行模拟器

1962年，莫顿·海利希的"Sensorama"

1939年，威廉·格鲁伯的"视图主控"

1968年，伊万·萨瑟兰（Ivan Sutherland）的"达摩克利斯之剑"

1987年，世嘉三维眼镜

1975年，迈伦·克鲁格（Myron Krueger）的人工现实实验室"Videoplace"

1985年，杰伦·拉尼尔提出"虚拟现实"一词

1991年，世嘉 VR 的炒作和失败

1991年，Virtuality Group的Arcade Games

1996年，厝本纯一（Jun Rekimoto）的"NaviCam"

1992年，托马斯·考德尔（Thomas Caudell）与大卫·米泽尔（David Mizell）在波音公司的研究中首次提出"增强现实"的概念

1995年，任天堂的《虚拟男孩》

2000年，瓦西利奥斯·瓦拉哈基斯（Vassilios Vlahakis）在希腊奥林匹亚开发的基于增强现实技术的古迹重建、导游系统"ARCHEOGUIDE"

2000年，布鲁斯·托马斯（Bruce Thomas）等人的"AR Quake"计划

1999年，Total Immersion公司研发的虚拟/增强现实解决方案"D'Fusion"

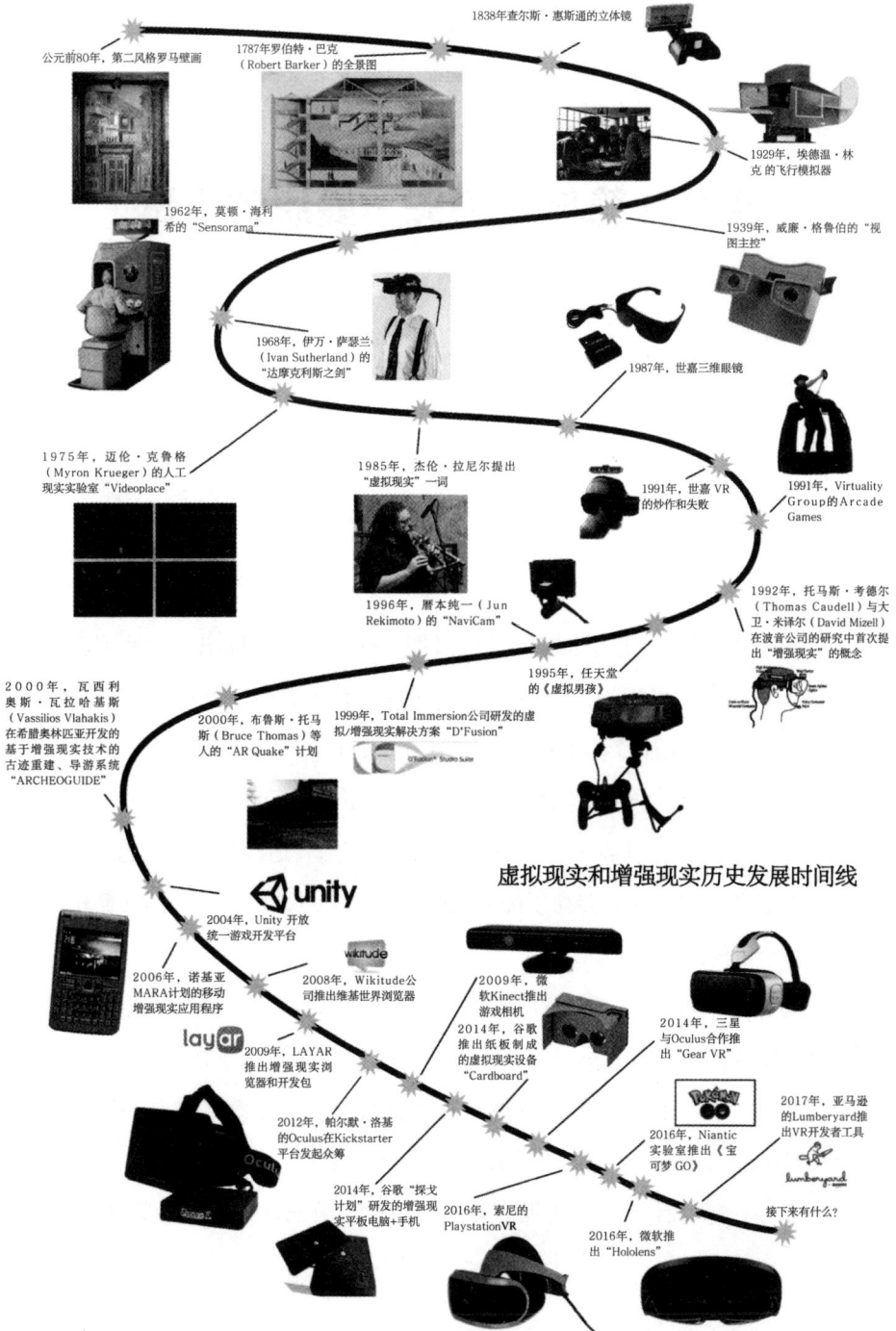

虚拟现实和增强现实历史发展时间线

2004年，Unity 开放统一游戏开发平台

2006年，诺基亚MARA计划的移动增强现实应用程序

2008年，Wikitude公司推出维基世界浏览器

2009年，微软Kinect推出游戏相机

2014年，谷歌推出纸板制成的虚拟现实设备"Cardboard"

2014年，三星与Oculus合作推出"Gear VR"

2009年，LAYAR推出增强现实浏览器和开发包

2012年，帕尔默·洛基的Oculus在Kickstarter平台发起众筹

2016年，Niantic实验室推出《宝可梦 GO》

2017年，亚马逊的Lumberyard推出VR开发者工具

2014年，谷歌"探戈计划"研发的增强现实平板电脑+手机

2016年，索尼的PlaystationVR

2016年，微软推出"Hololens"

接下来有什么？

图片来源：augmentedrealitymarketing.pressbooks.com[1]

04

普适计算与史蒂夫·曼恩的尝试

20世纪90年代是万维网的繁荣时期，这一时期涌现出了一系列在互联网历史上堪称里程碑的研究与技术开发。其中有两个人的名字值得我们铭记：发明普适计算（Ubiquitous Computing）的马克·韦泽（Mark Weiser）和发明可穿戴计算（Wearable Computing）的史蒂夫·曼恩（Steve Mann）。马克·韦泽于1988年提出了"普适计算"的概念。他在论文中指出，普适计算存在于任何时间、任何地点，由此未来的计算机也将存在于任何时间、任何地点。

马克·韦泽认为未来将出现的计算形态主要有三种。第一种是消失计算（Disappear Computing），即计算机融入日常生活中的事物，与物合而为一，由此它们可以区分彼此的特征最终消失。第二种是隐形计算（Invisible Computing），计算机随时可被使用，在日常生活中如空气般毫无存在感，计算机的物理实体逐渐隐形。第三种是平静计算（Calm

Computing），计算将变得平静无声，不再为人类所认知。

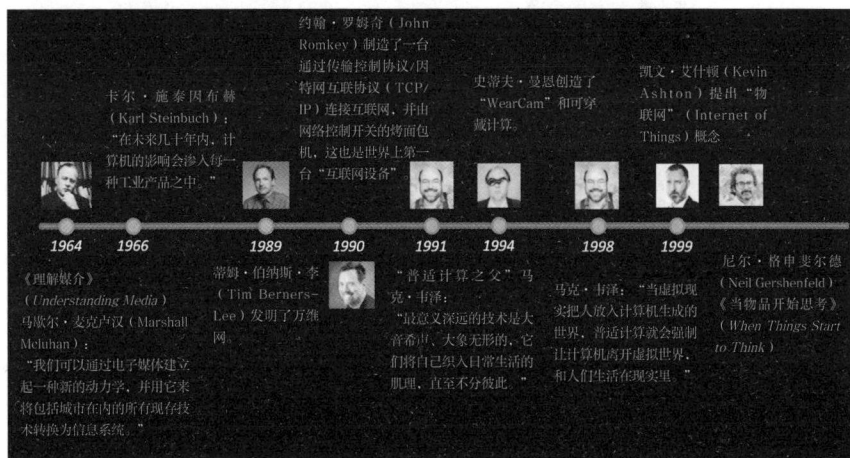

卡尔·施泰因布赫（Karl Steinbuch）："在未来几十年内，计算机的影响会渗入每一种工业产品之中。"

约翰·罗姆奇（John Romkey）制造了一台通过传输控制协议/因特网互联协议（TCP/IP）连接互联网，并由网络控制开关的烤面包机，这也是世界上第一台"互联网设备"

史蒂夫·曼恩创造了"WearCam"和可穿戴计算。

凯文·艾什顿（Kevin Ashton）提出"物联网"（Internet of Things）概念

1964 1966 1989 1990 1991 1994 1998 1999

《理解媒介》（Understanding Media）马歇尔·麦克卢汉（Marshall Mcluhan）："我们可以通过电子媒体建立起一种新的动力学，并用它来将包括城市在内的所有现存技术转换为信息系统。"

蒂姆·伯纳斯·李（Tim Berners-Lee）发明了万维网

"普适计算之父"马克·韦泽："最意义深远的技术是大音希声、大象无形的，它们将自己织入日常生活的肌理，直至不被注此。"

马克·韦泽："当虚拟现实把人放入计算机生成的世界，普适计算就会强制让计算机肉于虚拟世界，和人们生活在现实里。"

尼尔·格申斐尔德（Neil Gershenfeld）《当物品开始思考》（When Things Start to Think）

在20世纪90年代，马克·韦泽在这些技术的基础上做了多项研究。令人惊讶的是，三十多年后，他提出的普适计算在今天已经实现，并且进入了我们的生活。虽然我们使用的是物联网、云计算、移动通信、人工智能这些具有时代特色的用语，但这些概念合在一起就是普适计算。

1998年，马克·韦泽在比较普适计算和虚拟现实时提到，如果说普适计算是一个人群中到处都存在着计算机的世界，那么虚拟现实就是在计算机创造的世界里存在着人。

| 1980年 | 20世纪80年代中期 | 20世纪90年代初期 | 20世纪90年代中期 | 20世纪90年代后期 |

同一时期，史蒂夫·曼恩对能穿戴在身体上的计算机产生了极大兴趣。他相信可穿戴计算机的时代已经到来，他认为，通过计算机，日常生活中的一切都可以被测算、记录并保存。"我"被表现为"量化自我"，为将以"我"为中心产生的一切事物做定量化的测算和记录，史蒂夫·曼恩开发出了多种传感器、具备工作网络的计算机、配有镜头的智能眼镜，这些与今天增强现实眼镜的规格和功能都十分相似。

两位先驱者提出的"世界上所有的一切都将成为计算机，计算机将渗透进我们的日常生活"，以及"可穿戴使用的计算机的时代"已经在我们的眼前成为现实。

05

为什么"赛我小窝"未能进化为元宇宙？

在互联网泡沫方兴未艾时，一项始于俱乐部小圈子的服务开始发展起来，它称得上是社交网络的鼻祖，这就是以迷你首页（Mini homepage）闻名的"赛我小窝"（Cyworld）。当时，Freechal[①]、DAMOIM[②]、iloveschool[③]等网站把人们连接起来形成小组，在小组内部提供以兴趣爱好和利益关系为中心的协调服务，这引领了一时风潮。

"赛我小窝"也是在同一时期以类似目的推出的产品。一开始，在诸多相似的服务中，"赛我小窝"难以崭露头角。而在提出全新策划的迷你

① 译者注：Freechal是韩国最早的网络社交平台。它诞生于1999年，在视频和游戏门户的基础上提供类似"贴吧"的社群交流服务，其用户一度超过1000万人。2002年它因宣布服务收费而导致用户锐减，2011年破产，2013年全面停止服务。

② 译者注：DAMOIM是2000年正式上线的韩国早期同学录网站。经多次改版和收购后，它于2009年终止业务。

③ 译者注：iloveschool是1999年正式上线的韩国早期同学录网站。DAMOIM的用户主要为在校生，而iloveschool面向的用户对象是毕业生。

首页概念后，它人气高涨，一跃成长为具有代表性的社交网络。每个人都可以在"赛我小窝"分享自己的日常生活，大家可以上传照片，装饰自己的首页，同时朋友也可以进入首页留言，相互交流。用户可以设置亲密好友，还可通过"冲浪"来发现新的迷你首页交新朋友，韩国几乎每个人都在用"赛我小窝"。

2002年迷你首页上线后，"赛我小窝"还引入了用于装饰首页的"橡实"（dotori）玩法。即使每个"橡实"的售价达到了100韩元（约合人民币0.6元—0.8元），用户们还是争相购买并使用。当时仅靠出售"橡实"，"赛我小窝"每月就能获得约1000亿韩元（约合人民币6亿—8亿元）的进账。简单计算一下可以得出：一个月中就有10亿个"橡实"在流通。2002年，很多用户因为反对Freechal改为付费网站而注销账号，转战"赛我小窝"，这导致赛我用户数量激增，而这些用户却很积极地使用着"赛我小窝"的付费服务。在用户数量强势增长下，"赛我小窝"完成了与SK通信公司的并购，2004年其用户数突破1000万，2007年达2000万，2008年已有3000万名用户加入了网站，风头极劲的"赛我小窝"进入了全盛期。然而，尽管取得了如此辉煌的成功，与SK Comms合并后，因为一些众所周知的原因，"赛我小窝"开始走上了衰落的道路。重要的初创班底和开发人员离开公司，管理层频繁变动且对社交网络理解不足，"赛我小窝"与SK通信公司即时通信软件NateOn[1]的强行结合，封闭的平台运营，为了增加橡实收益而盲目地与各种商业模式合作，对移动互联网时代到来的后知后觉，缺乏顾客价值……在种种不利条件的综合作用下，"赛我小窝"的运作最终迎来了恶果。

---

[1] 编者注：NateOn是韩国即时通信软件，和腾讯QQ类似。

　　"赛我小窝"获得过成为社交网络的机会，并且也曾有可能进一步进化为元宇宙领导者，可惜它未能把握住机会，只能留在人们的回忆中，这实在令人遗憾。

　　虽然"赛我小窝"只是二次元平面的作品，其分辨率和大小也是固定的，却为用户提供了属于每个人的虚拟空间。在名为"迷你首页"的虚拟空间里，每个人都有一个可以编辑的"迷你房间"，人们可以在这个房间里放家具、贴壁纸，可以更改室内装修，同时可以用橡实购买物品尽情地装饰房间。

　　在"赛我小窝"的社会里，作为一种数字货币（digital coin），橡实操控着以其为中心的"橡实经济"，这也是一种基础的虚拟经济。用户可以购买唱片来作为迷你小窝的背景音乐，可以给自己的虚拟形象购买合适的服装和物品进行装饰，这些都是需要使用橡实来实现的。就像现在可以通过聊天软件Kakao Talk送礼物一样，用户可以把橡实当成礼物送给朋友，也可以在生日的时候把网页皮肤或物品当作礼物送出。亲密的朋友之间通过赠送橡实分享友情，而且"赛我小窝"的社会中还常常出现用户想要装饰虚拟形象或者首页而自身橡实不足，需要向别人讨要的情况。

　　许多用户同时联网互访房间，在房间里留言，通过人脉功能找到朋友的朋友，交上新朋友。如果成为亲密好友，用户则可以进行更亲密的互动，还可以一起创建俱乐部来交流多种多样的兴趣和话题。

　　用户可以在迷你首页上发表日常的所思所想和自己的消息。上传照片或者表情图就会收获许多共鸣和回帖，这和现在人们在Facebook或Instagram上感性又有点做作的发帖别无二致。

　　以社交生活为基础的虚拟世界与日常生活记录相结合，这是融合型元宇宙的特性，"赛我小窝"也具有这种典型的特征。大量用户同时登录网站，在24小时不间断运营的"赛我小窝"里，每个人都有象征自己的个性化形象和迷你首页这个虚拟空间。在这个空间的基础上，通过自己的虚拟形象，用户们可以相互交流沟通。这是一个典型的元宇宙虚拟世界，同时也形成了以用于用户交易和物品购买的虚拟货币及商店为中心的经济结构。

"赛我小窝"里的生活几乎成了另一个日常，用户们在现实世界里也被连接在一起，现实生活受到很多影响。与现在设想中的元宇宙相比，尽管有很多不足之处，单看构成因素，"赛我小窝"的早期概念已经足以被称为元宇宙的先驱了。

也许人们心中都存有遗憾。并非没人尝试通过移动互联网复活"赛我小窝"，但这一举动不是因为没能投入运行，就是因为不断试错而未能进行下去。不过，最近这个项目再度获得了正式投资，其动向也受到了大众的瞩目。虽然"赛我小窝"保存了超过3000万名用户的信息，但用过去的用户和数据为现在提供服务并没有什么太大的意义。能否适应元宇宙时代，能否为新的MZ用户①脱胎换骨地改变，这是"赛我小窝"能否复活的关键。

前文已经梳理了"赛我小窝"未能延续到现在的原因，而进一步探究它为什么未能真正进化为扩张的元宇宙，这对今天的我们可能更有意义。

（1）面对全球竞争者的出现，设计者未能给予足够重视，也未能为应对这一情况提供新的用户体验。

"赛我小窝"诞生的时期，最大众化的显示器分辨率为扩展视频图形阵列（XGA，1024×768），迷你首页也被呈现为最适应这一分辨率的效果。但随着时间的流逝，显示器向高分辨率发展，"赛我小窝"却被困在固定的画框之内。

---

① 译者注：MZ世代是20世纪八九十年代出生的人群，他们熟悉数字环境。

从最初的设计阶段开始，"赛我小窝"就没有考虑过分辨率的提升。在它完成设计后用户激增，修改或升级整体框架变得很难。不停地出售和急速成长，使得公司缺乏与这一部分相关的长期发展眼光和战略。固定的画框限制了用户界面添加功能，这使得用户在与其他用户相遇发生相互作用时无法离开画框。Facebook等其他社交网络能与多种应用联动，"赛我小窝"却在用户体验变得多元化的过程中，固守同一个画框内的用户界面。最终，以智能手机为基础的移动互联网时代来临，用户体验在这一时期发生了转变。在激变的方向和速度面前，"赛我小窝"踩了一脚急刹车，这也成了它未能进化为元宇宙的主要原因。

（2）必须要建立起能让网络效果最大化的平台结构。

与即时聊天工具NateOn合并之后，"赛我小窝"宣称只支持NateOn用户的专用登录方式。赛我也完全按照不同的国家、语言来单独运营平台。这些封闭性的战略从根本上阻止了"赛我小窝"推倒现实世界和虚拟世界间的藩篱以实现成长。

用户和用户相遇，相互交流，并形成新的社群，在飞轮效应（Flywheel Effect）下，更多新用户注册网站，用户之间的关系会更加紧密，交流沟通的规模扩大，元宇宙的生命力也会更加旺盛。"赛我小窝"却未能引导用户间积极的相互作用及用户对社群的自发贡献，为了增加橡实的销量，它止步于提供一般性的内容。这些年来，"赛我小窝"已经变成一座用户不再访问，仅余旧日辉煌的"老城"。

想要赛我复活，设计者必须持续提供激励机制和收益模型，只有这样才能让参与的用户不断获得奖励、内容或物品，让他们收获新的用户体验和任务。"赛我小窝"也必须成为一个不受时空限制，拥有可以不断扩大的世界观和生态系统的平台。

06
《第二人生》的试错与梦想
未能成真的理由

　　《雪崩》这部小说出版后，激发了很多关于新世界的灵感。人们痴狂于让想象世界变为现实的无限可能性，开始思考那个戴上眼镜就能进入的世界将带来的机会。《雪崩》也给了一个名叫菲利普·罗斯戴尔（Philip Rosedale）的人无尽的灵感和动力，后者也就此有了一个不切实际的梦想——让《雪崩》里描述的世界变为现实。

　　1999年，为了实现梦想，菲利普·罗斯戴尔创办了一家名为"林登实验室"（Linden Lab）的公司，并设想了一幅在现实世界之外存在全新第二次人生的蓝图。2002年，他把这幅蓝图变为现实，这就是用计算机创造的虚拟世界《第二人生》。他用自己的虚拟形象"菲利普·林登"（Philip Linden）登录了《第二人生》，而随着2002年3月名为"阳光史黛拉"（Stella Sunshine）的第一位居民登录，《第二人生》开始了测试服务。

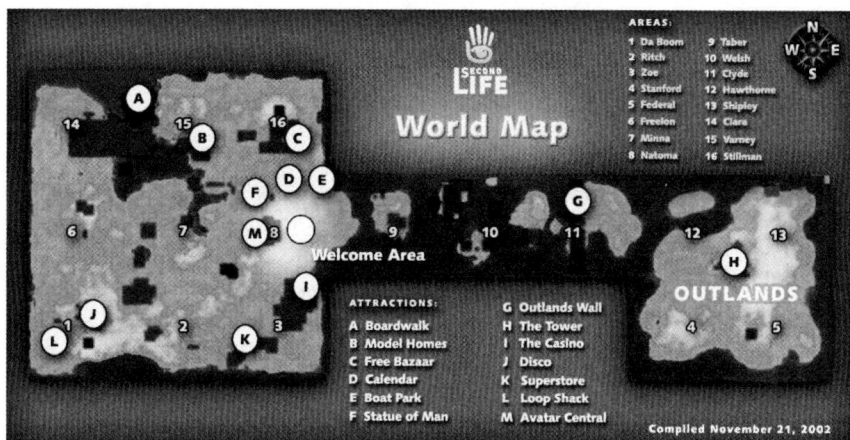

《第二人生》世界地图

当时这个世界名为"林登世界"（Linden World），它就像我们生活的现实世界一样，大致由主大陆、外域、岛屿和大海组成，整个世界被称为"网格"。从第一个区域"Da Boom"算起，游戏分16个区域运营。在初期16台服务器连接在一起，这看起来是一种适合这个系统的分区方式。陆地上的区域面积为256米×256米（65,536平方米），由最小单位面积为4米×4米（16平方米）的正方形地块（Parcel）组成。

由于当时服务器的运算能力有限，各区域的数据仅处于服务器能处理的水平。最复杂的城区F内可以同时存在的虚拟化身的数量上限为100个，这可能是受陆地上图片复杂度的局限，或者是一个被设定的数值。居住区的虚拟化身的数量上限为20个，开放空间上限则为10个。根据不同目的，各区域也被设计为不同的类型。数百个区域通过道路和铁路相互连接在一起，最大的大陆就是主大陆。用户可以购买或者租赁主大陆，根据自己的目的来使用土地，此外，另有单独设计的可购买的其他开放区域。

《第二人生》提出了虚拟世界房地产的重要概念和基本要素。这些也被之后出现的各种虚拟世界平台参考借鉴，这奠定了《第二人生》榜样标杆的地位。

虚拟化身在广阔的虚拟土地和海洋间行走跳跃，他们也可以通过游泳或飞翔来移动位置。2003年正式服务上线时，游戏更名为《第二人生》。同年年底，游戏引入了专用货币林登币（Linden dollar）。一开始为了避免有限的计算资源被滥用，游戏还启用了根据每周的使用量向用户"征税"的系统。随后，游戏设立了名为"LindenX"的交易所，用来进行林登币交易，这正式拉开了虚拟经济的序幕。

顷刻之间，全世界的目光都集中到了《第二人生》上。人们认为《第二人生》就是人类的未来，并为此兴奋不已，相关的新闻报道每天都层出不穷。早期游戏用户并不多，而从2006年起，在用户数量激增的同时，《第二人生》也进入了正式的成长期，菲利普·罗斯戴尔甚至进入了当年

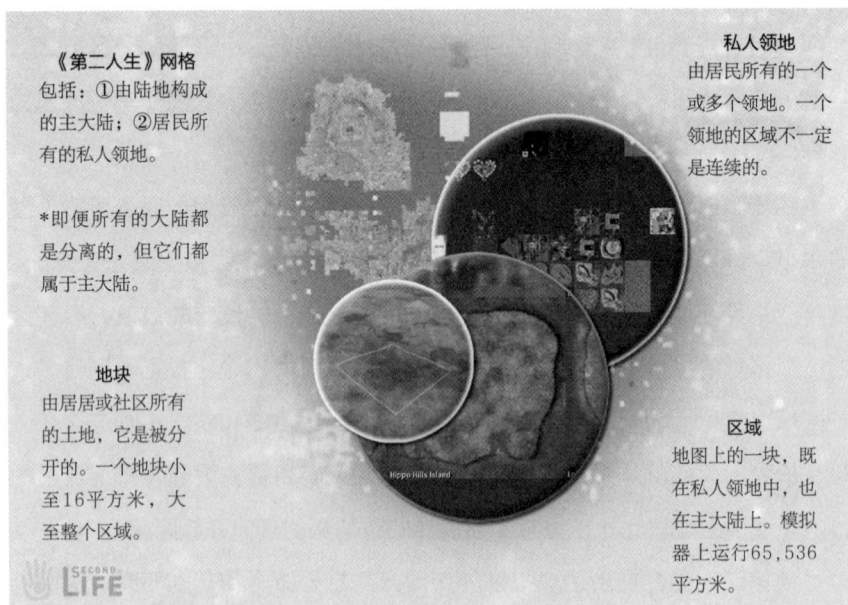

《第二人生》网格
包括：①由陆地构成的主大陆；②居民所有的私人领地。

*即便所有的大陆都是分离的，但它们都属于主大陆。

私人领地
由居民所有的一个或多个领地。一个领地的区域不一定是连续的。

地块
由居居或社区所有的土地，它是被分开的。一个地块小至16平方米，大至整个区域。

区域
地图上的一块，既在私人领地中，也在主大陆上。模拟器上运行65,536平方米。

《时代》杂志评出的"世界最具影响力100人"榜单。2007年，《第二人生》急速成长，用户数超过了960万，最高峰时月活跃用户人数达到了110万。美国广告联盟指出，《第二人生》正在媒体市场上掀起一股旋风，它初期的16台服务器增至3000台，以适应扩大的用户规模。

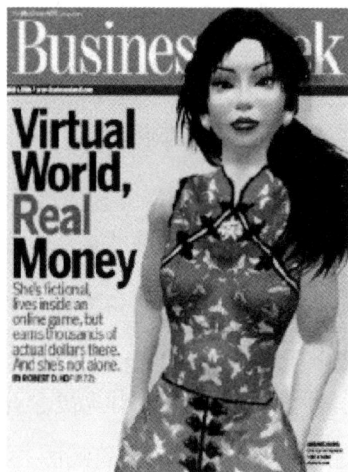

《商业周刊》（*Business Week*）

此时用户们每月在虚拟世界里的支出已经超过500万美元，每月能在游戏中收入5000美元以上的用户也超过了100人，游戏内的经济变得繁荣起来。2010年左右，如果换算成GDP，《第二人生》达到了接近5亿美元的水平，在全世界GDP排行中可以排到第170位，相当于一个小国的经济规模。菲利普·罗斯戴尔对此充满自信，在访问中他表示"我们不仅仅在制作一个游戏，同时也建立了一个新的国度"，这倒也并非虚言。

在这个名为《第二人生》的元宇宙内，人们相遇、对话、表演、旅行、购物、开会、研讨、上课、角色扮演……这些多种多样的活动可以解决就业问题，这里也可以进行房地产交易，这些都是经济活动。不仅如此，不管是用户设定虚拟化身的皮肤，还是直接制作汽车、装饰、服装等产品，或是盖房子，通过这些创造活动，用户创造了自己的数字资产，他们出售和交换的创作权和财产权也得到了保障。

2004年，艾琳·格雷夫（Ailin Graef）以"钟安社"（音译，Anshe Chung）的虚拟形象在《第二人生》中开发和出售网络房产，通过这一活动，她在两年的时间内赚了100万美元，成了最早的虚拟百万富翁，这一事件引起极大反响。她的成功也让无数人拥入《第二人生》，这引发了一场数字淘金热。

亚当·弗里斯比（Adam Frisby）在《第二人生》中以"亚当·扎乌斯"（Adam Zaius）的虚拟形象运营着一个名叫"深思"（Deep Think）的项目，旨在实现那些想在虚拟世界里过上和现实世界截然不同的生活的人的愿望。他以海滨、沙漠、高山、火山等概念开发出独特的住宅并出售，选的都是各种人们最想去生活的地方。其后，亚当又在OpenSim①和《正弦波空间》（*Sine wave Space*）②平台创业，继续在虚拟世界平台上工作。

阿莉莎·拉罗什（Alyssa LaRoche）以"艾梅·韦伯"（Aimee Weber）的形象通过B2B模式与IBM、美国全国广播公司（NBC）、American Apparel这样的客户公司合作，为它们提供虚拟网站搭建和虚拟世界公关活动的咨询，并且得到了不菲的报酬。鲁本·斯泰格尔（Ruben

---

① 编者注：OpenSim是斯坦福大学开发的用于开发、分析、可视化人体肌肉骨骼系统的免费开源软件。它能应用在很多领域，如行走动力学分析、运动表现研究、手术过程仿真、医疗器械设计等。
② 编者注：《正弦波空间》同《第二人生》一样是一款虚拟世界游戏。

Steiger）则创立了一家名为"Millionsofus"的公司，帮助丰田、英特尔、微软、可口可乐、通用汽车公司等多个企业进入《第二人生》，通过提供宣传和市场营销的咨询，其公司的销售额可达数百万美元。

当时，菲利普·罗斯戴尔宣称《第二人生》是一个创造未来财富的平台。一时间不仅仅是个人，企业也纷纷涌入，不想错过这一片充满机会的热土。其中，最积极的当属IBM。IBM在游戏中搭建了一个岛屿，在岛上开设了现已破产的西尔百货公司和电子产品购物中心电路城公司，在私人小岛上搭建会议网站，甚至还和IBM中国分公司的7000名员工一起开了虚拟会议。

巴西航空最先在《第二人生》开设了分店，并为其航线上的48个城市打造了在线虚拟世界旅行项目。全球媒体路透社直接开设了一个名为"路透前厅"的虚拟编辑部，由记者亚当·帕斯克（Adam Pasick）负责报道《第二人生》里发生的新闻。索尼贝图斯曼公司开了一个索尼音乐岛，为访问岛屿的虚拟化身们提供试听旗下艺人音乐或观看音乐录影带的机会。BBC（英国广播公司，British Broadcasting Corporation，简称BBC）也买了一个小岛，每年在岛上举办名为"超级周末摇滚演唱会"（One Big Weekend Rock Concert）的活动，让人们可以在这里见到喜欢的音乐人的虚拟化身，并尝试打造一个用实时流媒体来直播演唱会的舞台。思科开办了一个训练中心，丰田通过虚拟汽车"Scion XB"来让买家体验定制服务，并以此进行市场宣传。[3]

除企业外，政治领域也开始关注虚拟世界。希拉里·克林顿2007年在《第二人生》里进行了选举造势活动，虚拟世界里的气氛也热闹非凡。据说当时希拉里的选举阵营考虑了《模拟城市》（SimCity）、《第二人生》、《模拟人生》（The Sims）三个平台，通过问卷调查选定《第二人生》为最合适的造势地点。当时韩国的李明博也在《第二人生》里设置了造势活动现场和宣传馆，举行了大规模的市场活动。由此也可以看出，这是一个在全世界范围内爆红的游戏。看看当时《第二人生》里的大运河体验现场，我们会真实地感受到，在想象的世界里没有什么是不可能的。

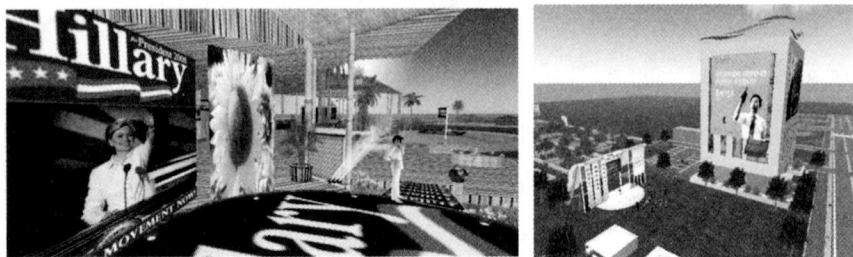

图片来源：nwn.blogs.com（左图），sisajournal.com（右图）[2]

除此之外，《第二人生》大多数用户创造出的独特而令人惊叹的事物还有很多。一位英国作曲家用"罗比·丁戈"（Robbie Dingo）的虚拟形象制造出了可以用于演奏的五十多种乐器，它们也确实被用在了苏珊·薇格（Suzanne Vega）的虚拟世界演唱会里。价值3000林登币的长笛可以直接发出每个音，用户可以用它实时演奏，被誉为虚拟世界里最棒的物品。西吉·罗慕路斯（Siggy Romulus）开发出了400林登币的游泳套装，用于在《第二人生》的大海和湖泊里游泳，利用脚本还可以实现各种泳姿，仅一年就卖出20,000套。他甚至还顺势开了一家名为"自来水厂"（WaterWorks）的海洋公园。

在这些给予用户创作权和所有权的强大激励机制下，游戏中出现了漫画里才有的天空中的城市、海上的华丽别墅、有巨大舞厅的超豪华住宅、有迷宫的神秘之家……从与现实世界相似的房子，到只存在于想象中的建筑，全都可以在《第二人生》中被创造出来。在这里，购买"Outy Banjo"就可以呼风唤雨、打雷下雪，人成为"神"的第二人生，在这个世界成为可能。

当然，问题也不会少。虚拟世界里也会发生暴力事件，黑客们为了要求居民获得参政权和投票权还会进行"炸弹袭击"。此外，也产生了许多与数字作品相关的著作权所属、剽窃等诉讼案和争端。无视现实赌场一天150万美元的消费上限，虚拟世界作为法外之地和避税天堂也成了新的问题。而数字世界一切皆有可能的特性也导致了一些色情行为和内容被无差别泄露。集体霸凌一类的事件也层出不穷。

尽管林登实验室做出了自我净化的努力，《第二人生》的居民也自发参与其中，但是人们聚在一起，生活在同一个社会中，且这个社会还具有匿名性和虚拟性，发生一些人力不可控的事情在所难免，人们想要完全防患于未然并非易事。这也并不是《第二人生》独有的问题，而是现在已经存在，将来可能出现的所有元宇宙的共同问题。所以，制定一个作为"球场规则"（ground rule）的社会协议自救，就成了重中之重。认识到这一点之后，《第二人生》的游戏用户须知里加入了作为《第二人生》社群原则的行动准则，鼓励居民们理解并参与进来。

（1）本站对与人种、民族、宗教、性别、性别多样化相关的诽谤、轻视等一切行为和言语采取不宽容原则。

（2）禁止霸凌、骚扰等有攻击性的言语与行为。

（3）禁止暴力、孤立等有威胁性的行为。

（4）不得侵犯他人的个人空间或私人领域。

（5）不允许出现超出本站内容指导原则范围的言语、行为、内容。

（6）未经允许不得公开或分享包括他人位置信息在内的个人信息。

（7）禁止妨碍他人游戏体验或威胁社区安全的行为。

（8）未经允许不得盗用或窃取他人身份和内容。

未来的元宇宙必然会有更大的成长，会成为更多的人聚集在一起的空间和社群。为了可持续发展，建立以上这些基本的原则是很必要的。

菲利普·罗斯戴尔意识到《第二人生》的局限性，为了能在虚拟现实的基础上创造元宇宙，从而实现他的另一个梦想，他于2013年离开了《第二人生》，自行创业开发了虚拟现实社交游戏《高度忠诚》（*High Fidelity*）。如果可以戴上虚拟现实头盔进入《第二人生》的世界，该有多强的沉浸感？又会有多么丰富的幻想性？探求这些的欲望也许从罗斯戴尔初读《雪崩》的瞬间就在他心中埋下了一颗种子。想要克服局限性，获得人们需要的功能，就要在利用开放式图形库（Open Graphics Library）而实现的《第二人生》里，使用Unity或虚拟引擎（Unreal Engine）这样的新型三维图形引擎来做移植或新的设计。但在种种条件制约之下，这实现起来很有难度，这也是罗斯戴尔一定要创造全新元宇宙的动机。

《高度忠诚》是一个与区块链相结合的虚拟现实元宇宙，而区块链可以为真正引领数字虚拟经济的所有权和真实性背书。在这里，人们可以使用以现实为基础的虚拟化身和加密货币"High Fidelity Coin"（HFC），同时配合Oculus Rift头盔等设备，在虚拟现实的基础上举办各种活动，为实现罗斯戴尔的梦跨出一步。

《高度忠诚》里举办了"亡灵节"活动，还在2018年举办了超过400个虚拟化身参加的"虚拟现实音乐节"（Futvre Lands）活动。活动中有DJ表演，人们可以一边跳舞、玩游戏，一边和其他虚拟化身愉快玩耍。人

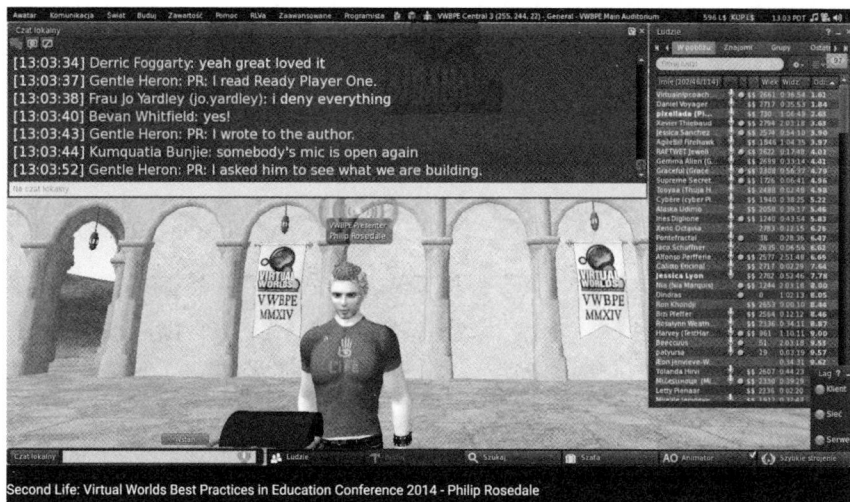

Second Life: Virtual Worlds Best Practices in Education Conference 2014 - Philip Rosedale

们也可以在这里办演讲会、见面会，就像在现实世界里一样，举行极具沉浸感和现实感的庆典活动。

在这段时间中，菲利普的脑海里有几个让他很苦恼的问题亟待解决。与计算机的二维平面显示器不同，通过虚拟现实设备所进入的虚拟空间为配合每个虚拟化身的位置，人物的声音、距离、方向都应该有空间感。当时的虚拟现实头盔设备技术在用于长期居住在社交元宇宙中时，会令人感到非常不便，这个有缺陷的设计规格还需要几年的时间去改进，这也是现实的局限。除此之外，想要呈现一个巨大的世界，服务器需要比《第二人生》的服务器性能更强，还必须要有大容量的云端。

要完成最初的梦想，菲利普还需要一些时间。为了集中攻克现在至关重要的核心技术难题，菲利普在2019年果断转型，用三维空间音响专业初创公司"空间音频"（Spatial Audio）来转变虚拟现实元宇宙的发展方向。虽然他的梦想仍是正在进行时，但他已经可以在自己创造的元宇宙里稍事休息，从云端垂下一只脚来，看看下面的世界。[4]

讽刺的是，罗斯戴尔离开后，《第二人生》开始和他挑战相同的目标，他们策划并开发了以虚拟现实为基础的元宇宙Sansar。Sansar是《第二人生》下一代虚拟世界的概念，它从2014年起开始得到开发，2017年开放测试服务。它与电子音乐厂牌"怪兽猫"（Monstercat）结成合作伙伴关系，尝试在虚拟现实的基础上做直播娱乐等项目。不过随着2020年新冠疫情的全球大流行，环境的改变也让这一事业有了很多变数。

为开发Sansar，公司暂时搁置了《第二人生》。但随着疫情中登录并活跃于《第二人生》的用户数量增多，《第二人生》的销量再度攀升。由于疫情影响，在线服务需求量激增，不能自由旅行也使得人们转入游戏满足旅行的需求。这时，人们首先想到的还是最先在全世界范围内掀起元宇宙热潮的初代元宇宙《第二人生》。新增的70万至90万名用户使《第二人生》销售额增加了约500万美元，林登实验室也再度把重心放在曾一度被搁置的这项服务上。最终，2020年公司延后了*Sansar*的开发和运营，选择了偏重《第二人生》的战略。

重整之后，《第二人生》的根本性问题依然存在。也许通过部分的修补和对一部分功能的改善可以继续为用户提供服务，但公司应该探索并思考，所谓人们正在期待新的元宇宙出现，以及要有更好的体验，这些话题说的到底是什么。

（1）提供未成体系的、不直观的用户体验

这里从一开始就是一个赋予用户100%自由度的元宇宙开放世界。相应地，任何内容在告知用户时都是不成体系的。登录游戏的用户处于界面复杂、信息不足、没有指导原则的状态中，他们不知道应该干什么，就这么开始了游戏。用户不会得到任何目标和任务。当然，人们也可以把无限自由之下随心所欲做任何事看成"任务"，但对大部分人来说，一个既不熟悉也不友好的世界是没法长期停留的。因此，现在留在《第二人生》里的主要是那些硬核玩家。

对一般用户而言，这是最难过的一关。繁多的选择菜单、让人无法理解的功能、芝麻粒似的菜单小标题，乃至不易操作的键盘……在这种情况下，它的用户数量还能超过1000万，这简直近乎奇迹，也在当时引起了社会的关注。

元宇宙里用户的作用必须多样化，元宇宙的本质属性或许如此。构想并设计元宇宙世界的人、在元宇宙里创造内容和物品的人、把人们聚在一起创立社群并举行活动的人、喜欢探险和冒险的人、觉得购买并使用其他用户制造的物品就很有意思的人……凡此种种，元宇宙也像我们现

在生活的世界一样，要包容得下人类的多样性。所以，必须要有与每个人的作用相匹配的界面和功能，且必须要与具有直观性和一致性的用户体验整体相契合，只有这样它才会成为一个有机的、可持续发展的生态系统。

比起给所有用户一个复杂的界面，给所有用户一个简单的界面是更理想的选择。如果这很难实现的话，提供与对象相匹配的模式和界面会是一个更好的选择。从开始到现在，《第二人生》始终都没能解决用户体验和界面的问题。

（2）不具备赋予用户阶段性目标意识和动机的系统

相较于赋予用户100%的自由度，设计者更应该给用户分阶段的引导和能给用户成就感的探索和分级系统。然而，《第二人生》却没有实现这个系统。骨灰级玩家很熟悉游戏套路，通过自律的探险和学习去完成他们想实现的探索，那么对他们来说，《第二人生》会是一个最好的空间，但对一般用户而言却并非如此。所以，其他的大型多人在线角色扮演游戏或模拟游戏都有固定的探索内容，其中系统的学习和训练可以帮助用户熟悉游戏。与之相反，《第二人生》不给用户任何指导，同时还给用户100%的自由度，这使得它的激励作用非常薄弱。

虽然《第二人生》这样的虚拟世界的优点在于能够发现人类寻求成长和成就感的本能，但若不能精密地设计好这个体系和激励机制，就会令用户觉得高山在前却无路可上。对专业登山者来说，这是一个挑战；但对新手来说，这就是一座没法攀登的高峰。从这一点来看，《第二人生》虽然外观上和我们的社会很像，实际上却并没有那么相似。

（3）低完成度世界不能给用户沉浸感

《第二人生》包括用于处理三维图形的图形处理器在内，以计算机的性能，要做到3D所需水准，其画面的完成度尚不足。它实际呈现出的虚拟化身或是虚拟世界的完成度都不够高。细节难以得到表现，形象的动作不够细腻自然。在用户转换视点和角度时，物体和人物无法呈现出正确的三维形态。在这种种限制之下，用户很难充分地沉浸其中。

不仅如此，用户直接制作的物品或物体整体上偏差更大。随着计算性能的逐步发展，将来虚拟化身的选项或图形表现都会得到改善，但要想再次引来大众的追捧并非易事，《第二人生》之外的元宇宙实在是太大了。

（4）未能通过智能手机和移动互联网将其世界扩大

从苹果手机开始，世界就通过移动互联网被扩大了，很多用户都转向了手机。如果大型显示器不能发挥设备优势，那么移动显示器将开始全面取而代之。

这一时期，《第二人生》却无视这种变化，错误地错过了准备和应对的时机。2014年前后，移动通信的范式发生了转变，世界走向了追求大型显示器和小型显示器两个极端，但无论何处都没有留给《第二人生》的位置。全新的元宇宙出现，只有能巧妙应对变化的用户才能存活下来。

（5）将商业化放在用户的和睦与社群之上导致生态被破坏

在元宇宙里，用户之间存在能长时间持续的社群是一个重要的属性。

类似问答网站Reddit或是游戏社区Discord的服务能取得成功，就是因为它们有活跃的社群平台，它们的平台能提供高质量的社交网络和社群功能。这些也是《第二人生》曾经拥有的重要功能和要素，它是典型的生活方式型元宇宙。

然而，《第二人生》内部并未设计出能够建立并维持社群的功能，以及相关的应用程序接口（API）。用户可以使用其他网站的社群功能，但是基于元宇宙的特性，设计者很难让虚拟世界的世界观和现实世界社群服务的世界观保持一致。这样的结构使得除用户社群外，以个人身份和兴趣为依据建立起的社群难以获得成长。

在这种情况下，舆论的关注和企业的兴趣也急剧增长。企业纷纷进行了包括设立宣传馆、举办活动等在内的尝试和投资。《第二人生》成了非常热门的题材股，其势头表面上看起来急速上升。但随着时间的流逝，热点会降温，企业和舆论的兴趣终究会消失殆尽。

问题在于，在维持这个虚拟世界屹立不倒的同时，艰难活下来的社群毫无根基，它们在进入新的时期后显然会陷入衰退——这部分情况到现在依旧没得到较大的改善。虽然它们一时能再度引起人们的兴趣，人气高涨，但若不能把能够容得下用户社群的"碗"或者系统真正内化于游戏中，那么最终它们会只剩下一个平台，这个平台依靠着个人创作和不受社会规则制约的自由得以存活。

幸运的是，虽然存在这些局限和缺点，《第二人生》还是有理由被称作"依旧充满潜力的元宇宙平台"。2014年，《第二人生》交易市场的清单上有超过200万件物品，它正在被打造成一个内部由更多物体组成的世界。也就是说，在交易市场和虚拟世界里，巨大规模的电子资产正积累着。

随着赋予电子资产真伪属性、所有权归属，以及稀缺性技术的急速发展，我们未来还可以重新探讨这些问题，以适应新的转变。如果我们能促成变化，让已经生成的物体结构化地成为建筑的砖石，那么世界的规模还可能再次被扩大。建立在云端之上的人工智能和图形处理器性能正在高歌猛进地发展，过去曾不流畅的三维图形和动作已经可以被处理得十分细腻自然，无论是更细节的表现还是大容量数据处理能力都在发展中。

由于《罗布乐思》和《我的世界》的成功，人们的视线和兴趣转而投向了元宇宙，《第二人生》也有可能迎来第二个全盛期，也就不能说它现在完全失败了。通过《第二人生》的经验、诀窍、试错所获得的技术进步和洞见已经被融入了许多元宇宙企业和商业模型之中。仅凭这些，《第二人生》已足以入传奇之列。

07

《集合啦！动物森友会》缘何大热？

受新冠疫情影响，2020年人们无法去国外旅行、出差，全球都蒙受了很大损失，2020年是带给许多人伤痛和失落的一年。在这种情况下，人们还是有一点盼头的，那就是任天堂推出的Switch版本《集合啦！动物森友会》（ *Animal Crossing: New Horizons* ）。

任天堂 Switch于2017年发布，拥有与生俱来的任天堂革新DNA，是继任天堂 DS、任天堂 Switch 3DS、任天堂 Wii U之后的新一代便携式游戏主机。吸取此前机型任天堂Wii U的失败教训，任天堂Switch搭载了优化后的用户体验触摸屏，既是支架型主机，也可以变身便携型游戏机，不仅扩展功能强大，还物美价廉，可搭载多款游戏。在推出后的两年时间里，任天堂Switch售出了超过3200万台机器，是名副其实的大热产品。"动物森友会"系列首作发布于2001年，一经推出即收获满满人气。为了纪念这款慢生活模拟游戏问世20周年，任天堂发布了Switch版本的《集合啦！

动物森友会》，任天堂Switch为此还推出了以《集合啦！动物森友会》为主题的机器。在当时中国工厂产能和物流受到疫情影响的情况下，任天堂Switch的供货量曾一度难以满足市场需求。

一机难求反而激起了人们更大的兴趣。原本售价40余万韩元（约合人民币2500元）的套装竟然被炒到100万韩元（约合人民币6250元）的高价，一时间商品短缺，任天堂的销售额也随之暴增。

在抵制日货和新冠疫情的双重背景下，任天堂Switch在艰难的2020年仍创下了全世界销售量达2410万台的佳绩，《集合啦！动物森友会》游戏卡带也售卖了超过3118万张。

在进入《集合啦！动物森友会》后，玩家首先要参加一个"无人岛移居套餐计划"。为了能移居到无人岛上，玩家要先选择岛屿并通过贷款买下它。接着玩家会拿到机票和护照，乘飞机来到专属于自己的小岛，而游戏的核心理念就是优哉游哉地打造自己的小岛。

在疫情阴影下，《集合啦！动物森友会》的理念给不能出行的人们带来了一种替代性的满足，抚慰着人们被日常生活折磨得疲惫不堪的心灵，如此魅力必然会带来超高人气。游戏虽然自由度极高，但岛上的居民也会随时出现，给玩家任务和探索内容。玩家如果能完成任务就会得到恰当的回报，小岛也会渐渐变成玩家想要的样子，人们可以从中获得成就感和沉浸感。特别是对Z世代①而言，他们喜欢沉浸其中，用心感受什么都不用做的自由和闲暇，同时也喜欢更专心地完成更多的任务，这正是这款游戏奇妙的吸引力所在。

《集合啦！动物森友会》大热，源自其作为元宇宙虚拟世界的重要属

---

① 译者注：Z世代指的是20世纪90年代中后期到21世纪初期出生的人。

性。游戏开始，用户要先创建一个自己的虚拟化身，把自己隔离于现实世界的一切之外，前往一个新的虚拟世界——无人岛。虽然这里的时间与现实世界是同步的，但无人岛上没有任何现实世界的烦恼和困难，是一个可以平平淡淡消磨光阴的平行世界。

为了消除玩家独自生活的孤独感，小岛上会有两名初始小动物岛民。在一定的条件下，会有不同的小动物访问小岛，它们和玩家进行适当的交流沟通，有时候玩家还要帮小动物完成特别的任务。为了能让游戏的趣味持续得更久，在具有高自由度的同时，游戏也平衡了引导和激励机制的设计。

通过联网，玩家可以请现实世界朋友们的虚拟化身来访问小岛，一次最多可招待8人。在现实世界里，玩家也可以在本地和朋友聚在一起联机，随时在虚拟世界里聚会玩耍。身处物理空间的用户们进入虚拟空间，分享相同的时空，彼此之间也产生了一种特别的联系。

夜幕降临，游戏中的商店会关门，岛民们也会睡觉。游戏里的生活方式和时间流逝与现实世界十分相似，带给人们一种独特的愉悦感。玩家可以捕虫、钓鱼，可以种树、摘水果、捡贝壳，完成丰富多彩的采集活动。还能扩建房屋、制作家具、规划小岛，经营自己的日常生活。当然，什么都不做也没关系。岛上经常会有万圣节、钓鱼大会这样的活动，参加活动可以获得奖励，换取特别的物品。虚拟世界的时间和现实紧密相连，现实的我与虚拟的我紧密相连，无论身处哪个世界，它们都被连接在同一个时间线上——流年暗换，元宇宙里的小岛生活也在永无止息地进行中。

这个小岛似乎与"赛我小窝"的迷你首页有几分相似，都是可以表现自我的虚拟空间，游戏的出发点也都是通过自己的努力来满足自己的心愿与期待。到朋友的岛上去玩，玩家可以采摘自己岛上没有的水果，带回来种在自己的岛上。玩家还能通过DIY来制作他们需要的物品，使用或者放置在岛上。

虽然可以在商店里购买到需要的物品，但你先要有"铃钱"。为了挣钱，玩家需要像在现实世界里那样劳动，或者制作一些物品来卖钱，这时就需要使用各种工具了。而想要制作工具，就要先得到设计图纸。这个过程会给玩家不断带来小小的成就感，也让玩家有了目标意识。

高涨的人气使现实世界中的活动或争议话题也纷纷进入了《集合啦！动物森友会》的世界。现实世界的夫妻可以在元宇宙里举行婚礼，时尚品牌华伦天奴、马克·雅可布也在这里开了当季新品展示会。近期，为了宣传其有机发光二极管（OLED）产品，韩国企业乐金显示（LG Display）在《集合啦！动物森友会》里开设了展馆。美国总统拜登在竞选造势期间为了能和Z世代面对面交流，也在这里举行了竞选活动。连接现实和虚拟世界，收获超高人气，任天堂Switch《集合啦！动物森友会》的成功源自何处？我们从中能得到哪些教训？让我们再从元宇宙的视角来看一看。

2020年美国大选中巧用《集合啦！动物森友会》的拜登阵营

为了登入元宇宙，机器必须既有实用性，又配备高性能硬件，即必须有让用户感受到足够沉浸感和趣味性的显示器、显卡、音响、触觉设备，还要有良好的扩展功能。

智能手机就具备了这些条件，于是它担负起了很多元宇宙的网关任务。而如果需要使用专门的设备，那么产品相应地就要能提供更高的完成度、更适配的实用性。

《集合啦！动物森友会》在给玩家充分自由度的同时，也给了玩家

《第二人生》中有所不足的游戏动机和激励系统。玩家完成探索，发展岛屿，收集成果，这些活动可以让他们获得里程积分和能购买物品的铃钱，这也激励着玩家继续游戏。岛上的大部分景观、虚拟化身的服饰等内容都可以个性化定制，这样一来，游戏不仅能通过DIY制作来刺激用户收集、获取物品的需求，也能间接地让玩家体验到无人岛生活去日常化的浪漫，并为他们提供游戏动机。

拜登选举造势

图片来源：sedaily.com[3]

此外，在元宇宙中最重要的就是设计出两者相均衡、规模最小化的社群和私人空间。《集合啦！动物森友会》精巧地呈现了众多非玩家角色，通过互动和角色的反应，非玩家角色恰如其分地让玩家在私人的空间里获得与人同行的社会化感受。游戏也让现实中的玩家们能在以岛为单位的虚拟空间里彼此探访、相互交流，每个人的岛都可以和别人的岛连接在一起，形成个人化的小小社群。

虽然不像其他虚拟世界平台那样有大规模的海量用户互动，但元宇宙能包容各种理念和风格的虚拟世界，容许它们无限共存。而就根据不同需求能以不同方式联机这一点来看，《集合啦！动物森友会》能够让人离开冷漠忙碌的现代现实世界，在细水长流中消磨时光，为人们打造出一个专为露营而设的元宇宙。

08

《宝可梦GO》的诞生与新的社会现象

2017年1月，许多人突然登上了开往束草—襄阳①的大巴车。这天并非周末，工作日的车上拥挤喧哗。这些乘客到了站下车后立刻掏出手机不断地查看着什么，然后开始向着某处奔去。这是一件真实发生的事，还上了报纸：人们为了抓住"宝可梦"（Pokémon）竟一路跑到了束草和襄阳。1996年，动画片《精灵宝可梦》播出。为了纪念首播20周年，2016年增强现实游戏《宝可梦GO》面世。当时，这款游戏还未在韩国正式开始服务，但其开发者Niantic实验室设定的全球定位系统地图包含束草、襄阳、郁陵在内。那一带出现宝可梦的小道消息一经传开，众人纷纷拥向束草，场面一度混乱。

在全世界每个游戏上线的地方，每个有宝可梦出现的地方，人们都为

① 译者注：韩国地名，指江原道束草市、襄阳郡。

了能多捕捉一只宝可梦而成群结队地蜂拥来去。此情此景频繁发生，规模庞大，被称为"《宝可梦GO》现象"。当稀有宝可梦"水伊布"出现在纽约中央公园时，周边地区的交通因人潮而全天处于拥堵状态。玩家们甚至夜里也不睡觉，通宵去抓宝可梦。要是想见朋友，那不如直接约一个"宝可梦散步"。为了捕捉宝可梦，还在读书的学生从悬崖上坠落，孩子被车撞倒；有人进入山洞迷了路，还有人意外闯入了他人的私人领地……此类事件一而再，再而三地发生。在海外的新闻报道里，我们每天都能看到有人为了抓住突然出现的宝可梦而在开车时发生事故。

随着以苹果手机为代表的智能手机的普及，增强现实游戏也进入了人们的视野。究其原理，乃是以GPS为基础，让特定的活动在指定的坐标上发生，再通过手机镜头看到弹出的物品或者任务。最初进入市场的产品是以增强现实为基础的导航，也有捕捉蝴蝶等昆虫用的应用程序。随后不断涌现出可以在指定标记上出现三维弹出框或动画一类的服务，虽然这类产品中的大部分产品也很新奇有趣，但它们并未形成大热之势。

智能手机的硬件和传感技术一直在不断发展进步。通过宜家推出的"IKEA Place"用手机镜头照一照家里的环境，人们就可以用三维模型来试着布置家具，提前确定家具的大小、颜色和布局。手边就算没有尺子，人们用苹果手机自带的测距仪也能测定距离。许多与这些相似的实用性强、建立在增强现实基础上的应用程序也正在开发中。

《宝可梦GO》也使用了类似增强现实应用程序的原理。利用谷歌地图中实际道路和建筑物的数据设定游戏内的任务或者事件点，基于用户的实时定位系统的坐标运行。当玩家打开手机镜头观察周边时，在实际道路或建筑前就会出现宝可梦，玩家必须要扔出"精灵球"才能抓到它们。宝可梦的等级越高，抓它们的难度就越大。而稀有种类的宝可梦只有去特定的场所才能被抓到，这也成了引人狂热追捧的爆点。为了抓住更高等级的宝可梦，人们进入"道馆"①锻炼，并购买更好的物品道具……宝可梦的热潮无限升温。

在《宝可梦GO》上市不到18天时，美国人尼克·约翰逊（Nick Johnson）就已经将美国境内已发现并可捕捉的142种宝可梦全部集齐，此举为全世界的报刊所报道。在采访中，他表示从小就梦想自己能成为宝可梦大师，为了集齐剩下3种在其他大洲才能抓到的宝可梦，他计划前往澳大利亚、欧洲和亚洲。得知这个消息，跨国酒店巨头万豪表现出赞助意愿并联系了他，在线旅行预约网站亿客行也追加了赞助。在万豪承担住宿、亿客行承担全部旅费的支持下，尼克·约翰逊开始了他的宝可梦征途。

他的征途从巴黎开始，再转往香港、悉尼、东京。在12天的时间里，尼克·约翰逊一边捕捉宝可梦，一边在社交媒体上分享他的旅程。离飞机起飞只有30分钟了，他才好不容易抓到一只宝可梦；通过粉丝们分享的实时信息，他像007特工一样发起一场追击战……这趟旅程并不轻松，但总算是抓到了剩下的3种，尼克·约翰逊也升级为集齐全部145种宝可梦的宝可梦大师。在最后一站东京，他还参加了正在举办的宝可梦庆典，和许多装扮成宝可梦实体的人合影留念，并把照片发到了网上，于是这趟旅程完美收官。就这样，《宝可梦GO》成了适用增强现实的游戏中首部风靡全球之作，为让人们体验到现实世界也可以成为元宇宙发挥了重要作用。

---

① 译者注：《宝可梦GO》中玩家可以对战的地点。

宝可梦图鉴

已捕捉：142　　已发现：142

图片来源：businessinsider.com[4]

　　开发《宝可梦GO》的Niantic实验室是由约翰·汉克接受谷歌内部风险投资创立的公司。约翰·汉克曾经创立"锁眼"（Keyhole）公司，将地球整体进行三维建模，制作出了可以俯瞰任何一个地点的立体地图。2004年，"锁眼"被谷歌收购，其后变身为"谷歌地球"（Google Earth）。在综合谷歌内部与地理信息系统相关的业务后，他开发出了一款名为Ingress的增强现实游戏，而这款游戏也是《宝可梦GO》的雏形。2015年，Niantic实验室成了一家独立运营的公司。尽管Ingress没有在全球范围内取得巨大的成功，却促成了一种以深度爱好者为主的粉丝文化，这也成了Ingress能积累大量数据的动力源泉。日后在这些数据基础上开发的《宝可梦GO》一经面世就引起了巨大的反响和关注。

　　谷歌地图的服务器当时在韩国尚存争议，所以《宝可梦GO》未能在韩国与全球同步推出。直到2017年，适用于"开放街道图"（Open Street Map）的版本才在韩国国内面世。现在的情形虽比不上初时盛况，但爱好此道的用户一直乐此不疲。新冠疫情的暴发让《宝可梦GO》仅2020年一年的销售额就超过了10亿美元，它当年的业绩为史上最高。

随着《宝可梦GO》人气高涨，四处都出现了与它有关的周边产品和服务：在日常生活中只要宝可梦出现，专用可穿戴设备"宝可梦GO plus+"就会发送通知；在人类无法进入的地方，人们通过捕获专用型无人机就可以远程捕捉宝可梦；成天走来走去用手机玩《宝可梦GO》，用户手机电池电量不足和充电设备不便携带的问题亟待改善，于是《宝可梦GO》专用充电宝应运而生，而许多周边产品都是由第三方制造的。

线下的市场营销比这些周边产品吸引了更多的人气。一家连锁便利店在其店内设立了"宝可补给站"①，把便利店变成"道馆"，人们为了训练来到店里，便利店的销售额也随之一路攀升。当时，与《宝可梦GO》游戏里的特别活动联动的事例也很多。特别是为了支持受新冠疫情影响的小商户，《宝可梦GO》还开展了一项"本地商业复兴"计划：为了在真实世界里帮助小商户，游戏设计者专门把销售额下降的小商户门店设为宝可补给站和道馆。

《宝可梦GO》如此成功的理由又是什么呢？

（1）自1996年起，宝可梦就广受人们喜爱，其动画片被无数次重播，宝可梦也成了人们非常熟悉的形象。当宝可梦出现在现实世界中的时候，"我"也能真的像动画里那样成为主人公，去培育宝可梦，去战斗，最终成为宝可梦大师。重重世界观因为《宝可梦GO》成为现实，增强现实最大的优势也借由人们熟知的、有坚实基础的故事被呈现出来。

（2）前作Ingress的积累可以确保公司拥有扎实的地理信息系统数据，《宝可梦GO》也是在此基础之上被开发出来的。在创制增强现实服务

---

① 译者注：玩家可以获得随机道具的地点。

时，最大的难点在于如何更好地把真实世界里的场景数据和地图数据、坐标数据联系在一起。

在初始空无一物的状态下，定位的准确度会下降，极易发生无法绘制现实世界地图的情况。而在提高《宝可梦GO》的游戏完成度时，*Ingress*里那些忠诚度极高的用户积累起来的数据发挥了很大的作用。这对其他建立在增强现实基础上的服务而言是一道难以逾越的壁垒。

（3）在细致的故事基础上，《宝可梦GO》将人们想通过元宇宙满足的欲望与真实世界良好地联系在一起。一方面，游戏系统设计反映出用户通过竞争和培育获得成长的需求；另一方面，人们想要探险、收集的需求也被均衡地涵盖在游戏中，《宝可梦GO》足以被视为增强现实游戏的优秀参考标准。如何赋予玩家动机和奖励，在何处用户能感受到趣味和满足，用户为何会长时间持续打游戏……这些问题的答案都在《宝可梦GO》中一一得到呈现。

最近，在2021年微软技术大会（Microsoft Ignite Conference）上，约翰·汉克与亚历克斯·基普曼（Alex Kipman）共同登台，他们公开表示正在开发全新版本的《宝可梦GO》。新版将不再基于智能手机，而是依托类似HoloLens 2的混合现实头盔设备进行升级。不同于现有以用户独自游戏为主的方式，升级后的新版可以让用户协作游戏，或者与人共同挑战难度更高的探索内容，一对一对战也会更有沉浸感、现实感。小小屏幕既是元宇宙接口，又是两个世界的分界线，我们周围的真实世界却为之翻转。人们正翘首以盼，等待这一全新尝试登场亮相。

09
比宇宙更大的世界

　　理论上，元宇宙可以无限大。虽说与互联网相连的赛博空间也可以是无限的，但若是谈到"大小"的概念，还是这个建立在互联网之上的全新世界元宇宙更为恰当。当然，现存的元宇宙被创造出来时都有大小的限制。从创造元宇宙这一点看来，人类也许能被看作与"神"比肩的存在，但我们实际上并不能描绘出无限之大。因此，大部分元宇宙只能囿于运算能力、可设计范围的上限，我们创造出的是有限的世界观。又或者像《无人深空》（*No Man's sky*）那样，我们先画下一个银河系大小的地图，如果我们一直向外飞行，则可以扩张出一个恒星系，它有银河系数百万倍大，以此类推，它可以得到无限扩张。而到目前为止，在"宇宙"概念上突破这些界限建立起来的规模最庞大的虚拟世界当属《星战前夜》（*Eve Online*）。

　　这款游戏以"宇宙属于你"为口号，它由冰岛游戏公司CCP开发，是一个以宇宙为背景的大航海时代大型多人在线角色扮演游戏。《星战前夜》于2003年面世，2007年其销售额已占冰岛全部软件销售额的40%，占比极大。令人惊奇的是，在2018年，以《黑色沙漠》闻名的韩国游戏开发公司Pearl Abyss投入2500亿韩元（约合人民币16亿元）收购了CCP的全部股份。随后，在各自的主战场——亚洲市场和欧美市场上，两个公司齐头并进，其竞争力都得到了提升。也正因如此，2019年《星战前夜》终于发布了韩语版本。

《星战前夜》最大的特别之处在于，它仅由一台名为"宁静"（Tranquility）的服务器运行。实际上，如果一款游戏同时登录的用户为10万人，通常每几百名用户就会被分散到一台服务器上。所以其他大部分游戏需要有数千台服务器，并限制每台服务器的人数，以防人数超过最大的荷载容量。与此相比，《星战前夜》仅凭一台服务器，就能让3万名乃至最多5万名玩家同时登录，玩家在进行游戏的同时还可以相互分享自己的空间。

《星战前夜》呈现出了目前最大规模的元宇宙虚拟世界，其主舞台"K-Space"由5404个星系组成，它打造出一个大小约为8.34光年×15.09光年×95.64光年（1光年=$9,460,730,472,580.8$千米，约$9.46×10^{15}$千米）的世界观。此外，可以通过虫洞移动的2700个恒星系还构成了"Anoikis"和"J-space"两个空间，其规模达到了628光年×325光年×2012光年之巨。在描述规模时，《星战前夜》使用的单位和一般的虚拟世界游戏不同。所以，它在呈现时受到的制约相对较小。单单是将规模如此庞大的世界观实体化就已足够令人惊叹。

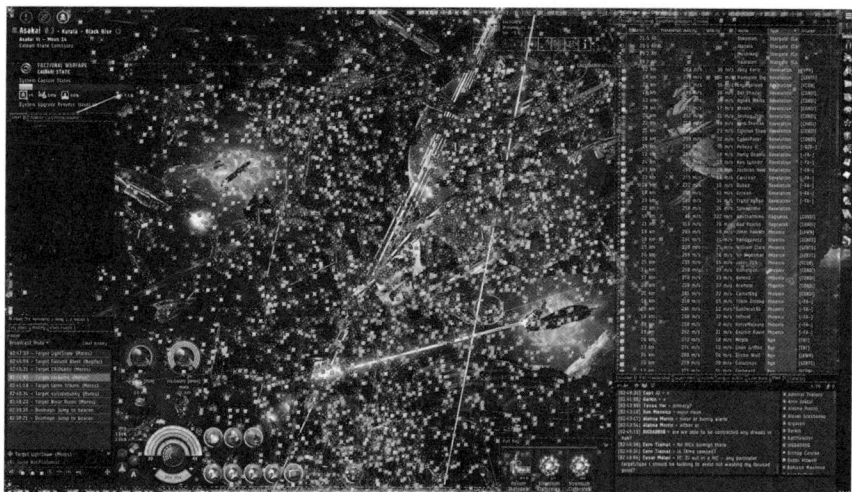

　　《星战前夜》里的时间是宇宙的时段，它流逝得非常快。虚拟世界里的一个月相当于现实世界里的一年。而作为一款科幻游戏，它有理由无视诸如"光速的相对性原理"等科学理论。虽然数字元宇宙描绘出的是一个可以与外界实时沟通的、内外如一的世界，但它的内部不受既存物理法则的制约，这在理论上倒也说得通。

　　虽然只是一款游戏，但《星战前夜》也构建了一个与现实世界十分相似的虚拟世界，它同时还完美地具备了元宇宙的属性。在这里，用户们可以直接制作物品，而为了制作出物品，他们必须在宇宙里准备所需的材料。制作完成的物品根据不同的情况会有不同的大小和用途。如果要出售物品，用户就要通过运输飞船来转运。为了达到以上目的，游戏里还出现了专门负责运输的企业。为了防止用户被盗，游戏里还有安保护卫公司。事实上，在一个名为"JITA"的星系里，有《星战前夜》中最大的商业站点，超过2000名用户可以同时登录交易物品。

《星战前夜》有自己的货币系统"ISK"（InterStellar Kredits），其虚拟经济按照现实世界的时间已运行了20余年，按《星战前夜》的时间则已运行了超过220年。截至2016年，《星战前夜》整体的虚拟经济规模已经达到每日物品生产规模3.5兆ISK，资产价值3000兆ISK，流通规模974兆ISK。不过，为了《星战前夜》的可持续发展，将数字资产转换为真实货币依旧被规定为违法行为，被设计者明令禁止。

《星战前夜》能得到如此安全的维护和运营，其背景又是什么呢？那是因为游戏内部有一批执掌重任的经济学家，他们持续不断地参与其中，调整通货政策，并定期发布经济报告；而为了维持经济稳定，保持交流沟通，用户们也有一个可以直接参与并共同决策的委员会。

基于宇宙的特点，《星战前夜》并没有引入科幻电影常见的概念，设立联邦政府，并将其当作最高级别的决策机关统治宇宙。对于游戏中的一切，玩家都可以根据自身意愿进行自律的选择和决定。设计者在定下球场规则后，就将外部的介入最小化。勘探、开发、生产、资源供应、战争、贸易等所有的行为都由玩家自行裁度。即使发生了诈骗行为或者出现宇宙海盗等恶性事件，那本身也是游戏的一部分，也要由玩家自己负责。

地球里也能容纳得下一个宇宙吗？从这一想象出发，《星战前夜》成了一个令人惊叹的元宇宙。这款游戏的玩法非常复杂，也没有引导或者说明，对新手用户来说有很高的门槛。它也不是一款像科幻电影或射击类游戏那样快速展开，富有动感和速度感的游戏。虽然它的节奏很缓慢，叙事很复杂，里面的那个世界还是会有局限，但在其中，人类的历史始终不断地被创造着。亲朋与盟友，外人和竞争者，他们共同存在于此。从物理上看，这个世界很小；但从虚拟的角度看，这是一个最大的元宇宙。

10

《我的世界》与《罗布乐思》

如果说视频时代有"宝露露"（Pororo）①这位"小学总统"②，那么元宇宙时代就有《我的世界》和《罗布乐思》。它们不仅是包括小学生在内的十几岁青少年最爱的游戏，对周边一切都被元宇宙化了的C世代③来说，它们也是使用时长比例最高的虚拟世界平台。所谓"沙盒游戏"，如同乐高积木的玩法一样，就是用小小的积木来搭建任何你想要的东西。这也是这两个游戏的共通之处，《我的世界》和《罗布乐思》在很多部分都如此相似，在元宇宙时代，它们也成了最受瞩目的两只蓝筹股。

2009年，瑞典的马库斯·佩尔松（Markus Persson）出于个人兴趣开发了《我的世界》。在一个由方块积木构成的世界里，人们可以狩

---

① 编者注：宝露露是《小企鹅宝露露》中的主人公，后者是一部益智搞笑类动画片，风靡韩国。
② 译者注：意指某事物极受小学生群体的喜爱。
③ 译者注：指成长时期受新冠疫情影响的一代人。

猎、采集、耕种、建造、探险……这是一个可以做任何事的开放世界游戏（Open World Game）。游戏于2011年正式公开面世，佩尔松也由此创建了Mojang公司。其后随着用户的增加，为了应对急速成长，公司转变为一切都以云端为基础的模式。此举引起了微软的注意。2014年，微软以高达25亿美元的价格收购了Mojang。在各种话题和争议下，创始人最终离开了公司。但借助微软的全方位投资，《我的世界》跳出了Java版本的制约，被重制为"基岩版"（Bedrock Edition），它可以在电脑、游戏主机、智能手机等多种终端上运行，这从根本上扩大了游戏的影响力。

2020年的新冠疫情暴发让《我的世界》获得了更大的成长，游戏累计售出数量激增至2亿，更创下了单日游戏销售的世界最高纪录。现在，《我的世界》拥有超过1.2亿名用户，每时每刻都有超过2000名用户同时在线，他们通过游戏创造自己的世界。

《我的世界》从结构上可以分为主世界、下界、末地三个维度世界。它们各自独立，有着自己的生态系统和环境。用户通过传送门可以移动到其他维度，获得多种多样的体验。

游戏从主世界开始。这里有太阳和月亮，白天和黑夜，它的天气和气候也会变化。这个维度的世界建立在大自然的基础上，与我们生活的世界环境最为相似。相反，下界是一个地下世界，这里洞穴相连，熔岩流淌，乃是幽冥之地。末地则由飘浮在天空之上的浮岛组成。这里没有白天和黑夜，天气也不会变化，又被称为终结之地。最新版本的《我的世界》整体地图面积是$60,000 \times 60,000 = 3,600,000,000$平方千米，而地球的表面积是$5.11 \times 10^8$万平方千米。也就是说，《我的世界》里的虚拟世界的规模大约是现实中地球的7倍多。

出处：minecraft.fandom.com[5]

虽然《我的世界》是游戏，但孩子们可以兴味盎然地沉浸其中，在创意和自律的基础上去创造。很多教师受到鼓舞，也开始把《我的世界》运用到教学中。他们直接制作与此相关的学习内容，将课程和相关实习游戏化，尝试以这种方式来教学。在教育领域的会议上，我们可以看到各类案例。学生家长肯定了这种教学方式的积极效果，Mojang也开始听到更多的要求以及关于游戏功能的提案。最终，《我的世界》在2016年正式发布了教育版。

当游戏被运用在学生的教育中，其影响力超越了我们的想象。在"水域冒险"教程中，学生可以观察海洋生物，体验水中的生态系统。该教程甚至还能提供以编程最小化的方式"低代码"为基础的编程课程。通过丰富多彩的内容，《我的世界》在科学、历史、数学、艺术、编程等各个领域中发挥着真正的教育价值。学生们不再一味竞争，而是在共同游戏的同时相互协作。教学也不再以固定的知识为中心，学生在发挥创意、自由想象的过程中学习，这种教学方式的效果也得到了验证。

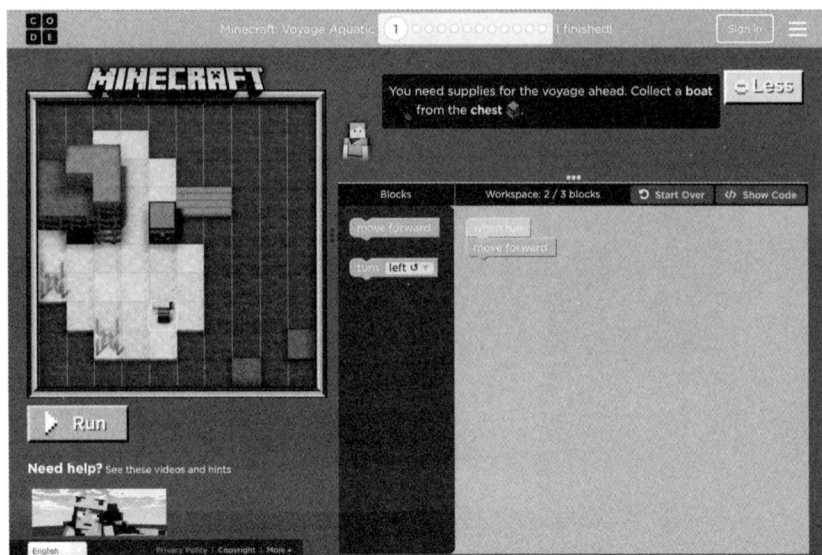

现实世界的许多事物也如同倒影一般进入了《我的世界》。在世界版中，用户可以建设自治村来体验非洲小朋友的生活；仁川广域市则以"仁川世界"为概念开设了宣传馆。受新冠疫情影响，无法举行毕业典礼的美国加州州立大学、佛罗里达州立大学、普林斯顿大学的学生们在虚拟世界里举行了毕业典礼。加州大学伯克利分校的学生还照原样把校园搬进《我的世界》里。真实世界里出现了以《我的世界》为素材的小说和漫画，甚至这个素材还被拍成几部电影。《我的世界》以乐高为灵感被创造出来，而乐高又以《我的世界》为主题推出了特别版积木。

伯克利世界2020届毕业典礼

疫情之下，青瓦台也不得不把每年例行的儿童节活动转到线上。工作人员们看到了在深受孩子们喜爱的《我的世界》里举行活动的方案，于是30余人经过一星期的努力，终于在游戏里制作出了青瓦台的地图，并在这里招待了小朋友们。在《我的世界》青瓦台地图里，孩子们可以看军乐团演出，也可以直接参观内部环境，他们可以尽情蹦跳玩耍——这里不需要访问预约，没有森严复杂的安检，也没有任何理由需要孩子们戴口罩。

向小朋友们致以诚挚的问候!

为了纪念《我的世界》问世10周年，Mojang决定扩大这个元宇宙的疆域，于2019年11月推出了增强现实版《我的世界：地球》（*Minecraft Earth*，以下简称《地球》）。在现实世界里四处走动时，用户可以收集到各类物品，制作各种物件，还可以请朋友一起来玩。《地球》的开发理念和《我的世界》属性十分相似，并另行设有单独的建筑模式，玩家可以在自己身处的现实世界之上召唤或者制作出一个"我的世界"。

令人惋惜的是，在疫情变成一个长期问题之后，全世界范围内的用户都需要保持社交距离，这不免使得原本要在户外才能获得的游戏体验大打折扣。新用户增加的势头减缓，但《地球》却没有及时给出一个室内的或者不需要移动的游戏替代方案，就连老用户也觉得没什么意思了，他们纷纷放弃。《我的世界：地球》已于2021年6月30日正式停服[①]。

---

① 译者注：这里原文是说："游戏宣布将于7月停运。"事实上，该游戏确实已于6月30日停服。

当然，以上所述也只是一部分原因。从本质上来说，这个游戏的用户沉浸感不足、用户感受不到足够的趣味性等问题并不少。与其他游戏相比，《我的世界》受到的制约较多。用户制作和使用物品有延时现象，而且不能使用资源包或者渲染器，收集的物品不具备稀有价值或特殊用途，所以在奖励机制上用户满足度不高。

不仅如此，只有高配的最新款手机才能正常运行这款增强现实游戏。对低端机用户而言，从根本上他们的使用就是受限的。而必须通过微软账户才能登录游戏这一门槛，也给用户带来了很大困扰。但导致停服最重要的原因是，其世界观和《我的世界》完全无法联动。虽然这并非易事，但如果能让用户瞬间移动到自己过去创造的《我的世界》里，或者反向移动，并且在《地球》里收集的物品也能在《我的世界》里出售或使用，那么这个版本原本可能升级为一款最棒的游戏。

《我的世界》是如何长期赢得诸多用户的喜爱而成长至今呢？人们为什么对这个游戏如痴如狂，沉醉其中？虽然我们得不出一个无往不利的公式，但到目前为止，我们还是有必要了解到底是什么造就了今天的《我的世界》。

（1）首先，与《地球》相反，《我的世界》对各类终端一视同仁，它支持全平台运行。就算用户使用效果单调、分辨率不高的低配机器，他们也能顺利地玩游戏，显示器分辨率低也不会给用户带来什么阻碍。无论是Windows、Mac、Linux系统的个人电脑，还是任天堂的3DS、Wii U、Switch游戏机，统统都支持这款游戏。它既可以是PlayStation 3、PlayStation 4、Xbox上等游戏机的主机游戏，也可以在智能电视终端苹果TV、亚马逊Fire TV上运行。《我的世界》支持几乎所有显示器能够联网的终端。

《我的世界》也曾开发过虚拟现实头盔Oculus Rift专用版。但在开发过程中，Facebook收购了Oculus并停止对项目的支持，到现在这个版本也未能实现。不过，现在用户还是可以通过HTC Vive的Vivecraft和Steam VR来玩虚拟现实版本。使用低配置开源硬件"树莓派"（Raspberry Pi），用户就可以在搭载安卓、Windows Mobile、iOS等系统的移动终端上驱动《我的世界》。无论是谁，只要他想玩《我的世界》就可以玩。

（2）操作和控制简单明了，能为用户提供直观的体验。与《第二人生》或《星战前夜》这样的硬核虚拟世界相比，《我的世界》有类似的自由度，但用户体验相对更单纯。

（3）《我的世界》可以说是沙盒开放世界游戏的鼻祖。游戏自由度虽高，但在每个阶段都会持续给玩家设定目标，在完成目标的每一步里，它都让玩家拥有选择权和自律感。用户不会彷徨无措，也不会因为不知道应该干什么而失去登录游戏的兴趣。

（4）用积木可以搭建任何事物。利用游戏模组、渲染器、资源包，玩家可以完成各种风格化和个人化设置。《我的世界》中的人物和物品图像的像素与体素都不甚精密，玩家可以去提升图像品质，用喜欢的设计完成多样的风格化设置，发挥他们无穷无尽的想象力去创造，这也让玩家有了沉浸感和源源不断的兴趣。

（5）有积极而热情的用户社群。《我的世界》不仅得到了游戏玩家的支持，也得到了教师、家长的支持，他们共同参与游戏，结成了各种社群，相互交流信息，这也是不断鼓励各种尝试的动力之源。在Discord上，社群里的成员们可以分享多元的意见，告诉彼此游戏的小窍门，还可以和一起玩的朋友聊天……这些与虚拟世界相连的数字社群让人们保持联系，关系愈发紧密。此外，在YouTube、Twitch等视频平台上，很多视频博主都会拍摄简单有趣的小视频来介绍游戏里的制作经验、游戏攻略、道具制作方法和小游戏，将这些分享并传播出去。

《我的世界》与《罗布乐思》并称为元宇宙的两员大将，后者现在势头正劲，已于2021年3月在纽约证券交易所上市。其总市值高达388亿美元，甚至超过了以《模拟人生》和《战地》（*Battlefield*）闻名天下的美国艺电公司（EA），一时风头无两。2004年，曾在斯坦福大学学习计算机科学的大卫·巴斯祖奇（David Baszucki）创立了一家新公司，并于2006年发布了《罗布乐思》的第一个个人电脑版本。

最开始《罗布乐思》的图像处理欠佳，人们对这款游戏的关注甚少，没什么人来玩，也没有多少收益。然而，在经历了一段艰难的岁月后，公司采取全平台（Multi-Platform）战略，于2012年推出了手机版本，游戏的面貌发生了180度大改变。紧盯一切转向智能手机的时代风口，这使得《罗布乐思》用户量激增。越来越多的创作者开始使用可以以零编程方式制作游戏的平台——罗布乐思工作室，并由此产生了飞轮效应。

创作者们制作的游戏越多，其中出现优秀作品的可能性就越大，用户数自然而然就会增加。而更多现用户的朋友加入进来后，玩家也会有更有趣的体验，这形成了一个良性循环，《罗布乐思》的生态系统也成长了起来。2015年，《罗布乐思》推出了Xbox版本的主机游戏。2016年，每月有6400万名用户使用《罗布乐思》，它的月均用户数终于超过了《我的世界》曾经的5500万。当时已经有200万名开发者在平台上制作并上传超过2900万个游戏。随着《罗布乐思块块高中》（*Roblox High School*）、《我在比萨店打工》（*Working at a Pizza Place*）等优秀游戏增多，拥有好作品的创作者开始制作销售商品，他们也同时经营着IP产业，经营领域甚至还触及内容产业。《罗布乐思》运营着一个属于自己的货币系统，它名为"Robux"。开发游戏70%的手续费以及出售虚拟形象等物品30%的手续费由平台与创作者分账,开发者的生态系统完成了急速成长。据说,目前平台的开发者数量已达到了800万人,他们制作出多达5000万个游戏。当然,这是包含了品质不高、内容简单的游戏在内的数字。但游戏制作过程简单,其门槛降低,产出的品质良莠不齐也在我们的意料之中。

虽然《我的世界》也会把套装销售和市场(游戏内置商店)收益的70%转换为游戏内货币"Minecoin"与用户分享,但当用户在《罗布乐思》里收益达到10万Robux(现约合350美元)以上时,即可通过"开发者兑换"功能将其兑换为真实货币。现实中的收益也为用户提供了强烈的激励,这也与《我的世界》有一定差异。

"开发者兑换"功能是一种类似货币兑换处的系统,能为开发者把赚来的Robux换成现金。按下"提取现金"按钮,换算成现实货币的相应金额就会被打进现实世界的银行账户里。得益于这样的奖励系统,现在已经有127万名开发者获得了人均1000美元的收益,前300名的人均收益为10万美元。据传,从2007年至今,获益最高的开发者收入达到了300万美元。

系统通过深度学习一张照片就能生成一个真实的三维虚拟形象,这是初创公司Loom.ai的核心技术。2020年,罗布乐思公司收购了Loom.ai,并获准在占世界手机游戏41%市场份额的中国提供服务。同时,罗布乐思还联手腾讯成立了罗布乐思中国。目前,罗布乐思公司正在加大力度攻占中国市场。在不远的将来,将有更大规模的中国用户加入《罗布乐思》的生态系统。

现在,每天有3300万名用户登录《罗布乐思》玩游戏,这一平台月活跃用户数达1.5亿。其中，手机用户数占比超过72%，全体用户的三分之一为16岁以下青少年。以用户平均使用时长计算，Instagram为35分钟，YouTube为54分钟，抖音海外版为58分钟，《罗布乐思》以其156分钟的压倒性优势引领着一个元宇宙化的时代到来。

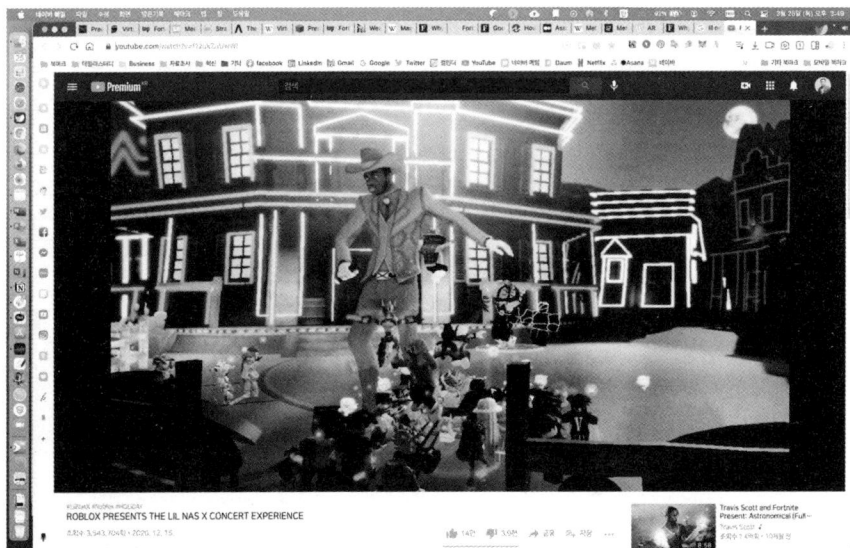

《罗布乐思》精彩呈现Lil Nas X演唱会

仿佛是要证明这一点，2020年11月《罗布乐思》里举办了说唱歌手利尔·纳斯·X（Lil Nas X）的演唱会。数百万名玩家欣赏了这场演出，仅周末两天，演唱会的浏览量就超过了3300万次。

面对如此巨大的成长，究其背后的成功原因，我们可以看到这款游戏与《我的世界》的许多相似之处，但《罗布乐思》也有它独有的成功秘诀。《罗布乐思》给予用户与现实世界密切相关的强大激励系统、没有门槛的开发环境，形成了一个拥有超过800万名开发者的社群。以部分收费服务证明了平台的收益模式后，它又通过用户的使用数据向外界展示了这是一个最为强大的平台。《罗布乐思》正在从一个十几岁青少年的世界发展成为一个二十几岁、三十几岁的人群也都相聚于此的巨大元宇宙。在达成目标之前，它成长的脚步绝不会停歇。

第五章

面向元宇宙的多元尝试

METAVERSE

玄彬曾经演过一部名为《阿尔罕布拉宫的回忆》的电视剧。剧中有一种人们一戴上就能进入增强现实的智能隐形眼镜，佩戴之后现实世界将变成一个巨大的游戏空间。剧中的设定更是荒诞不经：一旦玩家在这个空间里与人战斗后死亡，那么他在现实中也会死亡。

要让这样的剧情变成现实，看起来还遥遥无期。但"我们生活的世界和另一个世界相重合"的设定还是非常有吸引力的。或许有很多人都有过类似的想法，或许人们现在也还在等待着、猜测着，这样的世界究竟会带来多少新事物？

人们之所以怀抱这样的期待，是因为仅在最近十余年间，为了把这如同梦想般的未来变为现实，有许多创业者和企业坚持不懈地做着实验与尝试。

科幻小说里的想象何时才会成为我们眼前的现实？这没有人知道。但可以确定的是，如果我们能够通过挑战去反复不断地学习和尝试，实现这一切不过只是时间问题。

01

谷歌眼镜缘何失败？

谷歌X实验室（Google X）旗下设有一个研究组织"Moonshot"（射月），旨在研究那些远期必将成为核心业务，但目前仍不切实际或实现起来有困难的创新项目。

在Moonshot于2012年4月5日发布的视频《一天》（*One Day*）中，我们看到了它最早开始实践的项目之一——谷歌眼镜（Google Project Glass）。这是最早向世界介绍谷歌眼镜的影像资料，视频一经发布，立即引起了人们巨大而热烈的反响。曾经只存在于想象中的产品出现在眼前，人们为此十分兴奋，他们迅速地通过社交媒体分享这一消息，期待着产品问世的那一天。不久之后的6月27日，谢尔盖·布林（Sergey Brin）在谷歌开发者年会I/O（Google I/O）上突然登台，公开展示了谷歌眼镜的演示机。

同一时间，在会议举办地圣弗朗西斯科莫斯克尼会议中心（Moscone Convention Center）的上空，一架载着特技跳伞运动员的飞机正飞过。运动员们佩戴着谷歌眼镜，眼镜镜头拍下的真实影像被实时传送到会议现场的屏幕上：运动员们做出"高飞跳"（*Sky Jump*）纵身而下，在落地后立即骑上摩托车，飞奔向莫斯克尼会议中心……几分钟后，他们到达附近的街道上，这全程都通过谷歌眼镜进行了实时直播。人们刚在影像中看到熟悉的会场内景，摩托车就开进了正在举行活动的会议室里，以此结束了这场电影似的样机展示。虽然这只是样机，但已经足够引来全世界的热切关注。这一天，兴奋的谢尔盖·布林接受了与会开发者们的预订，每副谷歌眼镜售价预计在1500美元左右。

同年10月，《时代》[1]杂志将谷歌眼镜评为2012年的最佳发明之一。2013年的4月16日，在"首批申请试用者"（Google Explorers）项目中预订过谷歌眼镜的开发者们终于可以开始到店领取产品。自此之后，YouTube和社交媒体上出现了更多关于谷歌眼镜视频的分享内容，这引领了一股潮流，时尚杂志*Vogue*以"未来时尚"（"The Future of Fashion"）为题介绍了谷歌眼镜，并刊出了一篇专题报道。

图片来源：minecraft.fandom.com[1]

2013年10月29日发生的一件事值得名留史册。美国圣地亚哥的塞西利亚·阿巴迪（Cecilia Abadie）戴着谷歌眼镜驾驶车辆，收到了一张超速罚单。当交警看到她戴着谷歌眼镜时，就以驾驶时禁止使用手机为由又给她开了一张罚单。这一事件成了全世界热议的话题，谷歌眼镜如同一个象征般昭示着变革的到来。2014年1月16日，加州法院认为无证据表明当事人在驾驶中使用了谷歌眼镜，因此法院对当事人做出无罪判决。

2014年5月13日，谷歌眼镜终于面向普通消费者销售。任何人只要花上1500美元，就可以购买到一副谷歌眼镜。种种争议也从这时开始出现：因为谷歌眼镜有录像功能，剧场禁止戴谷歌眼镜的人入场；佩戴式的镜头不需要用户同意就能拍照并收集信息，所以谷歌眼镜可能会侵犯隐私权……诸如此类的原因导致很多营业场所出现拒绝客人入场的情况。同时，在电视剧或者综艺节目里，人们也经常可以看到艺人佩戴谷歌眼镜。谷歌眼镜正在变得大众化，而人们对它的关注也在渐渐降温。通过各类合作和技术改进，谷歌想要跨越这个低谷，但它的诸般尝试均以失败告终，最终谷歌在2015年1月15日结束了谷歌眼镜项目。

很多人认为谷歌眼镜的失败是注定的，在它被商用化之前，谷歌本应充分地对产品进行验证，这样才能提供市场需要的功能，但谷歌眼镜的测试版却被过早地投入了商用。这种说法正误参半。谷歌原本就以"永久性测试版"（Perpetual Beta）闻名，"谷歌"本身也是这样诞生的。

把最初的设计投入市场，再不断监测并分析顾客的需求，快速且持续地更新产品、改进服务，这些本就是谷歌的看家本领。所以谷歌眼镜也以相同的模式被迅速发布出来，但谷歌忽视了硬件条件的制约。软件上市后，如需要改进还算容易，要升级也几乎不需要多少成本。而与之相反，硬件在上市后设计者想要再改进它就会很难，而且所需费用极高，对谷歌眼镜过早投入商用的批评也正来源于此。除此之外，还有几个重要原因导致了谷歌眼镜的失误。

（1）最重要的一点是客户价值的缺失。谷歌眼镜的价格高达1500美元，其产品设计却尚有不足，未能恰当地呈现出必要的性能和功能。对早期使用者或者开发者而言，也许这是一款有吸引力的产品；而面对普通用户时，谷歌却无法有力地说服他们一定要买。特别是谷歌眼镜只允许单侧眼睛看到一块狭小的显示屏，而且它性能低，缺乏可用的应用程序……这些共同构成了消费者拒绝购买谷歌眼镜的最大原因。

（2）佩戴式镜头引起的争议，隐私权、著作权等敏感话题也是谷歌眼镜没能被社会接受的重要原因之一。同时，大众对于戴在头上的可穿戴装备发出的电波是否会对健康和安全有影响也有明显的担忧。没有经过事先验证的问题越多，谷歌眼镜就越会被边缘化。

（3）还要再添上一条决定性因素：谷歌眼镜未能克服可穿戴装备带来的不适感，未能给用户带来应有的体验。且不要说不戴眼镜的人，就算是对戴眼镜的人来说，谷歌眼镜的自重也很沉，并且还需要充电，操作也不方便，很难长时间持续使用。但谷歌眼镜在这一部分上依旧缺乏充分的改进和创新。

在2017年，已经终止的谷歌眼镜项目以"企业版"（Enterprise Version）的形式被悄无声息地重新启动。虽然它仅以B2B①模式被用于特定的用途和行业，但2019年第二代企业版谷歌眼镜使用了高通（Qualcomm）骁龙（Snapdragon）XR1处理器，这在一定程度上弥补了它过去性能不足的缺陷。次年，谷歌突击收购了加拿大智能眼镜初创公司

———————————

① 编者注：B2B是指企业与企业之间通过互联网进行数据信息交换、传递，开展交易活动的商业模式。

North，此举也向外界透露出了准备让谷歌眼镜重出江湖的意图。

　　果不其然，在谷歌最近的招聘信息里，又出现了与增强现实相关的器械、光学、硬件工程师的招聘公告。由此看来，也许不久之后谷歌眼镜就会推出能"一雪前耻"的满意力作。

02

Facebook收购Oculus的原因

　　帕尔默·洛基出生在美国加利福尼亚州的长滩。他从小就对工程学和电子产品十分着迷。从复杂的硬件到激光或高压特斯拉线圈这样危险的物品，他一直在制作和实验，并乐此不疲。因为热爱电脑游戏，他还自行配置了能完美运行游戏的电脑，从那时开始他就沉浸在电脑图像制造的虚拟世界里。特别是在20世纪90年代的虚拟现实全盛期，他购买了当时市面上全部五十余种虚拟现实头盔。通过分析这些设备，他意识到世界上还没有能让他真正满意的虚拟现实头盔。

　　从2009年起，时年16岁的帕尔默·洛基就开始设计制作头盔。为了筹集制作费用，他还去兼职修理苹果手机然后再二手出售这些手机。在一年之后的2010年，拥有90度视场（Field of View，简称FOV）、延迟性低、适用于触觉设备的第一台样机"PR1"正式诞生。在不懈尝试和改进之后，帕尔默·洛基开发出了他的第六代样机"Rift"。2012年，他将这款产品放到众筹平台Kickstarter上发起了众筹，原本目标金额是25万美元，最终他成功募集到了240万美元的资金，是原定目标的近十倍。就这样，Oculus诞生了。

Facebook既是连接人与人的社交网络，也是一个社群平台。无论生活在哪里，无论在做什么，只要有网络，人们就可以通过Facebook彼此相连，在上面发布文字、上传照片。通过交换数据，人们分享思想和意见，建立起人际关系。

只要有一台电脑或一部智能手机，任何人都可以在Facebook上开设账号。在免费使用网站的同时，用户还能借助无限的网络成为一名"世界公民"。硬件平台将人们连接在一起，硬件之上的软件平台则将信息传播给全世界的用户，"软硬兼施"让一切成为可能。

个人电脑、平板电脑、智能手机……在这些硬件上运行着Windows 10、Mac OS、安卓、iOS这样的操作系统软件。它们以相似如一的方式运行着，人们通过它们可以做许多想做的事。在此之上，还有Safari、Chrome、Edge、火狐（Firefox）这类的浏览器，用户可用它们在互联网上交换信息、做信息导航。

Facebook虽然只是建立在这些基础之上的一个网站，但它还是一个用户规模高达25亿的社交网络。而如今的互联网上有将近20亿个网站[2]，有接近50亿名用户在交换信息。这样算起来，其中的一多半人都会在Facebook上发文、上传照片。

一个崭新的硬件平台出现后，人们在上面建立起新的软件平台，再在软件平台上一层层叠加。虽然很复杂，但是丰富多元的功能性和连接性也由此产生。马克·扎克伯格（Mark Zuckerberg）确信，Oculus这样的虚拟现实装备必将成为下一个新的硬件平台，就像我们现在用电脑和手机一样，无数的软件也会在新登场的Oculus上落地。

他相信，未来这些软件相互连接在一起，一定会创造出一个更庞大的数字世界。将会有新的计算设备创造出新的计算环境，继而打造出与新环境紧密相连的崭新生态系统。在2014年亲自体验过虚拟现实头盔后，扎克伯格认为虚拟现实就是能够创造出全新计算环境的硬件平台。为了赌一把，他以23亿美元的价格收购了Oculus。

Facebook是最大的社交网络，同时它也想要成为最强的交流平台，为此，2012年，Facebook以10亿美元收购了Instagram。Instagram是一款以智能手机为基础的图片软件，也是人们分享日常的社交媒体。Facebook研判，与Instagram强强联手后，Facebook在编织人与人的社交关系网方面将达到事半功倍的效果，故而Facebook进行了这次收购。

在移动信息急速成长的同时，拥有4.5亿名用户的即时通信工具WhatsApp被Facebook以创纪录的220亿美元高价收购。天价收购在当时引得舆论哗然，还引发了一些负面的评价，这一事件连续数日为各大报刊争相报道。

在北美地区，WhatsApp排在Facebook Messenger之后，在移动通信工具中名列第二。而在东南亚国家，WhatsApp则是以压倒性的优势排在第一位。从多个角度来看，我们都应当看好这次战略性投资：想要让包括Messenger在内的Facebook产品在东南亚市场也成长为强大的交流平台，收购WhatsApp可被看作一个重要的布局；而为了确保WhatsApp开发者的人才招聘，收购也是重要一环；WhatsApp本身有着庞大的用户基础，如将来其业务版图扩大至社交网络，那么极有可能会成为Facebook强有力的竞争者，从根源上截断这一可能也是先发制人的应对之策。

随着时间的流逝，被Facebook收购后的WhatsApp已成长为拥有15

亿用户的通信服务巨头。同时，Facebook Messenger也成了10—20岁青少年最常用的交流平台。Facebook无须手机号就能注册，并且不同于WhatsApp，无论是电脑、智能手机还是浏览器，用户在任意终端都可以同时使用Facebook Messenger。Messenger的优势还在于可以与Facebook联动，方便用户与朋友们交流分享。Facebook也极力发挥这一优势，据说目前10—20岁的用户已占全站用户总数的20%以上，用户实际使用时间的比重则超过60%。

Facebook Messenger的用户可以很快确定消息是否已被对方阅读。不仅如此，从开始到现在，用户所有的历史信息都会被完整地保存下来。Messenger消息还可以很轻松地和Facebook里的个人消息相互转换，因此包括10—20岁群体在内的用户群正在不断增加。

Facebook Messenger和WhatsApp Messenger各自功能和特性间的差异也是一种战略性定位，两者的结合使彼此都得到了成长。所以，把这一次天价收购评价为失误还是有失偏颇的。

Instagram的业务版图扩张到了社交网络，WhatsApp的通信服务也得到了扩展。有这些成功的先例，Oculus的收购也可被视作硬件平台的扩张和娱乐、交流频道的扩展。Facebook最初是建立在其他公司平台上的，通过这次投资，Facebook也为其第一次垂直整合打下了基础，创造出一个良好的环境。在这个环境里，硬件、系统、三维网络浏览器、应用商店、应用软件……Facebook能完成从地面到天花板全程控制这一切。

于是，与前述的其他收购不同，Oculus可以被视作马克·扎克伯格出于个人意愿和长期规划做出的决策。Oculus将成为未来的计算机，产生于其内的虚拟现实场景目前还是未曾被任何人征服过的新大陆，而扎克伯克想成为发现这块大陆的哥伦布。

Facebook在公司内部开设了现实实验室（Facebook Reality Lab，简称FRL），它与Oculus的团队整合后，成立了一支增强现实和虚拟现实联合研究开发团队。公司为此投入了巨大规模的资金和人力。在这块新发现的大陆上，为了成为未来的胜利者，Facebook需要扩充所有领域的研究开发人才团队，尤其要全力支持Oculus的硬件开发。

Oculus最早的产品是需要连接电脑才能使用的Oculus Rift，它不仅价格昂贵，而且在技术层面还存在很多不足。为了改进这些问题，在不断努力的同时，团队还尝试与三星电子进行密切合作。Facebook的约翰·卡马克（John Carmack）最初对移动虚拟现实持怀疑的态度，后来他认识到了其中蕴含的潜力，便顺势参与到合作中。在2014年的柏林国际电子消费品展览会（IFA）上，三星发布了Galaxy Note 4手机和Gear虚拟现实头盔，这些产品吸引了全世界的目光和关注。站在三星电子的角度上来看，其智能手机业务已经陷入了停滞，为了提升手机的易用度并开拓销路，在展示Galaxy性能的同时，它也需要有一个可以联动的扩展方案。而站在Facebook的角度上看，公司本身缺乏制造业的经验，其硬件不够专业，因此也就有通过合作弥补这些不足的需求，而和三星合作正好可以满足其需求。三星电子此后接连推出的Galaxy S6、Note 5、Galaxy S7，乃至2017年推出的Note 8都支持Gear VR，双方的合作一直延续到了2018年。

然而，既然已经知道了各自的所思所想，也就无法继续再同床异梦地携手走下去。从2019年起，Facebook结束了对Gear VR的支持。在过去数年的合作中，Facebook获得了制造和硬件领域的宝贵经验，也对必要的部分进行了投资。而与专用虚拟现实终端设备相比，三星电子推出的适用于手机的移动VR实用性差、局限多，Galaxy的手机用户也没能肯定其价值。三星在确认这一点后，也自然而然地结束了与Facebook的合作。

谷歌也曾以类似的理由中断了其"白日梦计划"（DayDream Project）。在专用虚拟现实设备的全盛时代到来前，移动VR只是一个过渡产品，"君临天下"十年之后，依然要黯然退场。

在开发VR一体机（Standalone VR）的过程中，Facebook为了获得制造和硬件方面的经验，还和小米合作，它们于2017年推出了低配置单控VR一体机（头盔）Oculus Go 64GB版，其价格仅为199美元。该设备采用高通骁龙821处理器，并拥有两块分辨率达到 1280×1440 的液晶显示器。该产品价格低廉，无须电脑即可运行，这两点成了决定性优势，因此它问世后获得了超高人气。

虽然这款VR一体机还存在发热问题、不支持定位追踪等缺点，但其适中的易用性和价格让许多用户开始喜欢它，把它作为消费虚拟现实内容用的设备。不论是用它看YouTube和网飞（Netflix），还是将它用于教育，玩休闲虚拟现实游戏，这款设备在很多领域都得到了灵活的运用。

2019年，Facebook动用了长期以来积累的全部硬件经验和制造技术秘诀，开发了一款高性能的PCVR设备Oculus Rift S。同时，Facebook也推出了VR一体机——"圣克鲁斯计划"（Project Santa Cruz）的Quest，该产品正式掀开了自主研发VR一体机的序幕。

为了提高性能，Quest采用了高通骁龙835处理器，并使用了分辨率达1440×1600，频率达72赫兹的有机发光二极管显示器。为了感知外部场景和完成手势追踪，该设备搭载有四个镜头、两个六自由度的控制器，并以64GB版399美元、128GB版499美元的超低价格出售。从这时起，很快就出现了很多工作室，它们专门开发适用于Oculus Quest的应用程序和游戏。

问世仅仅一年，Oculus Quest的应用商店里就已经有了超过170个应用程序[3]，其中110多个是游戏。看来虚拟现实也像个人电脑一样，最开始都要靠游戏来拉动发展。其中有35个游戏的销售额已经超过了100万美元，证明了虚拟现实软件的市场效益。同时，许多软件公司为了能推出虚拟现实产品，也开始启动相关的项目。2019年面世后，Oculus Quest在当年就售出了约43.5万台，2020年售出约57万台。我们可以明确地看到，累计售出超过100万台的Quest是市场的产物。当时，大部分虚拟现实设备都需要与高性能的电脑连接后才能使用，其价格也在900—1500美元之间。而Oculus的产品却能独立运行，其价格也相对低廉，这就足以在市场上引起强烈的反响了。

然而，Facebook并没有安于现状。为了获得更大的改进，保证成本的竞争力，Facebook努力开发下一代产品，并且也没有花费太久的时间。2020年10月，Oculus Quest 2问世，其生产销售声势浩大，推出仅三个月就售出了超过100万台。[4]

尽管遭遇了新冠疫情这一特殊情况，Quest 2销量依然惊人。销量破百万后也未曾止步，在2021年初又卖出了第二个100万台，甚至出现了供不应求、订单积压的情况。要直观体会这个销售速度有多可怕，我们可以这么比较一下。苹果公司于2007年首次推出苹果手机，售出100万台用时74天。Oculus Quest 2于2020年10月13日上市，80天内售出了将近110万台。问世13年间苹果手机的总销量超过了22亿台，而Oculus Quest 2在上市初期就有了几乎和苹果手机相似的销售速度。[5]

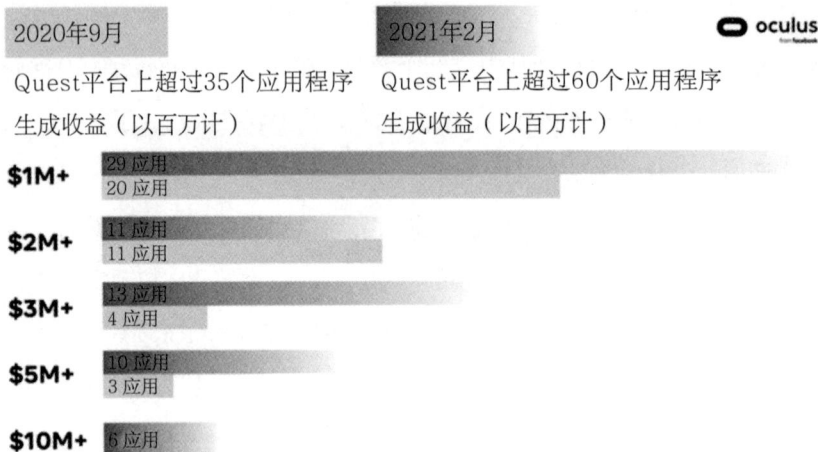

	2020年9月	2021年2月	◯ oculus
	Quest平台上超过35个应用程序 生成收益（以百万计）	Quest平台上超过60个应用程序 生成收益（以百万计）	

$1M+ 29应用 / 20应用

$2M+ 11应用 / 11应用

$3M+ 13应用 / 4应用

$5M+ 10应用 / 3应用

$10M+ 6应用

与上一代产品相比，Oculus Quest 2首次搭载了高通骁龙XR2硬件平台，其性能为骁龙835的2.6倍以上。在降低价格的同时，Oculus Quest 2使用了能改善屏幕颗粒化效果的1834×1920高分辨率液晶显示器。为了减少视觉残留，呈现细腻的画面，屏幕的频率最高可达120赫兹。过去在高配置PCVR设备上才能运行的游戏或应用在这台设备上运行起来也毫无压力。

Oculus Quest 2的价格却降到了64GB版299美元，256GB版399美元，这可谓是性价比最高的设备。如果我们实际分析一下Oculus Quest 2的硬件，就会发现在299美元的机型中，仅零部件的价格就超过了150美元，再加上开发、制造、物流的成本，它几乎没有利润，有些情况下还是亏钱售卖，而399美元的机型估计能剩下一点最低限度的利润。这也算得上一款卖得越多亏得越多的产品了。

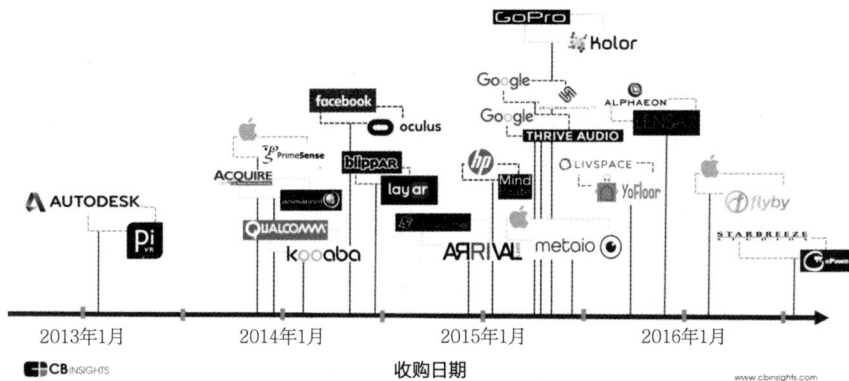

增强现实和虚拟现实界主要收购一览

收购日期

图片来源：cbinsights.com[2]

不过，这样的逻辑依然行得通，这还要仰赖我们刚才提到的应用程序。客户们购买了如此低价的设备，但需要在应用商店里付费购买软件，这里的一部分利润会作为许可证的费用回流到Facebook。考虑到这部分效益，我们也可以得出结论，Facebook做的不是赔本买卖。

实际上，截至2021年2月，有超过60个应用程序的收益超过了100万美元，其中6个收益甚至超过了1000万美元。[6]

在收购Oculus后的几年里，Facebook也在持续进行投资。2015年，Facebook收购了计算机视觉公司Surreal Vision，该公司持有可以实时构拟三维影像的技术，以及可以实现高精确度数字孪生的计算机视觉技术。[7]这些技术同时适用于增强现实和虚拟现实，促进了计算机界面的革新，也适用于空间认知平台技术的研究开发。现在，它们又被用在了Oculus Quest 2身上。

2017年，Facebook的版图扩展到了苏黎世，它收购了苏黎世大学的计算机视觉项目"Zurich Eye"，并将其开发的视觉导航技术运用到了

Oculus Go和Quest的用户体验中。不仅如此，Facebook还收购了一家掌握着眼动追踪技术的16人小型初创公司The Eye Tribe。[8]目前，Facebook正在持续研发能用眼球操控虚拟现实设备的技术。

虽然收购Oculus的效果还没有全部显现出来，但面对不远的将来即将正式开启的元宇宙时代，Facebook的这一决定堪比当时谷歌收购YouTube，两者都对未来产生了巨大的影响，也将改变现在。在10到20年后，如果人们能创造出一个比Facebook更大的虚拟世界，那么为了能获得一张入场券，我们还是会需要Oculus制造的某种产品。

马克·扎克伯格宣称，如果Facebook制造的虚拟现实头盔的供应能达到10亿个，世界将完全改变。虽然不知道接下来还需要几年的时间，但当现在300万—400万的用户数增至1000万时，市场将发生一场迟来的改变；当用户数超过1亿的瞬间，我们迄今为止的想象几乎都会在现实里变为可能。

03

Magic Leap何以获得巨大投资？

2015年，一条视频点燃了互联网。Magic Leap发布了一则题为《只不过是Magic Leap办公室里平常的一天》（Just Another Day in the Office at the Magic Leap）的概念影像。在视频里，人们在办公室里用增强现实发送电子邮件、确认日程，接着他们就突然端起枪和极富真实感的虚拟外星人战斗起来。把这看作一场影像表演倒也并不稀奇，但如果能通过增强现实眼镜亲眼看到这样的场景发生，那么这样的现实代入感将是极具冲击力的。视频一时热度极高，点击量突破了100万。

更令人惊奇的是另一条短视频：体育馆里突然出现一只跃出水面的巨大鲸鱼，旋即消失。看过的人会惊叹，怎么可能这么真实。尽管视频里没有银幕或者投影仪，但人们也会觉得这不是通过眼镜或其他装备看到的影像，而只是演员的障眼法。说来不可思议，还有一条大热新闻：在同年10月，制作并发布了这些影像的公司得到了高达2700万美元的C轮投资。据传该公司估值达37亿美元，其中累计14亿美元是其吸引来的投资金额。这家公司没有做出来任何实际的产品，它发布的视频内容也并没有实物。即使如此，它还是能吸引来如此高的投资，想必其中有什么过人之处。在猜测的同时，人们也十分好奇，这家公司到底有没有能让鲸鱼影像变为现实的技术？

Magic Leap是由犹太裔美国人罗尼·阿博维茨（Rony Abovitz）于2010年创立的增强现实公司，而他创立的医用机器人公司MAKO Surgical则被史赛克公司（Stryker Corp）以16.5亿美元收购。用数字技术创造光，让有真实感的影像直接投射到用户的眼中——Magic Leap的目标就是要实现这样的增强现实技术，并通过这一技术制造出自然、便捷、以人为本的可穿戴计算接口。

在刚开始创业时，Magic Leap作为初创公司就得到了来自谷歌和阿里巴巴等企业的260万美元投资，2014年它又吸引了来自高通和安德森·霍洛维茨（Andreessen Horowitz）、凯鹏华盈（Kleiner Perkins）等顶级硅谷投资公司的5.04亿美元的后续投资。同时，这家公司也蒙着一层神秘的面纱。它之所以能连续不断地获得投资，和当时对技术类初创公司相当肯定的社会氛围有关。而尼尔·斯蒂芬森作为首席未来学家加盟Magic Leap也起到了至关重要的作用。得到开创元宇宙新概念第一人的加持，人们都觉得这家公司一定藏着什么不得了的秘密武器，这既令人期待，又满是神秘。

2015年获得投资后，Magic Leap申请了166项专利，并公开了自己的软件开发工具包。从这种种行为来看，它一定是在谋划着什么大事。但Magic Leap依然没能展示出任何实物产品。唯有一种推测十分流行：要在人们面前展现那栩栩如生的鲸鱼影像，让其技术变为现实，看来还需要大量的研发和时间。而这到底要怎么实现，Magic Leap到底会产出什么样的产品和服务，这些问题的答案依旧无迹可寻。

2016年，《连线》（*Wired*）杂志以"世界上最神秘的初创公司"为题介绍了Magic Leap。随后传来了持否定态度的评论家的批评，这一批评认为Magic Leap是"增强现实界的Theranos[①]"。在这种情况下，2016年Magic Leap重新估值为45亿美元，并得到了8亿美元的追加投资，坊间传闻Magic Leap马上就会推出实物产品了。

终于，Magic Leap揭开了它神秘的面纱，2017年12月，它第一次向大众介绍了计划推出的一款产品的概念。这是一款名为"Magic Leap One"的增强现实眼镜，但公司只公开了产品概念，并没有发布实物产品或样机。到这时为止，四年间Magic Leap估值已增至64亿美元，吸引了22亿美元的投资。与之相比，它此次公开的概念足以让很多人感到失望。人们并不指望产品在问世时能做出什么改变。概念公开的瞬间也是人们确认过去该公司用神秘主义制造了太多泡沫的时刻。

在一片混乱中，Magic Leap于2018年初又得到了沙特方面的D轮投资，追加金额高达4.61亿美元，同年7月终于推出了使用英伟达（NVIDIA）Tegra X2硬件的第一代演示机。该设备上市价格为每台2295美元，但与价格相比，其在通用性能方面并无足够多的特别之处。显示屏的视场仅为50度，角度相当狭窄。Magic Leap预计该设备能销售10万台，但实际上售出的数字仅为6000台。其间，Magic Leap 发布消息称Magic Leap One中将出现一个名为"Mica"的人工智能助手，而且公司HIA收购了瑞士三维计算机视觉初创公司Dacuda和体三维视频（Volumetric

---

① 编者注：Theranos是一家美国血液检测创业公司，2015年，它被指控伪造血液测试。2021年9月，其创始人接受审判。

Video）初创公司Mimesys。但虚幻的泡沫持续太久，这些举措并未能恢复一丝一毫它所失去的信任。2019年，Magic Leap又借由NTT都科摩（NTT Docomo）推出了新设备，并引来了2.8亿美元的优先投资。第二年，《信息》（The Information）杂志报道了Magic Leap的全盘失败。这家曾经估值64亿美元的公司现在的价值不足4500万美元。这篇充满嘲讽的报道还辛辣地批判了增强现实带来的幻想是如何与现实相背离的。

最终，罗尼·阿博维茨想出售公司，可是连曾经最强的候选收购者Facebook和强生（Johnson & Johnson）都对此毫无兴趣。它的2000名员工中有一半被解雇，阿博维茨为了能让公司起死回生，在引入3.5亿美元的投资后离开了公司。Magic Leap收回了那段时间不景气的B2C①业务，像其他公司一样转型从事健康、工程、教育等B2B业务。曾经的公司董事会成员，谷歌的桑达尔·皮查伊（Sundar Pichai）和高通的保罗·雅各布斯（Paul E. Jacobs）也离开了董事会。曾经供职于微软的佩吉·约翰逊（Peggy Johnson）成为新任CEO，一度辉煌的Magic Leap神话被重启。

长期引得众人瞩目，持续收到大规模投资的Magic Leap为何会以如此惨烈的失败收场？原因很明确。其失败也称得上反面教材，这留给了元宇宙时代新晋公司几条重要的经验教训。

（1）最重要的失败原因就是Magic Leap的产品缺乏对技术的理解，缺失客户价值。Magic Leap最开始发布的视频如此华丽炫目，让人们惊喜赞叹。但我们完全看不到设计者们曾经思考过这个问题，即这样的技术为什么是必要的，以及能给客户带来什么样的价值。

虽然Magic Leap试图呈现出华丽灿烂的景象，但它并没有实际的技

---

① 编者注：B2C是指直接面向消费者销售产品和服务的商业零售模式。

术，构思和现实背道而驰。在虚耗了很久之后，它最终没有到达设想中技术的临界点，只能推出一款增强现实眼镜来收场。如果该公司一开始就能集中精力研发眼镜，了解客户的问题所在，并且去解决问题，那么结果和过程就会完全不同。

（2）产品的制作水平和易用性不足。尽管售价高达2295美元，相比竞品，产品却没有更好的功能和性能，产品设计也没有充分考虑易用性。与消费者期待感受到的水平相比，Magic Leap产品的实际水平实在过低。显示屏的视场过于狭窄僵硬，控制器识别准确度低。无论从开发的角度还是使用的角度来看，其内部的软件环境都有很多欠缺之处。更何况开发者和合作公司本应积极地参与进来，共同创造生态系统，但Magic Leap却没有给出能促成这些合作的激励。

（3）Magic Leap缺乏与客户的沟通，其产品也没有做到"永久测试版"那样随机应变。作为B2C领域的公司，Magic Leap却和客户零沟通。什么时间以什么方式做什么，会拿什么给客户看，会卖什么产品……这一切它都不去分享或公布，白白浪费了太久的时间。

此外，它本应尽快制造出最简化可实行产品给客户过目，在得到客户反馈后，在产品中反映出市场的变化和客户价值的变化，但这样的努力和过程却少得出奇。在不知道客户和市场需要什么的情况下，Magic Leap相信自己能做的就是客户想要的，这耗费了他们大量时间，造成极大的失误。

04

那些没能跨越技术深谷的企业

即使没有像Magic Leap一样犯下如此严重的错误，开发增强现实眼镜的公司也几乎都未能跨越技术深谷，它们都经历了艰难的考验。梅伦·格里贝茨（Meron Gribetz）于2012年创立的Meta就是其中一个备受关注的增强现实公司。

在公司运营初期，Meta就策划生产概念明确的产品并投入开发，2013年，它以一款非常简单的最简化可实行产品开发版产品成功赢得了Kickstarter上的众筹。[9]它的众筹目标金额为10万美元，而实际募得资金远超此数，达到了19.5万美元。它的产品开发进度也很快，在2014年国际消费类电子产品展览会（CES）上，Meta发布了参展产品。2016年，梅伦受邀成为TED演讲的演讲者，他在演讲中介绍了Meta的技术，他在活动期间还举办了展演，展示了他们的演示机。2017年，Meta参加了全世界最大的科技企业节"西南偏南"（South by Southwest，SXSW），它被与会者认定为未来可期的增强现实公司，并得到了Y Combinator7300万美元的投资。

终于，Meta推出了他们的产品——增强现实眼镜Meta 2。此款眼镜售价为1495美元，拥有90度的视场，是一款需要连接电脑的设备。它的预计销售量是10,000台，但实际销量相差甚远，只卖出了3000台。2019年，Meta连收购都遭遇失败，最终关门大吉，而它已开发的资产由以色列的风投公司Olive Tree Ventures收购。

创立于2010年的Daqri也得到了数轮投资，这些投资开发了用于娱乐、教育、企业服务的增强现实应用程序，以及售价约为15,000美元的智能头盔。在2016年国际消费类电子产品展览会上完成首秀后，这一智能头盔被美国消费者新闻与商业频道（CNBC）评选为具有突破性的创新企业。同时，Daqri还推出了售价4995美元的智能眼镜。为了能开发出革命性的技术，Daqri还收购了专业增强现实软件公司AR Toolworks、脑电图（Electroencephalogram，简称EEG）手环初创公司Melon、制造业创新公司1066 Labs、全息影像显示器开发初创公司Two Trees Photonics等企业，扩大了其公司的规模和技术实力。

然而，Daqri的产品却以44度的狭窄视场、无法令人轻松承受的体积及高昂的价格而受到客户的冷落。2019年，Daqri因技术瓶颈和资金不足而停业，剩下的IP和资产被Snap收购。当时Snap的CEO埃文·斯皮格尔（Evan Spiegel）发表了带有否定态度的意见，他认为B2C类的增强现实头盔还需要至少十年的时间才能等到完善的市场。

创立于1999年的ODG（Osterhout Design Group）也有很长时间的增强现实智能眼镜开发经历，它开发出了以安卓为基础的Reticle OS系统。2016年，ODG得到了以21世纪福克斯为首的数个投资方的投资，金额共计5800万美元。在2017年国际消费类电子产品展览会上，ODG的两款产品R-8和R-9公开亮相，人们都希望它们能成为给大众量身打造的智能眼镜。然而，ODG并未完成人们期待的那款为消费者而生的产品。在投资消耗殆尽之后，它在生产方面的争议导致了产品质量问题，此前面世的机型R-7的退货率高达两位数。

尽管应该先圆满解决旧机型的问题，并对顾客的反馈做出迅速回应，但ODG却把人员和经费都投入到新机型的开发中，再无余力处理此前的问题，这也是它频出昏招的原因所在。最终，2019年，微软以1.5亿美元单独收购了ODG的IP资产。

不仅美国情况如此，英国增强现实初创公司Blippar也在耗尽了1.3亿美元的投资后无法重新振作起来，只得由其早期投资公司Candy Ventures收购其资产，最终Blippar以倒闭告终。如此之多的增强现实公司都没能跨越技术深谷，它们消失在历史视野之外，究其原因，有以下几点共通之处。

（1）就像我们从Magic Leap的失败中得到的教训那样，缺乏对增强现实技术的理解，未能更好地回应客户价值，这些原因导致了这些企业的失败。它们误以为短期内用现存的技术完成客户想要的产品和服务就可以，而没能将需要长期发展方可成熟的技术恰当地应用到研发中去，以此完成符合客户期待的产品。它们的产品在制作水平降低的同时，售价却定位甚高，最终的情况只能是无论什么样的设备都不可能成为客户的选择。

（2）增强现实眼镜是一种典型的日常可穿戴装备，在穿戴习惯和易用性方面都有很高的门槛。无论产品价格有多低，若客户没有必须要穿戴它的理由和目的，那么产品只会得到客户的冷遇。如客户未形成习惯，而穿戴行为本身多有不便，那么产品也就很难被长期使用下去。

　　基于相同的理由，在苹果手表问世前，智能手表的市场情况也与此类似。可穿戴装备未能体现出完善的易用性，也未能克服客户使用上的不便，提供能让客户养成使用习惯的核心功能。在这种情况下，想让产品出现在B2C业务中的普通客户的腕上，成为受大众喜爱的产品，这样的可能性微乎其微。

　　（3）发展方向和战略严重缺失。硬件发展的方向和发展战略之间存在巨大的偏差。企业本应有自己的平台战略，建立并运营一个可供开发的"杀手级应用"（killer application），同时还能创造出有机生态系统的平台。然而大部分公司却做出了误判，它们以为只要做出设备就万事大吉。尽管Blippar在SaaS系统①的基础上开发了可以制作增强现实内容的平台"BlippBuilder"，但没能设计出有效的激励机制，没能形成完善的开发者社群，也没能让参与最大化，最终在这种状态下这些公司被耗尽。

　　于是，多家公司在2019年这个时间点倒闭。一杯苦酒也只能自己吞下，其间积累的资产和经验被整个产业吸收，渗入到产业的方方面面，成为未来增强现实产业繁荣的"启动资金"。

---

① 　编者注：SaaS系统是Software-as-a-Service的缩写名称，意思为软件即服务，即通过网络提供软件服务。

05

苹果收购增强现实企业的原因

（1）苹果制定的就是"标准"。

（2）苹果不会推出尚待完善的产品。

（3）苹果如推出全新形态的设备，必同时将用户体验调至最佳。

回顾过去苹果推出或者发布的产品，我们可以感受到苹果"产品哲学"的原则。如此重视制作水平和细节、直观性和用户体验也是苹果产品与众不同的原因所在。苹果播放器如此，苹果手机亦如此。在苹果推出这些产品之前，行业并不存在"标准"。而在苹果把产品制造出来之后，产品本身就成了行业的标准和范本。苹果的产品引起其他公司竞相模仿或者概念的发散流行，这些也是常有的事。苹果能做到这些，最大的原因在于前文所述的三条产品哲学。

　　想要把产品打造得尽善尽美，就必须具备所需的一切技术和相应的制作水平。当然，从最细微的标准来看，各项技术之间的平衡也要达到能超越临界点的水平。用户体验也要随着最新设计一起达到最佳效果，公司要充分给客户提供满意的体验，同时产品易用性还要在一定的水准之上。

　　在苹果推出苹果播放器之前，市场里已经有无数款MP3播放器，但没有一款有苹果播放器这样简洁的环形用户界面，它们的易用性也无法和苹果播放器相比，在此之前用户从没有用iTunes①听音乐的体验，但在苹果播放器问世之后，数字音乐市场的格局因苹果而重组。而苹果手机出现前，苹果播放器一直处于主导地位。智能手机市场的情况也与之类似，这一点我们大家都很了解。

　　尽管一直以来有传言称苹果将要推出智能手表，但实际上第一个推出智能手表产品的是Pebble Technology，三星和其他公司也在不久后推出了类似产品。苹果手表拥有一骑绝尘的用户体验及设计、用户价值，而苹果设备的生态系统又能将这几点优势发挥到最大。有了这份力量的加持，苹果瞬间就成了智能手表市场中的领跑者。在2015年苹果手表问世之后，目前它的销售量已经超过了1亿只。[10]一款新设备想要被推向市场，它就必须被打造成拥有完美易用性和制作水平的产品；如果无法达到用户期待的水平，那它就不会被推向市场——这可能就是苹果手表上市较迟的原因。

　　苹果公司的CEO蒂姆·库克（Timothy D. Cook）曾多次在公开场合发表意见，他认为增强现实领域的市场潜力极大。通过增强现实，用户们的对话可以变得更丰富多彩，不仅是在游戏领域，增强现实也可以在健康、教育、零售等领域里有各种用途。在《纽约时报》的访谈中，库克表

---

① 编者注：iTunes是苹果公司推出的一款数字媒体播放应用程序。

示，他坚定地相信在不远的将来，增强现实将融入我们生活的方方面面，全面颠覆我们的生活方式，并且发挥出极大的影响力。公开传播的小道消息称，在2022年或2023年左右，苹果也将推出增强现实眼镜。

然而，就像我们在前面其他玩家的失误中看到的那样，增强现实眼镜的市场十分残酷，而且难度极大。从技术上来说，制造工艺水平还存在很多问题，想要攻克可穿戴装备易用性的难关，限制条件比比皆是。即使是苹果，按照其以前的风格，在近两三年内推出商用产品也绝非易事。苹果也意识到这是一个挑战，一方面它要像以前做出苹果播放器、苹果手机时那样，以进攻的姿态去坚定地攻克技术难关，找到解决办法；另一方面，苹果也在想方设法为市场创造更多的可能性。在这几年间，从苹果连续收购兼并了多家增强现实公司的行为来看，我们不难理解它在盼望、期待什么，以及它要解决的问题是什么。

2013年3月，苹果以3.6亿美元收购了旗下第一家增强现实公司PrimeSense。该公司成立于2005年，是一家拥有三维传感器技术的半导体初创公司，它因其技术被运用于微软的体感周边设备Kinect的前身"初生计划"（Project Natal）中而闻名。PrimeSense还有超小型内置三维感应器Capri 1.25，含计算机视觉在内的多种追踪技术，可以做到手势识别资源库的中间件，它们被用于以深度相机测量物体间距离，并可实时获取重新整合后的测量数据，这也是实现增强现实时最重要也最必要的技术。在设备使用目前的RGB相机处理数据时，数据吞吐量已经很大了，而在光线不足或者室外强光的情况下它也会出现错误。想要让测量更准确，PrimeSense的技术是不可或缺的。

苹果公司增强现实和虚拟现实收购一览

Faceshift 人脸追踪 技术	Emotient 人脸追踪 技术	Vrvana VR头盔 技术			
Metaio AR技术	Flyby Media AR/ VR技术	SensoMotoric Instruments 眼动追踪技术	Akonia Holographics AR镜片技术	iKinema 视觉特 效、VR	NextVR VR内容 播放
2015	2016	2017	2018	2019	2020

图片来源：Bloomberg reporting

位于瑞士苏黎世的Faceshift曾为《星球大战》（*Star Wars*）做过动作捕捉工作。2015年，苹果与Faceshift共同收购了2003年从大众汽车公司衍生出来的增强现实软件公司Metaio。

Metaio开发了一款名为"Juneio"的增强现实浏览器，同时也开发了可供个人电脑、网络、移动通信等平台各自使用的软件开发工具包，还有增强现实创作工具Metaio Creator。这时收购来的技术和资产在苹果的增强现实开发平台ARKit的诞生过程中起到了至关重要的作用。

在接下来的一年中，苹果还收购了Emotient。后者开发出了一种解决方案，可以扫描面部表情和细微变化，利用人工智能分析感情状态，读取情绪变化。这一技术被用于谷歌眼镜时，可以用来分析设备通过眼镜上的镜头拍摄到的用户面部图像。同一时期，苹果还收购了曾参与谷歌"探戈计划"（Project Tango）的Flyby Media。该公司开发的相机软件可以通过镜头扫描真实世界里的事物，把它们用标签标记为数字对象，或者把它们分享到数字化空间里。

其后，这些技术都被吸收并使用在ARKit里。大量人力被重新分配到了苹果开发增强现实和虚拟现实的部门。在迎接元宇宙时代到来之际，苹果公司也担负起了重大的责任。当时，苹果正为扩充增强现实和虚拟现实研发团队做出积极努力。以知名三维用户界面专家道格·伯曼（Doug Bowman）为代表的增强现实和虚拟现实界高手，如曾负责亚马逊虚拟现实平台开发的科迪·怀特（Cody White）、Oculus的尤里·彼特罗夫（Yury Petrov）、开发了HoloLens的阿维·巴泽维（Avi Bar-Zeev）等人，都在这一时期陆陆续续加盟苹果公司。

2017年，苹果发布了增强现实开发工具包 ARKit，积极寻找拥有头盔软件和重要技术的企业。苹果真正燃起了对元宇宙生态系统的激情，并于此时收购了Vrvana。Vrvana位于加拿大多伦多，它开发出了一款装有600万像素前置镜头的混合现实头盔Totem。这款设备的概念十分独特：低延迟，能在虚拟现实和增强现实两种模式间自然而迅速地切换。设备不再需要用户通过透明玻璃直接观察周边的物理场景，而是通过内置镜头向用户实时直播面前现实世界中的物理空间，达到增强现实的效果。该公司与多个实际开发过适用于混合现实模式头盔的企业建立了合作伙伴关系，以期扩大自己的业务。这一时期，Vrvana在资金方面出现了一定的困难，最终它以3000万美元被苹果收购。

SMI（SensoMotoric Instruments）是一家1991年创立于德国的公司，长期以来专注于眼动追踪技术的开发。它也在相同的背景下加入苹果。SMI拥有类似于已被谷歌收购的Eyefluence的瞳孔追踪技术，这项技术也被运用在了HTC Vive DVK上。

为了获得元宇宙的原创技术，苹果在发起收购战后不曾停下脚步。它继而收购了InVisage。InVisage拥有图像传感器和名为"量子胶片"

（QuantumFilm）的量子点（Quantum Dot）技术。用InVisage的技术替代现有的图像传感器后，即使在照明度很低的环境中，设备也能更好地识别环境，并提升自身的画质。这一技术未来很可能被运用在面部认证方式（Face ID）或者增强现实和虚拟现实设备上。

2012年，一群全息影像方面的科学家创立了Akonia Holographics，该公司拥有用于开发增强现实眼镜镜片和适用于硅基液晶微型显示器的光波导技术等产品的光学原创技术。2018年，苹果收购了Akonia Holographics，同时也得到了超过200个IP，几乎取得了未来可以用来开发增强现实设备的全部核心技术。

苹果又追加收购了拥有全身动作捕捉技术的英国公司iKinema和Next VR等企业，后者拥有转播体育、音乐和表演的360度立体虚拟现实直播解决方案。苹果在原创技术领域进行深耕，它正一步一步地获取能打造出一个生态系统的应用技术和解决方案。

为了保证技术制造水平和最佳的用户体验，苹果从不轻率地妥协。在做出想要的产品之前，它持续将大量的资金和精力投入到收购兼并、合作投资，还有长期的研究和开发中。虽然我们不知这何时才能实现，但当苹果能做到一个足够高的水平时，它必将成为增强现实生态系统里顶端的猎食者。

06

苹果为何在智能手机中置入激光雷达？

在2017年苹果全球开发者大会上，苹果ARKit首次登场亮相。ARKit是一款工具包，可以帮助开发者利用与增强现实相关的传感器和功能轻松开发应用程序，由可以测量事物之间较大距离的深度API、可将虚拟对象关联到真实世界的坐标系内再将其场景化的位置锚点（Location Anchors）、能够追踪面部表情或身份信息的人脸追踪三部分构成。

对开发者而言，原本这些技术用起来烦琐又困难，但如果使用苹果开发的工具包，他们就可以不费力地测量距离有多深，也能很容易地结合特定位置的信息来工作。最终，苹果的生态系统内部也具备了能够打造出多元化增强现实服务的环境。通过ARKit平台，人们使用RealityKit或MapKit一类强大的框架就能轻松玩转Reality Composer、Reality Converter这些创意工具。

苹果还在最新款的苹果手机里添加了激光雷达。激光雷达是一种空间三维扫描仪，也是一种遥感技术，它主要适用于无人驾驶汽车或者机器人领域。它可以感知运行路线上是否有障碍物，是否有必须闪避的物体或人。激光雷达的运转速度很快，它在对象空间向内射出细密的激光束，再测量反射回来的反射波，通过所需时间和有无反射波来判断有无物体及测量距离。一般而言，激光雷达设备体积较大，制作精密。但微机电系统（MEMS）技术或半导体技术的应用使得激光雷达也实现了小型化。这样的小型产品不仅可以被用在无人驾驶汽车上，我们在智能手机和平板电脑中也可以找到它的身影。

激光雷达的优势很多，特别是在黑暗的环境里，它能够迅速测量距离并自动对焦。有了激光雷达，用户在夜间也能拍出清晰的照片，还能轻松地用智能手机的测量软件来测量距离和体积。

在增强现实中，空间识别主要是通过两个系统来完成的——视觉系统和惯性系统。设备用镜头拍下图像，再通过分析图像数据来获取场景信息，这个过程属于视觉系统；而使用陀螺仪或加速度传感器、雷达或激光雷达测量数据，这个过程则属于惯性系统。

把这两种系统结合在一起就是"视觉惯性里程计"（Visual Inertial Odometry，简称VIO）。这种测量方式越来越多地出现在使用激光雷达的智能手机上，同时也正在增强现实中一个让梦想成真的领域里大步前进着，这个领域就是室内定位系统（Indoor Positioning System）。在没有卫星信号的室内，全球定位系统毫无用武之地。现在，设备可以用另一种方法在室内追踪位置和活动，通过点云（Point Cloud）技术或置信图（Confidence Map）等手段测量正确的空间信息和数据。

苹果刚巧在此时收购了英国初创公司Dent Reality，而该公司提供的正是室内导航的解决方案。由苹果主导开发的室内制图数据格式（Indoor

Mapping Data Format，简称IMDF）已通过开放地理空间信息联盟（Open Geospatial Consortium）的认证，它成为行业标准，而这也为室内空间数据的应用开启了一条可能的乘风破浪之路。

如此一来，苹果手机装载了激光雷达，其效用价值也变得更高。但苹果并不是仅仅因为这个理由才使用了激光雷达，正确测定距离和位置只是激光雷达的使用场景之一。苹果最重要的目的是要建立起增强现实的生态系统。

长久以来，苹果都希望大量用户在追踪空间信息后，能把他们的信息储存积累在苹果的增强现实生态系统里。增强现实必须作用在真实世界的场景之上，而场景必须完美地转换为空间信息后才能够被使用。但实际上，除了地图和全球定位系统坐标、人们标记的兴趣点之外并没有其他的空间信息。想要用虚拟信息来绘制地图为时尚早，就连现实世界的信息也还没有积累到足够的量。

虽然我们不知道接下来还需要几年的时间，但苹果在推出增强现实眼镜后，如果它想要提供完善的用户体验，就必须充分准备好与空间相关的数据，以及围绕这些数据建立起来的生态系统。因此苹果在产品中置入了激光雷达传感器，就是希望人们用苹果手机和苹果平板电脑测量并积累下空间数据，这样它才能抢先一步打造出生态系统。

未来必将有丰富多彩的增强应用被推向市场，通过智能手机增强的空间信息也会越来越多。而这些空间信息会再次作用于用户们积累的现实，并基于实用目的对现实进行增强，形成飞轮效应，建立并运转起一个良性循环。到那时，就如我们期待的那样，苹果推出的增强现实眼镜将具有前所未有的扩张性和易用性。

Facebook为何开设Horizon服务并试图打造一个虚拟化身的世界？

传闻Facebook会给新入职的员工一本恩斯特·克莱恩（Ernest Cline）的小说《玩家1号》（*Ready Player One*）。这也许是因为书中的世界观和自由来去的元宇宙的想象正是现在的Facebook迫切需要的。Facebook确实想要开发元宇宙，相信Facebook的未来方向也正是元宇宙。

Facebook诞生于互联网进化的过程中，与此同时，它也在元宇宙之中向着自身未来的形貌进化。我们也可以畅想，《玩家1号》中看似遥不可及的"绿洲"（OASIS）可能成为社交媒体的未来。出于相同的理由，Facebook很早就收购了Oculus，创建了现实实验室。数量庞大的开发者和科学家在这里研发着通往元宇宙的道路及在这个过程中所需的工具。善于打破常规的创新企业往往也不会被自己的条条框框束缚。其中最具有代表性的就是苹果，它一方面打造苹果播放器的生态环境，制造苹果手机，另一方面它也在颠覆自己，创造新的生态环境。

Facebook现在虽然受到数十亿用户的喜爱，但当元宇宙作为下一代交流平台登场时，它的用户将逐渐流失，最后剩下的只有旧日辉煌。为防患于未然，Facebook也如苹果一样从改造自身开始，尽最大努力尝试在元宇宙中创造下一个版本的社交媒体。

最早的尝试当属2016年发布的"Oculus Room"概念。通过使用Oculus的设备，用户可以在虚拟现实中开设个人专属空间。在这里，人们可以休息，可以享受自己的私人时间，有时还可以请朋友来开派对。这是一个以"专属于我的房间"为中心展开的社交网络功能，但这项功能并没未引起市场多大的反响。很多的虚拟现实应用都在使用类似的"房间"界面，这类概念并不新鲜，也受到了各种限制，很难发展为社交网络。最终，Oculus Room没能发展成一项独立的服务，而是成了开发者应用程序编程接口，房间样式的界面简洁而具象化地呈现着Oculus内部的诸多应用程序。

2017年，Facebook又做出了一项新尝试，它推出了测试版社交虚拟现实的"Facebook Spaces"。马克·扎克伯格亲自演示了产品中的各类情景，其中最重要的概念就是"空间界面"（Spatial Interface）。与用户在电脑桌面上查看到的有序一致的二维平面界面不同，社交虚拟现实为用户提供的是高一个维度的空间场景。用户在与其他用户交流沟通的同时还需要创作或消费内容，因此打造一个具有这些基本功能的界面也成了重中之重。

Facebook Spaces把这个界面设定为一张虚拟的桌子。登录空间后，以这张桌子为中心，用户可以招待3名朋友，大家可以在桌旁对话、玩游戏，彼此互动。这张桌子可以瞬间移动到世界上任何一个地方，人们可以一起去法国旅行，漫步在巴黎香榭丽舍大道上；也可以登上阿尔卑斯山勃朗峰，欣赏绝美景色，度过美好时光。不过，在容纳客户们的多元需求方面，Facebook Spaces依旧受到了一些空间上的限制。在接待足够多的用户和为客户提供足够多样化的交流方法方面它仍有许多不足之处。它不能容纳50人或者100人在空间里会面，无法融合多元化的场景，这些都使得Facebook Spaces的世界观略显局促。

进入2020年，Facebook更积极地挑战着元宇宙。首先，它仅在Oculus品牌下保留了虚拟现实头盔产品，把与社交虚拟现实有关的服务全都统一到Facebook品牌下。从第七次会议开始，Facebook的虚拟现实开发者大会由"Oculus Connect 7"更名为"Facebook Connect 7"。元宇宙再也不是只限于Oculus的世界，而是Facebook眼中的未来，Facebook也开始努力让大众认识到这一点。

其次，Facebook又推出了一项测试版新服务。这项名为"Venue"的服务将Spaces欠缺的几点要素都转移到了"活动场地"（event space）里。人们可以在这里聚在一起看演出、看电影，也可以参加几十人的会议；用户可以和朋友聊天，也可以结识新朋友……空间界面的范围也从以桌子为中心活动，扩大到了活动场地中。不过Facebook同时还在开发另一项新服务，那就是在Oculus Connect 6大会上亮相的Horizon。如果说Venue指向的是被广泛应用的社交网络，那么我们可以试想一下，Horizon的重心应该就是为共同参与特定活动提供垂直解决方案。

实际上，与Horizon不同，Venue是由Facebook的"新产品实验"团队（New Product Experiment）负责的，这个团队还推出过可以让人们一起观看纳斯卡（Nascar）车赛并进行交流的粉丝社群服务应用。这款应用比Twitter更方便、更有沉浸感，作为一款观赛用的"第二屏幕"应用，它也正在进行着各种实验。

2020年7月，以我们现在使用的Facebook为基础，Facebook发布了新的虚拟化身定制系统。系统为用户提供丰富的基础皮肤和风格选项，用户

可以按照自己的喜好来"捏"虚拟化身的脸。虚拟化身创建好之后，可以被用来制作表情，用户发送出虚拟化身的时候还能加入各种动作和表情。我周围也有不少人使用自己定制的虚拟化身，神奇的是虚拟化身和真实人物会越看越像。

三维虚拟世界是与现有的社交网络迥然不同的空间，用户需要有与之匹配的虚拟化身，Facebook带着各种目的推出了这项虚拟化身功能。我们可以推测出它其中一个目的，可能是Facebook想要比较分析人们会选择什么样的虚拟化身，会亲手创建什么样的虚拟化身，以及虚拟化身和他们上传到Facebook的照片之间的关系。人们是不是偏爱和自己最像的虚拟化身？又或者还存在其他影响因素？此次虚拟化身系统的开设为Facebook掌握这些情况提供了巨大的数据集。如能恰当地使用这些数据，Facebook可以让虚拟化身系统进化得更加精巧，更符合用户们的需要。Facebook是建立在现实身份的基础之上的，它以用户之间的信任网络为基石，是一个让人们能连接彼此、互相交流的社交网络平台，而漫画般的虚拟化身真的会有用武之地吗？这一点在当时还有待验证。

2021年的"西南偏南"在线上举行。Facebook公布了适用于Horizon的新概念三维虚拟化身系统，并表示人们会对与自己最相像的化身产生好感，而在新系统里，用户可以制作表情和特征惟妙惟肖的虚拟化身。要使用通过Facebook现有虚拟化身收集来的数据，同时要考虑到三维处理不能给计算带来太大压力，还要充分调动起用户之间的互动，新系统反映出了Facebook在技术层面的许多考量。

更值得注意的是，Facebook下一步的发展方向是要让这个虚拟化身系统不仅仅适用于Horizon。以后，人们可以像登录Facebook账号一样，用相同的虚拟化身登录，并使用多个Oculus内部的应用和空间。也就是说，要让用户在Horizon里的身份能完全代表在Oculus虚拟现实里的身份，为客户提供无缝对接的体验。这也显示出了Facebook想要提升Horizon统治地位的雄心壮志。

目前，Horizon还处于第一代基础测试版的状态，Facebook并没有承诺其正式上线的时间。考虑到这段时间以来的各种情况，它很快就推出内测版的可能性极大。毕竟还有许多需要试验、确认、改进的部分，而Oculus设备也必须更普及一些才能达到足以产生临界点的数字。

和《第二人生》类似，Horizon里也有为帮助新手用户适应和防止新手退出而设的人工智能。这个名叫"Horizon Local"的人工智能是一位向导，每当用户需要帮助时，它都会应答，它还能解决用户之间可能发生的问题。Horizon里还设有"独处区"，这是一个可以让用户瞬间移动的区域，只要关上麦克风，用户就可以安全放心地和其他用户分离开来，无论身处何时何地，用户都能直接进入这个安全地带。设定中的城市虽然巨大无比，但许多事物还要靠用户们去创造、去建设。

Horizon和Facebook的用户资料是联动的。现实世界和用数字呈现的现实世界生命记录，以及由此展开的虚拟世界被连接在一起，融合如一。用户将可以同时存在于三个场景之中，每个世界各自的时间流逝是相同的，可以自由穿梭。这也许是最大的挑战，但同时也带来了最大的机遇。当用户在Horizon与Facebook的彼此联动间相互穿梭时，他们收获的用户体验和互动不知将产生多大的协同效应。这个过程越困难，Facebook和Horizon两个世界就越可能变成相互分离的程序。

用户可以和Facebook上的朋友在Horizon里某个风景不错的咖啡馆见面，沉浸在两个人的私语里，也可以和朋友们聚在一起玩游戏，或是和朋友一起去陌生的空间旅行。不需要签证、护照和飞机票，他们就能前往这个世界上的任何一个地方。如果你愿意，还能体验一把建设和创造的快乐。即使没有被标注成广告，但是在Horizon的街道上，公司橱窗和品牌秀场随处可见。Horizon每个看起来有意思的空间里都是人声鼎沸的，人们在里面还可以体验产品或参加活动。

在这样的空间里，用户信息和资料自然是共享的，企业很可能把这里当作新的目标营销平台。用户们也从中得到了机会，他们能和朋友们一起看电影、看演出，离开城市在大自然里露营，点燃篝火。即使不会游泳，用户也可以在海中潜水，看神奇的鱼类在身边游弋。孩子们还可以在这里到校上课。

如果用户可以通过Horizon去往那些因为新冠疫情而无法亲自到访的地方，Horizon里就可能会出现新的旅行社和服务业。如果在Horizon里也能使用Facebook的虚拟加密货币Libra（现已更名为Diem），那么其中将形成极其庞大的虚拟经济。《罗布乐思》的用户们可能会上午在《罗布乐思》上班，下午在Horizon上班，晚上下班后再回到现实世界里。国际会议也可以在Horizon里召开。联合国、世界卫生组织可以在Horizon里开设办事处，以谋求国际社会在新的数字人身权利和准入权方面的共同合作。反对环境污染的绿色和平组织也可以开设办事处，在Horizon里举办环境保护的活动和展示。

就像《第二人生》兴起时那样，电视台和其他媒体会纷纷入驻Horizon，对Horizon里发生的活动和事件进行24小时报道，并且在内外两个世界里同时播放这些报道。当无数想象中的事在这里变为现实后，人们在Horizon里度过的时间会变得比在Facebook上的更长，有更多的用户甚至会把Facebook发帖这种事也转移到并非真实世界的Horizon里来做。

到目前为止，以上这些还都只是人们的想象，但Facebook梦想中的Horizon的模样也不会与之相差太远。要创建什么样的空间界面，将产生什么样的互动和交流，怎样去长期维持内部的社群，怎样面对激励和奖赏机制都强效运转的虚拟经济……在不同的情况下，未来也会各有不同。因此，对此刻Facebook正在打造的Horizon而言，它要从这段时间以来经历过试错的无数元宇宙那里得到的教训中反省，为关于元宇宙本质的那些深刻问题寻找答案，而这将是一段至关重要的旅程。

08

Facebook的"咏叹调计划"

在Facebook Connect 7上，Facebook公开了其内部实验室现实实验室的"咏叹调计划"（Project Aria）。现实实验室副总裁安德鲁·博斯沃思（Andrew Bosworth）和研究负责人迈克尔·阿卜拉什（Michael Abrash）在主旨演讲中非常详尽地分享了他们的设想和对问题的敏感思考。实际上，虽然现实实验室源于Oculus团队，但它现在已经是一个体量庞大的组织，它得到的人力和资金支持占Facebook资源的20%左右，掌管着Facebook所有的增强现实和虚拟现实项目。

在虚拟现实部分，现实实验室拥有从Oculus开始到现在取得的成果，以及Oculus Quest 2头盔问世以来收获的强大动力，该团队以强大的自信进行研发。而增强现实部分的未知数依然很多。Facebook对增强现实有着和苹果类似的认识，它认为增强现实的应用范围会很广阔，是一个具有极大冲击力的技术领域。不过，Facebook也承认，在成品的制造中尚且存在各种难点和局限，现在断言何时产品能问世为时尚早。但这也只是一个时间问题，一切终究会得到解决。对于这项必将深深走进我们生活的技术，公司也在言语中透露出全力支持增强现实开发的意愿。

头部、手部、物体追踪

AI及语义理解（semantic understanding）
·1×800万像素RGB镜头
·110度视场×110度视场
·每秒传输帧数最高可达30

头部、手部、物体追踪
·2×640×480像素 单目相机（mono camera）
·150度水平视场×120度垂直视场
·每秒传输帧数最高可达90

非视觉跟踪
·双惯性传感器
·磁力仪
·气压计
·GPS

　　特别是增强现实眼镜，这是在如何探索、如何制造的过程中最难的部分之一。公司内部也为此运营着一个研究项目——"咏叹调计划"（Project Aria）。这项计划的研究对象为包括眼镜样机在内的头盔和可穿戴手环等多种相关技术产品。其中样机"Aria"拥有一个为识别外界场景而设置的800万像素镜头、110度视场的显示器、两个为进行眼动追踪和人脸识别而设置的内置镜头、全球定位系统、陀螺仪以及加速度传感器。

　　根据迈克尔·阿卜拉什的解释，这不是一款供消费者使用的产品，而是一款用于研究的样机。Facebook的工程师们在试戴Aria后，需要解决这一场域内所有可能发生的争议和问题，并正式收集各类有见地的想法。现在我们还不知道项目会走向何方，但它一定会成为一个非常重要的计划。镜头拍摄方面存在的隐私权争议、电池续航问题、联网的稳定问题、坐标数据相关的标记信息实用性问题、那些会用到用户体验的活动……凡此种种看起来都在现实实验室收集的范围之内。更不要说，为了解决可穿戴装备的局限性问题和设备本身的时尚价值问题，现实实验室据说还正在和著名的墨镜品牌雷朋（Ray-Ban）展开合作。

迈克尔·阿卜拉什还公开了一款在实现增强现实中发挥着重要作用的概念产品——LiveMaps。他强调，虽然这只是堆叠在真实世界之上的多种信息图层，但这项技术对正确识别场景和物体定位而言是不可或缺的。在他的定义中，真实世界大致由三层图层堆叠而成：由来自全球定位系统或定位传感器的正确坐标构成的位置层（Location Layer），由组成真实世界的物体场景构成的索引层（Index Layer），以及建立在这两者之上的，实时更新人员和活动信息的内容层（Content Layer）。

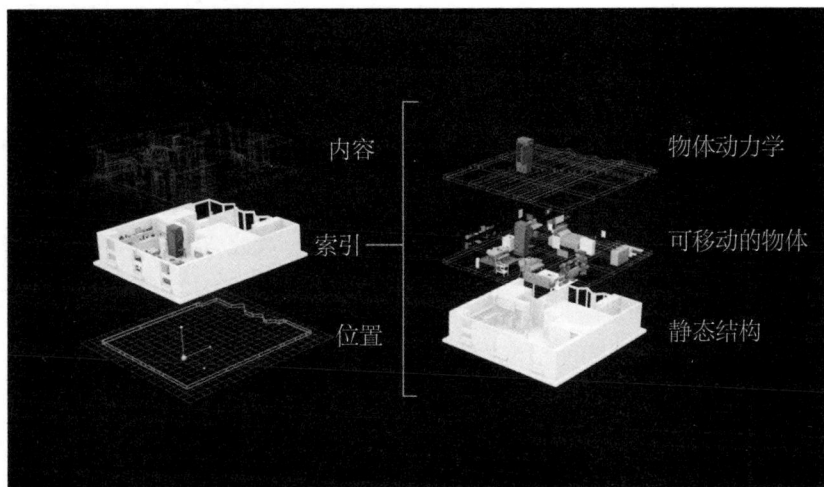

在阿卜拉什的介绍中，索引层尤为重要。建筑物或固定的物体，可活动或移动的物体，以及这所有物体的状态值，都要被统合一体进行识

别，所以这一领域需要从用户处汇总来海量的数据。实际上，为了制成LiveMaps，Facebook还指定了一些特定区域，它正在这些区域内与卡内基·梅隆大学的认知辅助实验室（Cognitive Assistance Lab）进行合作研究。

当然，为了加速这一领域的研究进展，Facebook也进行了果断的收购和兼并。2019年收购了CTRL-Labs[11]，2020年收购了新加坡的Lemnis Technologies[12]、瑞典的Mapillary[13]、英国的Scape Technologies[14]等公司，它们也是Facebook建立增强现实生态系统长期计划的基石。

CTRL-Labs是一家研究神经界面的初创公司，主要开发通过手环来检测脑电图和肌电图，并将其运用于肌肉电信号输入设备的技术。Mapillary则拥有可以从街道图景中提取并完善地图信息的技术。

在变焦镜头技术的基础上，Lemnis Technologies拥有的潜在技术可能划时代地解决Oculus头盔和增强现实眼镜的光学特性难题。英国初创公司Scape Technologies可以将镜头拍摄的图像处理为计算机视觉，让全球定位系统信息与位置信息结合得更为精密准确，并由此开发出了视觉定位服务（Visual Positioning Service）。该公司曾因开设现场服务备受瞩目，Facebook低调但极富攻击性地完成了收购。如果这些公司的技术能被运用在Oculus Quest系列产品或者新的增强现实眼镜上，必定能突破许多技术上限制，更进一步成为元宇宙的先驱。

09

英伟达梦想中的未来

英伟达是个人电脑时代以生产显卡为主要业务的企业，其创始人黄仁勋（Jensen Huang）曾是超威半导体公司（AMD）的工程师。自1993年创业以来，英伟达开发出了图形处理器，之后又开发了高性能的移动应用处理器Tegra，这一处理器被广泛使用在媒体播放器、特斯拉、任天堂Switch Light等设备上。

在21世纪第一个10年之末，以比特币为代表的加密货币热潮方兴未艾，销售量激增，与无人驾驶汽车和人工智能相关的产业也在蓬勃发展。图形处理器的需求量增多，性能也得到了飞跃式的提升，英伟达成为成长最为迅速的企业之一。受到企业成长趋势的鼓舞，英伟达于2019年4月以70亿美元收购了Mellanox Technologies。通过这次收购，英伟达获得了高性能网络（high-performance networking）技术，继而变身为服务器和数据传感器市场里的强者。

　　在接下来的一年里，发生了一件足以载入史册的大事。英伟达以400亿美元从软银（SoftBank）手中收购了半导体设计IP企业ARM。这也是半导体业界史上最大规模的收购案。

　　ARM能为全世界一千余家企业进行服务器IP授权，收取专利使用费。英伟达作为曾经的客户来收购ARM，这可能会破坏公司的中立性，形成垄断局面。这些争议为最终达成交易设置了许多障碍。即使如此，如果英伟达最终成功收购了ARM，那么它将成为和英特尔、超威半导体公司平起平坐的竞争对手，极有可能重生为中央处理器和图形处理器设计开发界的巨头。

　　英伟达现在还有一个更大的梦想。在2020年10月召开的英伟达图形处理器技术会议（GPU Technology Conference，简称GTC）上，黄仁勋的主旨演讲以"元宇宙正在降临"（The Metaverse is coming）开场，并提到"新时代的大幕正徐徐开启，英伟达站在舞台的中央"。

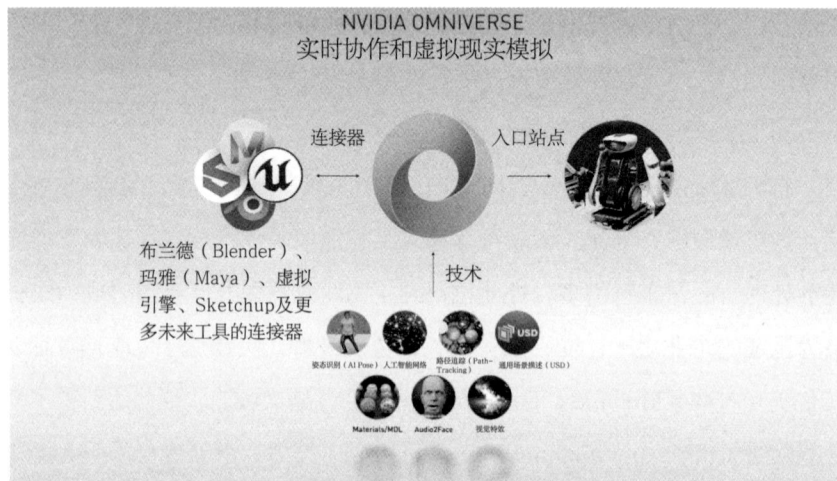

NVIDIA OMNIVERSE
实时协作和虚拟现实模拟

连接器　　　　　　入口站点

布兰德（Blender）、
玛雅（Maya）、虚拟
引擎、Sketchup及更
多未来工具的连接器

技术

姿态识别（AI Pose）/人工智能网络　路径追踪（Path-Tracking）　通用场景描述（USD）

Materials/MDL　Audio2Face　视觉特效

元宇宙时代到来之后，几乎所有的数据都会通过云技术移动、储存和计算，这些领域都要用到英伟达的图形处理器。虚拟现实和增强现实设备将会变得和智能手机一样普及，而这些设备里也有英伟达图形处理器的身影。想要让元宇宙世界长久稳定地运行下去，所有的地方都需要用到人工智能和机器学习，英伟达的图形处理器自然也不会缺席。元宇宙内部的生态系统和经济系统想要持续运转，虚拟经济和区块链必成中流砥柱，这里面也少不了英伟达图形处理器。

简言之，黄仁勋展现了他的远大理想和强大自信：任何技术想要成为元宇宙的主干，想要扩张，想要持久运行，其中关键一点都是要以英伟达的技术为中心。这并非妄言。实际上，数据证实，一切正在向这个方向发展，相关技术也渐渐离临界点越来越近。

面对新时代的到来，英伟达展示了为完成虚拟协作和实时模拟而开设的开放平台Omniverse。"Omniverse"一词本身和元宇宙概念并没有什么关系，我们单纯把它看作英伟达平台的品牌名称即可。不过，在元宇宙里的实时虚拟协作和数字孪生等领域，人们都能从这个平台获得强大的性能支持和生产力。此外，该平台还可以被广泛应用在媒体、娱乐、建设、制造等多个领域。

显而易见，元宇宙正指向虚拟世界，而构成元宇宙的核心技术和应用也将进一步发展并扩张。在以强大平台为中心不断扩大的元宇宙里，英伟达的Omniverse将发挥重要的作用。

10

1230万人齐聚《堡垒之夜》的原因

《堡垒之夜》是一个深受3.5亿用户喜爱的游戏平台，英佩游戏于2017年开发了它。它与展开PVP（Player vs. Player），即玩家间对战的《英雄联盟》和《绝地求生》一样，同为多人对战游戏的代表作。

目前游戏中新加入了两种模式，可以让玩家获得更丰富的游戏体验。其中，守护家园（save the world）模式是PVE（Player vs. Environment）游戏，玩家需要与电脑控制的怪物战斗；"嗨皮岛"则是《堡垒之夜》的自由建造模式（Fortnite Creative），玩家可以亲自建造建筑，创建自己的地图来进行游戏。可以说，类似于《罗布乐思》的概念被应用到了《堡垒之夜》中。

图片来源：forbes.com[3]

　　《堡垒之夜》是目前世界范围内最受欢迎的游戏之一，而网飞也曾在2019年的股东信中将《堡垒之夜》称为本公司最大的竞争对手，让全世界都认识到《堡垒之夜》的影响力已远非普通人气游戏可比。据悉，游戏的日活跃用户数达到了3800万，用户日平均访问时间为2.5小时。同时，有40%的美国青少年每周都会登录游戏，而且登录后不只是玩游戏，他们还会和朋友们沟通交流，消磨时间，因此这款游戏同时发挥了社交网络平台的作用。

　　大型多人在线角色扮演游戏本身的属性决定了其具有元宇宙的特征。而《堡垒之夜》明明属于不同的游戏种类，却构建了一个更加特别的元宇宙世界。这一切都源于它2020年5月推出的游戏新模式"Party Royale"。

在Party Royale模式中，玩家不再拿着武器战斗，而是和朋友们一起玩赛艇等运动或其他休闲游戏，他们还可以在有大屏幕的圆形剧场看演出，或者去公园散步等。市中心的露天广场成了《堡垒之夜》的社群中心，人们聚集在这里沟通交流，还能在主舞台上参加社交派对等多种多样的活动。通过创造一个禁止战斗的和平区域，《堡垒之夜》让玩家在战斗游戏中无须战斗也能享受游戏带来的乐趣。

在Party Royale模式上线前，英佩就已经意识到了它的潜力，而这一切缘起于2019年2月在《堡垒之夜》大逃杀模式中的宜人公园（Pleasant Park）内举办的DJ棉花糖音乐会。整场演出有1,070万人参加，创下线上活动参加人数的最高纪录。这个纪录于2020年4月被打破，而打破纪录的则是说唱歌手特拉维斯·斯科特（Travis Scott）。因新冠疫情，他无法为其新专辑 Astronomical 举办发售纪念演唱会，于是他在《堡垒之夜》里进行了演出，三天之内演出场次多达五场。

这五次演出共吸引了2770万名玩家，观看人次达到了4580万。而观看者最多的一场，同时在线人数达到了1230万。这一活动创造了史上最高纪录，它究竟为《堡垒之夜》创造了多少营收，公司方面并未公开。但在演唱会期间，声田（Spotify）平台上的唱片销售额就突破了30万英镑，足见演唱会规模之大，盛况空前。

在这两次具有历史意义的演唱会结束后，Party Royale模式才正式在《堡垒之夜》上线。同时它还正式推出了用户可以随时观看的各种演出，以及其他可参与的活动。这款游戏也踏上了一条通往真正元宇宙的进化之路。

在《堡垒之夜》内，玩家可以用内部通用货币"V-Bucks"来购买道具和武器，并参加演出和各种活动。在现实世界中，玩家则可以通过购买Battle Pass或V-Bucks来充值。随着"嗨皮岛"模式的上线，玩家还可以用自己制造的道具或游戏来创收或进行交易。可以说，游戏正在构建起一个更加完整的虚拟世界。当然，虚拟货币无法兑换成现实货币，但如果英佩与苹果平台之间的分账纠纷能得到妥善解决，相信《堡垒之夜》可以像《罗布乐思》一样构建起一个更加完善的经济体系。

11

火人节为何要办在元宇宙里？

火人节（Burning Man Festival）是世界上最大的社群和庆典活动，它每年都会在内华达的布莱克罗克沙漠举办一次，每次为期8天。自1986年首次举办以来，它至今从未停办过。人们在内华达沙漠上建起一座名为"黑岩城"的城市，并有7万多名"火人"（火人节的参加者被称为"火人"，burner）欢聚一堂，他们遵守10项原则，穿梭于自由与创造、革新与变化、灵魂与纯粹、音乐与艺术等领域，开启一场世上最自由奔放的狂欢。

在这延续了30多年的盛大仪式中，有1000多个装置艺术和移动的艺术车，以及数千个营地，还有无数"火人"在其中邂逅，彼此建立起联系。在这里，硅谷的创业者和创新者，以及全世界的艺术家们聚在一起，他们讨论着颠覆性的创新思路和全新的创意想法，会场宛若一个将人们连接在一起的巨大试验场。然而，随着新冠疫情的全球暴发，火人节也无法独善其身。为参加火人节，火人们需要乘坐飞机，几十数百人聚集在狭小的空间里，每天还要与其他几千名火人见面、交流，因此火人节停办也是在所难免的。

火人节总部向"火人"们宣布，原本要在现实世界中举办的火人节将改在虚拟世界中举办。随后，主办方开始考虑该如何把火人节实现人与人相连接的庞大世界观转移到虚拟世界里。

这确非易事。在火人节期间，会有数万人聚集在沙漠中，沙漠环境开阔而特别，场地各处会同时发生几千种不同的体验。要想在线上呈现火人节，难度大得难以想象。因此，主办方决定，本届火人节将在所有能承办的虚拟世界中举行，并且将所有虚拟世界视为一个整体，称为多元宇宙（Multiverse）。

2020年火人节的主题也被定为"多元宇宙"。在物理空间中举办时，火人节已经让人们发挥了无限的想象力。如果转移到虚拟空间，不知道它还会进一步激发怎样的想象力。基于此种构想，活动组织者决定，除了基本的"球场规则"外，不再设定其他任何限制。9个多元宇宙同时开启了进入火人节的入口，它们是：（1）BRCvr（AltspaceVR[①]内部）；（2）MultiVerse；（3）SparkleVerse；（4）MysticVerse；（5）Build-A-Burn；（6）Ethereal Empyrean Experience：Temple 2020；（7）The Infinite Playa；（8）Burn2；（9）The Bridge Experience。

---

① 编者注：AltspaceVR是混合现实平台，其目标是利用虚拟现实设备，把人们在现实世界中的社交体验移至虚拟环境中。

任何一个虚拟世界都无法代表整体，每个虚拟世界都有着不同的特色与特点。有的地方需要用户佩戴Oculus虚拟现实头盔才能进入，有的则通过电脑的二维平面显示器就可以进去。人们可以通过各种方式与其他参与者见面。这里有微软AltspaceVR推出的BRCvr，也有完全由工程师们自己构建的虚拟世界。此外，火人节虽然没有在《第二人生》设置会场，但《第二人生》里也建起了一座"黑岩城"。

进入虚拟世界，用户就能看到许多由志愿者和艺术家们创造的三维雕塑和装置艺术展品，还能看到"火人"们围绕在四周，或是聊天，或是随着音乐翩翩起舞。各个虚拟世界都以自己的方式打造出了虚拟化身和营地，它们还根据火人节的日程安排举办了"燃烧火人"（Man Burn）和"燃烧神殿"（Temple Burn）活动。

就这样，元宇宙使那些无法在线下聚集的"火人"有机会去追求全新的想象力，在丰富世界观多样性的方面也发挥了重要作用。当然，无论在体验的深入程度方面，还是在令人惊喜的机缘巧合方面，线上火人节都有不足之处。呼吸着粗粝的空气，感受大漠飞沙，大自然带来无法言喻的惊喜赞叹之美，这些都是人们不可能在线上感受到的。不仅如此，"火人"

与"火人"相遇后产生的奇妙化学反应，以及开放的世界带给人们的开放包容之心，这些都是难以在虚拟世界中实现的。

由此，在元宇宙中举办火人节本身就是有意义的。因为在火人节中，区块链、虚拟现实、人工智能和认知科学等尖端技术都做了实验，也体验到了下一步将何去何从。即使在新冠疫情结束后，人们也会再次聚集在那片沙漠中。他们分散在世界各处，同时也能在那片沙漠中开启通往虚拟世界的门。消除现实与虚拟世界之间的疆界，开始一场新的实验，去尝试创造一个更加宏大的元宇宙。

12

微软发布Mesh的原因

推出增强现实设备HoloLens后，微软在很长时间里将增强现实视为运算的未来发展方向，并投入了大量的资金和精力，以期主导相关市场。尽管如此，建立一个能让硬件与操作系统、平台与开发者社群之间实现垂直化、有机化运营的生态系统并非易事，因此这一项目迟迟没有进展。此外，HoloLens的硬件性能和用户体验都尚待改进，生态系统的扩张也遭遇难题。虽然微软推出了改进后的HoloLens 2，但这仍是一款存在诸多局限的产品。

微软每年都会举办多场与技术相关的研讨会和活动，其中众多开发者都会参与的是以技术为中心的微软技术大会。像其他活动一样，2021年微软技术大会也在线上举办。在微软将业务重心转移到云服务后，此次大会展现出了公司在拓展云服务领域方面的意图，以及构建更庞大生态系统的愿景和方向。此次活动中最亮眼的部分便是混合现实云平台Mesh。

微软的混合现实技术研究员亚历克斯·基普曼与萨提亚·纳德拉（Satya Nadella）曾共同就"微软对混合现实未来的展望"（Microsoft's vision for the future of Mixed Reality）这一主题展开谈话。由此可以看出，微软认为元宇宙是一个巨大的机遇，值得赌上云技术的未来。

Azure是一个能解决多设备环境带来的问题的云平台，而Mesh平台则建立在Azure之上。它可以实现HoloLens等增强现实设备、Oculus等虚拟现实设备、智能手机及个人电脑等各种设备的实时同步，其核心功能在于能让身处不同位置、拥有不同体验的用户在相同的虚拟空间内实现无缝互动。在主旨演讲中，一名参与者通过Oculus Quest设备在AltspaceVR中以虚拟化身连线，而亚历克斯则佩戴着HoloLens 2通过三维捕捉技术进行演示。演讲者将他们同时展现在画面中，以此证明混合现实势必成为今后日常生活中最常见的技术。

作为惊喜嘉宾登场的詹姆斯·卡梅隆（James Cameron）讲述了自己长久以来的感受，他认为虚拟现实具有"讲故事"的力量和影响力。由此，我们可以大胆推断，他在电影《阿凡达》中描绘的世界或许就是元宇

宙在他心目中的样子。

Niantic实验室的约翰·汉克展示了增强现实优化后的用户体验带来的协作成果，并请太阳马戏团的盖伊·拉里伯特（Guy Laliberté）展示了可通过门户登录的全新娱乐平台所带来的可能性。这些演示让人们看到了微软对未来的计划，即通过增强现实和拓展空间，它将为用户带来内容更丰富的故事和层次感更丰富的体验。

经历新冠疫情后，线上协作已经成为一种新常态。为此，微软在其收购的虚拟世界社交平台AltspaceVR中加入了企业功能，并将协作工具

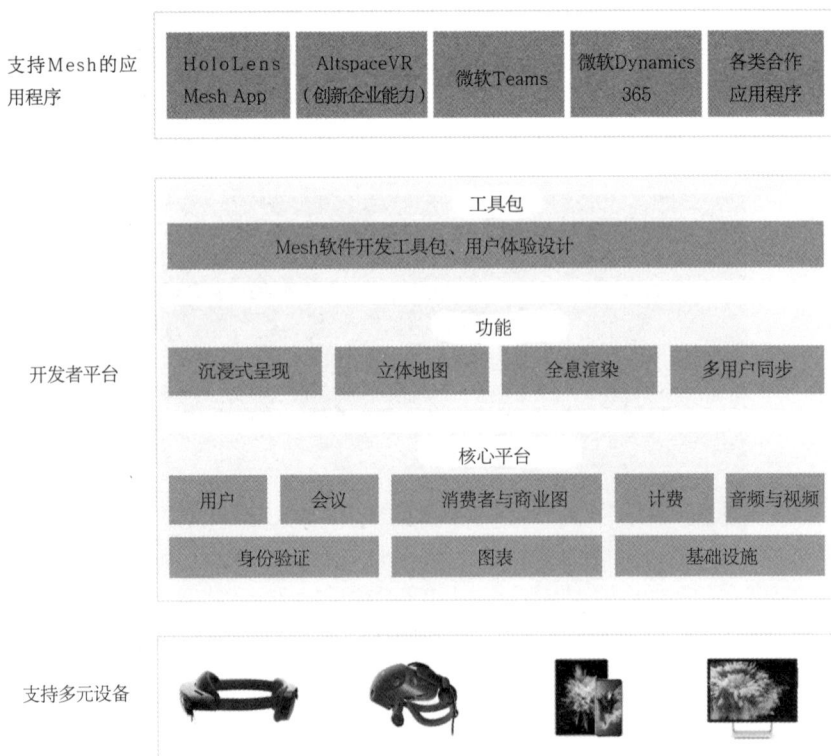

支持Mesh的应用程序	HoloLens Mesh App	AltspaceVR（创新企业能力）	微软Teams	微软Dynamics 365	各类合作应用程序

开发者平台	工具包
	Mesh软件开发工具包、用户体验设计
	功能
	沉浸式呈现　立体地图　全息渲染　多用户同步
	核心平台
	用户　会议　消费者与商业图　计费　音频与视频
	身份验证　图表　基础设施

支持多元设备

Teams[①]与企业资源计划及客户关系管理解决方案Dynamics 365进行了整合。微软已经开始布局在元宇宙中开疆拓土，并试图将Azure的覆盖范围扩展到最大。

在目前的虚拟现实环境中，即使只是共享一个统一资源定位器（URL），复制和登录链接的操作都十分烦琐不便。若能实现对不同环境的灵活整合，就能使该项技术被更快地接受和推广。同时，若能博采众家之长，效率和生产率也将得到极大提高。微软有一个扩张业务领域的庞大计划，它希望能通过Mesh平台实现元宇宙与现实世界的联动和商务活动。用户如何置身于一个富有沉浸感与真实感的虚拟空间之中，空间与位置的信息，三维空间的呈现与投影，多用户之间的无延迟同步……我们可以谨慎预测，曾在个人电脑市场呼风唤雨的微软不但会牢牢掌控自身在云服务领域的支配地位，更要将元宇宙纳入自己的未来版图。

---

① 　编者注：Teams是微软365中的团队群聊与协作工具，在其中，用户可以同步共享文档，并发起语音、视频会议。

13

全数字2021年国际消费类电子产品展览会与"西南偏南"之间的差别

　　每年1月初，数千家企业都会汇聚于美国拉斯维加斯，分享那些将在本年度引领变革的技术和战略级的产品及服务。这便是世界上最大的展会——国际消费类电子产品展览会。

　　每年都有近20万名观众来到展会现场，在一周的时间内，拉斯维加斯境内各处都将举行展览和研讨会。展会紧跟时代的变化，邀请众多车企参展，规模不亚于一场车展。各家车企展示着自己的电动汽车和自动驾驶技术，让人们看到汽车变成一种电子产品将是未来大势所趋。此外，参会者还能看到更大更清晰的显示器，具有革命性的创新产品，更智能、更便利的家电。就算是每天要走上几万步，人们也要来现场瞧一瞧。由于场地太过巨大，短短几天时间根本不足以让大部分观众将展会内容全部看完。仅仅一次国际消费类电子产品展览会，其创造的经济规模和效益已经十分惊人。

然而，影响力如此巨大又如此受人关注的国际消费类电子产品展览会却没能在2021年以线下的方式举办。新冠疫情已肆虐一年有余却迟迟不散。人们依然无法聚集和旅行，于是主办方美国消费技术协会（Consumer Technology Association）决定以全数字（All Digital）的方式举办国际消费类电子产品展览会。此前从未有过相关尝试，主办方唯一的办法就是与微软合作，在Teams上举行活动。不过，基于线上活动的特点，活动只能以研讨会为主，而原本作为展会主要功能的展览和发展人脉关系只能走个过场。

原本在国际消费类电子产品展览会期间，大部分参会者都不会把关注点放在研讨会上，而是将更多时间用于现场观展和参与产品体验的环节，并通过到各个展位与专家和负责人交流问答了解本年度的技术发展方向和产业动态。而这些部分几乎都是难以在线上实现的。

最终，活动以票房惨败收场，引起的关注度和话题度也大不如前。美国消费技术协会主席加里·夏皮罗（Gary Shapiro）曾在活动的最后强调了几次，2022年国际消费类电子产品展览会必须在拉斯维加斯的线下现场举办。不过，他承认自己也对线上活动面临的限制和困难充分地感同身受。

导致线上国际消费类电子产品展览会以失败告终的原因很多，其中最重要的一点就是人们忽略了一个事实：展览与发展人脉关系本质上都是建立在空间的基础上的。在现实空间中举办活动，规模够大，现场也有氛围，人与人的互动迸发出活力与热情。而国际消费类电子产品展览会被搬到线上后，这些都不复存在。感受活动的方法只剩下单向信息和有气无力的点击。虽然参与活动的方式变得更简单了，所需要的费用和时间也更少，但人们在线上活动中停留的时长也变短了。人们快速浏览过自己想看的内容后就够了，仅仅通过介绍性演讲的内容来管窥蠡测地看待整个活动，实属憾事。

从筹备阶段开始，主办方就宣布本次活动不会使用增强现实或虚拟现实技术，因此整场活动十分单调，结束后留下的也只是一场未完成的挑战产生的"经验值"。活动结束后，人们发现在整个活动中几乎未能开启任何全新的交流，也没能拓展新人脉，只有收件箱里堆满了各种营销邮件。

"西南偏南"是每年3月在美国得克萨斯州奥斯汀举办的文化庆典。它是一个有着数十年历史的大型活动，每年都会有数十万参加者造访奥斯汀，他们针对技术、艺术、音乐、电影和教育领域的各种宏大主题展开讨论，同时还会举办演出和电影节。在广大的地域上，他们同时举行着各种丰富多彩的活动。Twitter和Foursquare[①]也曾在这里发布新服务，引起了巨大的关注度。令人记忆犹新的是，在2020年几乎所有活动都因新冠疫情而取消的情况下，"西南偏南"依然坚持在现场举办，结果主办方却在活动开始前一周时宣布活动取消，这导致主办方不得不支付大笔的机票和酒店退订手续费。

2021年的"西南偏南"则早早宣布将在线上举办，并且花费了大量时间和精力准备活动。得知国际消费类电子产品展览会的线上活动举办得并不顺利后，主办方在筹办时也投入了更多的心力。研讨会和演出通过线上流媒体进行了直播，主办方还与Swapcard[②]平台合作搭建了活动网站，以弥补线上人脉关系互动和展览的不足之处。本次活动名为"扩展现实"，它的主题覆盖了多项议题。大会还提供了富有沉浸感的体验，人们可以通

---

① 编者注：Foursquare是一家基于用户地理位置信息的手机服务网站，它鼓励手机用户与他人分享自己当前所在的地理位置信息。根据用户现场分享位置的次数，商家会给予一定折扣。
② 编者注：Swapcard成立于2013年，是人工智能活动和对接平台。

过虚拟影院程序（Virtual Cinema Program）在VRroom商店中下载并欣赏电影竞赛和焦点节目。

　　VRChat[①]内也搭建了"西南偏南"的虚拟活动现场。参会者可拓展彼此之间的人脉关系，可以观看展览和演出，线上环境中相对薄弱的互动感和临场感得到了强化，算得上一次全新的尝试。这里提到的"临场感"指的是人在身处某个虚拟空间时感知到自己融入其中的感觉，这与人们常说的"现场感"存在一定的区别。

"西南偏南"

图片来源：xrmust.com（下图）[4]

---

① 译者注：VRChat是一款由格雷厄姆·盖洛（Graham Gaylor）和杰西·荷德瑞（Jesse Joudrey）开发的免费大型多人线上虚拟现实游戏。

从结论上来看，"西南偏南"创造了两项成果。

（1）作为一个以内容、电影、艺术、展览和音乐等为主题的活动，在新冠肆虐的大背景下，它对全新媒体和线上环境进行了多样化的实验，并为人们提供体验这些尝试的机会，最终结果是让人们对未来共同前进的方向产生了认同。

（2）原本枯燥乏味的线上活动也可以变得丰富多彩，充满互动性。有了这次经验之后，本次互动也可以作为今后的一个参考标准，让人们看到数字技术与各个领域相结合后创造出的各种可能性。当然，本次活动还存在很多不完善、不成熟之处，但当人们认识到这一点之后，就会有人提出进一步改善和解决问题的议题，这个过程和结果都有非凡的意义。

14

ZOOM能成为元宇宙吗?

说到新冠疫情期间实现了最大幅度成长的服务,毫无疑问非Zoom莫属。即使无法出差、上学或上班,人们还是可以在Zoom上开会、上课。全世界所有国家都面临着相似的处境:人们无法出门,只能在家里处理很多事情,于是家就成了新的办公室、教室和健身房。

好在人们早已通过互联网连接在一起,所以即使是在疫情期间,我们也可以实现彼此间的沟通交流,维持日常生活。以Zoom为首的众多视频会议服务、在线会议服务和协作工具纷纷出现,人们的工作、学习和日常行为的方式都在发生着变化。

Zoom在新冠疫情暴发中表现出了惊人的增长趋势,其增长曲线几近垂直。其市值不但超过了美国七大航空公司市值的总和,甚至曾破纪录地在市值上超越了传统IT霸主IBM。随着新冠疫苗面世,经济社会显现出恢复正常的迹象,Zoom的发展速度也逐渐放缓,但Zoom已经收获了超过3亿用户的喜爱，成了他们生活中不可或缺的一部分。

　　虽然除Zoom之外还有Skype、谷歌Meets、微软Teams和思科网迅（Webex）等一众视频会议软件，但唯独Zoom成功吸引了众多用户，实现了快速成长，至今还深受用户喜爱。这一切都是有原因的。其实，就像现有的增强现实和虚拟现实等企业无论成功还是失败都有其背后原因一样，问题的核心就在于企业是否具备某种能让用户选择自己的价值，而Zoom在这方面则显得更特殊一些。

　　当人们需要沟通和开会时，那时的选项并非只有Zoom一个。而Zoom之所以获得青睐，是因为它能为用户提供40分钟无限制的沟通，具有一定的开放性。用户无须付费，他们只需要简单注册一个会员即可主持召开一场会议。而且系统不会强制用户填写信用卡信息，甚至还允许用户免费召开100人以内的会议。当参会者超过人数时，也只需要由主持人自己按需付费，其他参会者则可以不受时间限制，自由自在地参与线上聚会。即使不安装Zoom客户端，用户也可使用基本功能。无论用户的硬件设备是智能手机、Windows电脑还是苹果电脑，他们都可以顺利完成连线。

　　任何一个服务平台都应该具备这些基本条件。这也与火人节追求的"极度包容"的价值不谋而合。Zoom提供了一个没有歧视，任何人都可以轻松连线并沟通交流的方法。虽然其他公司也后知后觉地开放了免费时间，并实现了对各种设备的支持，但此时用户们早已习惯了使用Zoom，这些改变远远无法让用户转移阵地。相同的原理在元宇宙中也同样适用。

　　成功的服务都有着类似的基本条件。Facebook对设备或浏览器没有特别的要求，而最近兴起的Spatial虚拟空间协作应用也同样支持所有的设备和浏览器。让用户能轻松地以自己偏好的或手头现有的方式进入相同的空间，这一点对一个创造连接的平台来说无比重要。因为这决定了新用户在他人的邀请下第一次登录时会面临多高的门槛，而对要筹备并且主持会议或活动的用户来说，这也关系到他们要从哪里着手去做。

不过，这并非全部。下一步更重要的是本质价值。作为一款视频会议工具，其本质价值在于用户沟通和开会时能有多大的便利性和流畅感。Zoom的会议主持人拥有强大的权限，可以随时指定若干名共同主持人以保证会议能顺利进行，共享屏幕和资料也非常容易。会议过程中，主持人可以轻松对参会者进行控制并与之沟通，也可以很方便地指定发言者、管理参会人员。如有必要，用户还可对会议内容进行录制和分享。这些方便的功能保障了Zoom上的大部分会议都能顺利进行。

谷歌Meets虽然免费，但它缺少审核和主持功能；思科的网迅易用度偏低，在细节方面也有诸多不足。网迅很难指定共同主持人，主持人的人数也有限制。此外，它还存在无法录屏和难以管理参会者等问题。

元宇宙服务也要能做到最基本的这几点：要保证人们为了某个目的而聚在一起时能有若干负责主持和运营的主体；在会议进行过程中要能进行各种管理和控制。让参会者能够方便地聚集、沟通和交流是这类服务最基本的功能，开发者必须尽己所能，确保这些功能的顺利实现。特别是要使用可穿戴装备或其他设备时，用户要做的还会多出一两个步骤，这部分可能会成为更高的准入门槛。在一个允许任何人自由进入的场域里，如果有管理员，人们带着何种目的来到这里都必然会留下痕迹。想要让这个空间变得方便，持续得更长久，开发者就必须营造出一个允许运营人员进行各种细微调整的环境。

不仅如此，Zoom还提供了多种多样的功能，以满足用户的渴望和需求。大部分在自家或其他私人空间中使用的视频会议系统因其自身特性必然会让家中的一部分作为背景暴露在画面中。有些用户对此很在意，于是不得不提前打扫房间，或者为找到一个干净的背景环境大费周章。Zoom却通过提供虚拟背景解决了这个问题。用户不必再担心家中的情况被外人看到，反而还能用这个功能把背景换成一张好看的照片以营造气氛，或是制作一张与活动有关的背景图片，让自己仿佛坐在拍照区前……诸如此类的做法越来越多。

Zoom还引入了图像处理人工智能算法，可以为参会者的脸部加滤镜，或是添加虚拟的墨镜或帽子等装饰物，通过各种功能和表现方式让人们的脸变得更好看。用户们不再需要将时间浪费在化妆或剃须等琐事上，从而可以更加专注于准备和参与会议。

其他的视频会议工具至今未能实现Zoom的画面处理功能。即使它们实现了部分功能，其平台也存在着许多限制。思科的网迅将用户上传的虚拟背景数量限制在三个以内，依然非常不便，同时缺少画面处理功能，用户的痣、斑痕和肤色问题都真实地暴露在镜头前，无法达到令用户满意的效果，因此很多用户都只能不情不愿地使用网迅。Zoom在初期曾因隐私安全事故而使形象受损，这导致很多企业和公共机构拒绝使用Zoom。如果没有这些争议，Zoom必将获得更多用户的青睐。

在元宇宙中，人们面对面交流也是一项重要的功能。因此，拥有强大的功能让参会者看起来更好看，这对一款服务来说至关重要。像我但比我更好看的虚拟化身，虽不是我但却是我梦想中要成为的那种虚拟化身，承载着"我之为我"的个人虚拟空间，在共享社群中我的等级和实力值……这些本身都比使用Zoom更为重要，而它们也可能被扩展到更多元的光谱中去。

最后，Zoom还提供各种与用户目的和用户规模相匹配的社群功能。当所有人都聚在一起讲话时，如果需要以小组为单位进行更有深度的讨论，主持人可以自动分组或手动分组。根据不同目的，小组形态与组成人员都是可变的，Zoom的强大功能保证了灵活调配。例如，原本500人一起参会，主持人只要点击几下即可将所有人分成50个10人小组，还可以设定30分钟后让所有人自动回到主会场。思科的网迅在一年后才实现这一功能，但由于其稳定性较低，经常会系统报错。

从这个角度来看，虚拟世界本身灵活多变，适用于各种与社群特性相匹配的虚拟环境，因此它几乎不会受到现实世界中的那些制约。但由于呈现虚拟世界需要强大的运算能力，目前还会出现同时参与人数受限、用户难以共享同一空间等问题。

Zoom的功能如此强大，又坐拥3亿用户，那么它未来能否进化为元宇宙呢？且不论Zoom是否有雄心壮志超越社群网络进化为元宇宙，仅从目前来看，它还没能从一个纯粹的视频会议工具进化为协作工具，因此现在预测似乎为时尚早。即便如此，Zoom进化为元宇宙的潜力和可能性都要远远大于其他平台。登录Zoom的瞬间，人们无论身在何方，都与其他人一起来到了这个名叫"Zoom"的空间里。人们可以一边看着二维平面上别人的脸一边交谈闲聊，或是一起看着发言者的图像，侧耳倾听或提出问题。在数字技术连接起来的各个地方，身处真实世界的"我"也能参与其中，整个世界也可能被扩张为一个社交网络。

如果Zoom像社交软件Clubhouse那样建立起一个所有人都可以驻足或自由徘徊的空间，空间内部的性质不再仅仅局限于开会这一项活动，而是能够让人们持续交流，成为彼此的朋友，参加其他活动并由此产生连接性，那么它才算是满足了成为元宇宙的第一个条件。

当然，Zoom不一定非要进化成元宇宙不可。像现在这样守住其作为在线视频会议工具的核心价值，或许它也能实现可持续发展。但用户们的需求和对用户体验的渴望将不断变大、不断进化，而随时都可能出现一款能为用户提供全新体验，用起来也更方便的新服务，对Zoom取而代之。因此，我们不妨想象一下在Zoom成了元宇宙后，我们在其中开会、工作，并与各种各样的人交流的情景，对它保留一份期待。

第六章

元宇宙的核心技术与必须克服的技术课题

通过向人的左右眼展示有细微差别的图片，人们制作出了三维影像。图片在一秒内变化72次即可成为动态图像。而只要三维影像的每个画面都达到2K分辨率，画面就能呈现出人类视觉极限内最清晰的状态。技术再进一步，如果人能够用小小的耳机听到数字立体声，那么动态的三维影像就将完美地拥有如同现实般真实的音轨。那么阿弘就不会仅存在于现在这个世界，他将进入一个由计算机创建，并由他的眼镜和耳机维持运行的虚拟世界。用计算机术语来说，那是一个被称为"元宇宙"的世界。

在尼尔·斯蒂芬森的小说《雪崩》中，作者提出了由计算机连接的每帧画面达到2K分辨率的眼镜和立体声耳机，并以此制作出数字立体影像进入虚拟世界的构想。三十余年过去了，这一构想在今天依旧适用。目前我们使用的头戴式设备每帧可以达到2K分辨率，而只有高端版本才能达到4K分辨率。要想将小说和电影中所描绘的世界变为现实，我们还需要投入大量的时间和精力，因为需要改进的技术因素还有很多，目前还存在许多需要从操作性能的层面解决的争议和问题。但即便如此，大方向是不变的。元宇宙仍旧不断实现着更高浓度的和更深的沉浸感。现实世界和虚拟世界的边界正在被打破，或者变得模糊不清，我们正面向这样的未来前行。而能使这一切变为可能的技术此时此刻也在不断地进化着。

为了跨越式地迈进元宇宙时代，我们需要逐一探寻以下几个课题：技术的发展方向，当前的发展进程，以及当核心技术汇聚在一起时，我们是否能够开启一个崭新的元宇宙时代。

01

传感器

感觉器官所包含的几种感觉是输入技术的基础。传感器是一种检测装置，它能模仿人类五感中的视觉、听觉、触觉、味觉和嗅觉以采集被检测信息，并按照一定规律将其转换成电信号输出给数字世界。除了模仿五感的传感器，人类还发明了四百多种不同的传感器，用以检测环境与场景的变化，解读他人的行动和想法。

图像传感器模仿人类视觉采集视觉信息，话筒可采集听觉信息中的音频信号，化学传感器可采集嗅觉和味觉信息。相机是应用了图像传感器的代表性设备，被人们用来拍摄照片和视频，但相机作为一款图像传感器能够分析视觉可见的所有图像，帮助人们了解周围的环境。像红外景深传感器和激光雷达这样的飞行时间传感器能够使用传感器发射上百个光线或激光，然后利用光被反弹和返回的时间精确地测算出物体的形状、位置和距离，即使在黑暗中，它们也能迅速掌握环境信息。这种传感器主要应用于自动驾驶机器人和自动驾驶汽车，最近也被应用于智能手机中的三维扫描仪功能。

传感器能够采集并测算人类的感觉器官所感受不到的信息。气体传感器能够测算空气中一氧化碳和二氧化碳等各种物质的浓度，光电传感器可以通过测量光线来检测水和空气中的颗粒物浓度。另外还有能够测算温度、气压、湿度、水的酸碱度和溶解氧含量的传感器。包括测量血糖和胆固醇的酶传感器、检测微生物的传感器和免疫传感器在内的生物传感器，能够检测出身体变化，并被应用于生物制药产业。

人们使用的智能手机中有二十多种传感器，包括能够根据所处环境的光线亮度来调节屏幕亮度的照度传感器、在人脸贴近手机时将屏幕锁定的接近传感器、能够感知方向的电子罗盘、通过接收卫星信号来测定位置的全球定位系统，以及能够识别指纹的扫描设备和识别人的手部的触控传感器。

传感器还能够精准识别并传递人们想要输出的信息。脱落传感器和加速度传感器能够通过采集人的动作、活动和振动频次等信息来判断使用者每日行走了多少步，是否正在跑步，以及是否正在乘坐公交车，通过分析活动和振动的频次来实时监测人的情况。

同样的技术还体现在控制器的设计中，控制器能够精准地感知上、下、前、后、左、右六个方向的活动。电视遥控器和游戏手柄也都使用了这一技术。控制器中还会加入红外线传感器以识别用户输入的信息和测定距离。控制器还可以通过摄像头实现手势追踪技术，以采集用户手部动作和手指活动。控制器还可以利用传感器监测到的脑电图和肌收缩的数值来精准调节控制器活动的幅度。

利用传感器我们还可以实现声控技术，麦克风将声音转化为数字信号，然后便可识别声音中包含的信息。此外，传感器可以成为通过摄像头识别眼球活动的定点设备，也可以像鼠标和键盘一样成为接收输入信息的定点设备和雷达收发设备。传感器是人类与电脑间的桥梁，它利用各种方式将人们的想法命令传递给电脑。

传感器技术至关重要的第一个原因是：它是元宇宙中能够与电脑发生交互的输入设备。传感器通过相机感知周围环境，追踪用户手部与身体的动作，它会将用户的表情、身体动作和活动原封不动地传递给虚拟世界，虚拟化身便可以像现实中的真人一样感知和表达。

传感器技术至关重要的第二个原因是：只有让用户的实时动作，诸如眼睛的方向、头部活动和位置等与虚拟世界的场景完全同步，才能使用户感受到沉浸感和现实感，同时这也是为了精准地调节控制器输入的信息和用户的想法。只有让虚拟化身与用户的动作、用户所感知的音画完全同步，才能让用户难以分清现实和虚拟的边界。

02
光学与屏幕

现实世界是眼睛看见的世界，而虚拟世界是借助眼睛呈现出的世界。因此在现实世界中图像传感器很重要，而在虚拟世界中屏幕更重要。因此影响用户体验的关键因素就是真实性与即时性，换句话说，关键在于人们透过屏幕看到的世界是否真实，是否能够自然地、实时地呈现用户的操作。

尤为重要的是，要想使虚拟现实头盔和增强现实眼镜中的虚拟世界与普通电视屏幕呈现的画面不同，既要逼真地还原现实世界，又要呈现清晰且生动的画面，那么我们就要使用最尖端的光学技术。每个人的眼睛都不同，比如度数不同，眼睛焦距不同，每个人对于细微的动作所感受到的眩晕程度也不同，因此找到光学结构设计的最佳方案是个极大的挑战。另外还有许多问题亟待解决，比如视场大小、凸透镜片的大小、画质、亮度和焦点深度等。

目前，头戴设备Oculus Quest 1使用的有机发光二极管显示器与头戴设备Oculus Quest 2使用的液晶显示屏的使用最为广泛，微型投影仪中所使用的硅基液晶显示器也被使用在部分虚拟现实头盔中。而被使用于虚拟现实和增强现实头戴设备中的屏幕因其体积小、分辨率高的特点被称为微显示技术（Micro display）。

目前Pimax品牌虚拟现实头盔的分辨率最高能达到4K，有人提出如果要呈现更加具有沉浸感的视频需要将其分辨率提升至8K[1]，但如果回顾一下电视和手机屏幕的发展过程，我们就会发现当前无法断言屏幕分辨率能够发展到什么程度。但可以确定的是，屏幕分辨率必将再次进化。而从经济平衡的角度来看，只有计算机运算能力和能够适配高分辨率屏幕的虚拟现实内容也得到发展，才能孕育出更大的市场。

相比于屏幕，光学界的重要议题得到改善的可能性更大。比如大部分虚拟现实头盔的视场终将从当前的110度拓宽至220度，然而人类单眼视场是60度，双眼大概在120度左右，因此拥有110度视场的虚拟现实头盔将会被大众化。目前大部分增强现实眼镜的视场只达到了50度，尽管我们已经开发出了拥有90度视场的试验性产品，但在室外使用时，这一产品仍然存在清晰度下降和可视性变差的问题。

---

[1]　译者注：根据作者说法目前尚未出现8K头盔，但根据最新报道，Pimax已于2019年发布了8K头盔。

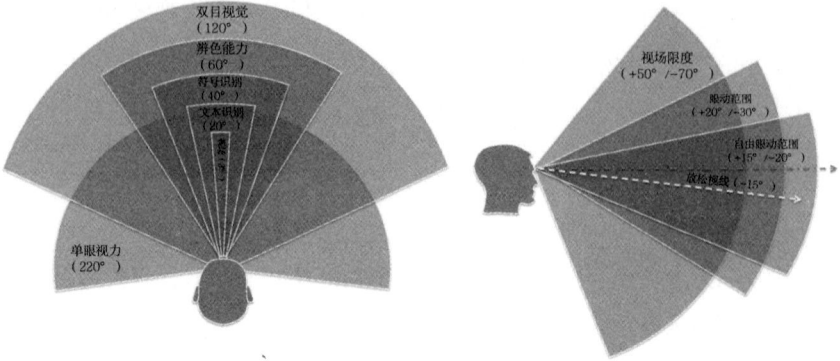

图片来源：electrooptics.com[1]

　　与此同时，要想将虚拟内容自然地投射到用户透过透明镜片看到的物理世界，并实时地将用户的动作呈现在屏幕中，我们仍需解决许多问题。为此，我们需要发展光波导技术、短焦距透镜技术、焦点移动技术和视线追踪技术等各种技术，那么苹果公司和Facebook公司才有可能尽快开发出能够配合用户所处环境产生变化的最佳增强现实眼镜产品。

03
立体声

双耳能够判断声音的方向来源，确定声源的位置，人们利用这一特性研究的立体声技术已经发展了很长一段时间。人们可以使用两个扬声器听到多声道立体声，使用苹果公司的主动降噪蓝牙耳机听到具有立体感的音乐。尽管我在第四章已经用《高度忠诚》的例子介绍过立体声的重要性，但在这一章我依然要强调营造沉浸感和临场感的核心要素就是要将用户的动作和视线的方向等实时呈现在屏幕中，以给用户带来身临其境的体验感。

固定视点的虚拟现实视频可以通过录制好的音源充分营造出临场感；但移动视点的虚拟现实的内容播放的仅是模拟音源，因此目前很难有所发展。目前有各种各样的相关研发正在进行中，这能创造出用户无法在现场感受到的效果。

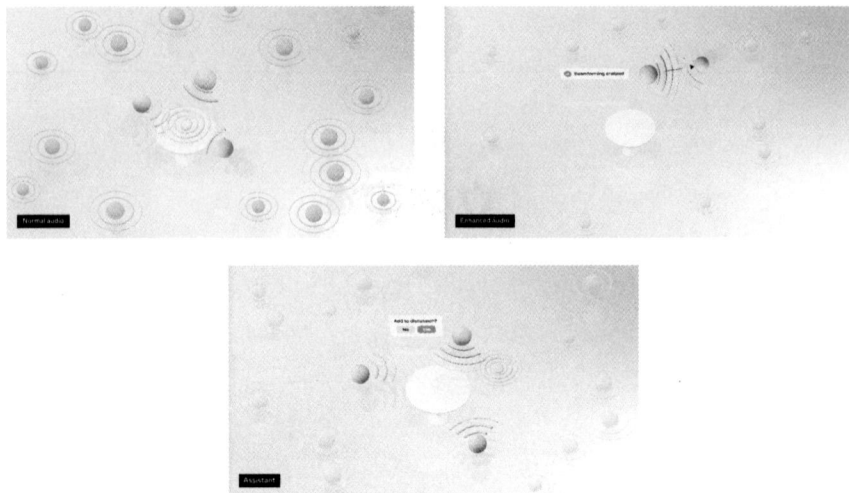

图片来源：facebook.com[2]

比如Facebook公司在Facebook开发者大会中发布了改良后的音频增强现实技术（Enhanced Audio Propagation），这个技术在现场便可以消除环境音，也可以通过波束成形技术（Beamforming）让用户与期望对话的人对话，它还可以实现只允许用户听见坐在同一张桌前的人的声音的效果，甚至能让远程登录的人参与到聊天中。

可以预见，在立体声和立体声技术，以及虚拟现实设备和产品资源的共同发展之下，未来我们将会迎来一次跳跃式的发展。

04

摄像头与雷达

头戴设备Oculus Quest搭载了四个摄像头，其中两个配合控制器运作，而另外两个支持追踪物理空间和手势。HTC Vive配备了六个摄像头，以识别正面和侧面的空间，其前置摄像头可查看并拍摄现实环境里的场景。此外，其外部摄像头可对用户的动作进行捕捉，以此实现对多用户和全身的追踪。

虚拟现实设备中的摄像头除了追踪空间和手势之外，全新升级的VRChat游戏还可以通过Oculus Quest的四个摄像头和脱落传感器、加速度传感器实现全身追踪技术。下一步它将配备可识别用户视线和表情的内置摄像头以实现用户面部追踪，从而真实地模拟用户的表情和视线的移动轨迹。再进一步，虚拟现实设备还有可能感知用户的感情和反应，这可以被应用于数字医疗领域和远程会议中。

增强现实眼镜的摄像头主要用来识别外部环境和增强现实建图，还可以用来拍摄照片和视频。由于设备的功能过于强大，这导致在移动场景中使用增强现实眼镜时可能出现隐私问题，这就限制了眼镜的使用和推广。因此我们必须开发摄像头采集技术，有区别地对人和物体的信息进行建图和分析，当前有许多从各个角度展开的相关研究。

苹果公司正在开发在尽量不触碰用户隐私的情况下，通过雷达快速对环境进行建图和分析的技术。Facebook公司正在推进的Aria研究计划将和虚拟现实设备一样在自身内部安装摄像头，以实现用户眼动追踪。高通发布了骁龙XR2平台，这是一个融入了增强现实和虚拟现实的平台，从其基本配置来看，它最多支持七路摄像头并行，还可适配更多类型的摄像头，以被应用在更广泛的领域。

05

Unity和虚拟引擎

　　图形引擎可以将虚拟世界和虚拟现实以三维立体的方式呈现，而游戏产业市场中长久以来在此领域展开拉锯战的两个产品分别是Unity公司的Unity 3D和英佩游戏的虚拟引擎（Unreal Engine）。要想将现实中的光线、影子和纹理等真实呈现到虚拟内容中，渲染是至关重要的一环，再配合编程语言便可打造颇具真实感与现实感的视频与内容。英佩游戏发布的数字人就是以虚拟引擎为基础开发的。

　　Unity公司的市场占有率要远高于英佩游戏，但两者各有优劣[1]，因此这场拉锯战预计还将持续下去。[2]从很久前开始，游戏业界就存在利用这两款引擎开发三维游戏的开发者社区。同时，像Oculus公司和HTC公司这种"大专业平台"提供了更容易进行开发的环境，这也使得该领域和这两个企业将得到可持续发展。

　　上述两个平台提供了易学、易开发的环境，以及可反复使用的三维模型库和数以万计的资源，将来即便是非专业的普通人也可以轻松地进行内容生产。与此同时，英伟达和超威半导体公司开发的图形处理器也将成为元宇宙产业的重要一环。

06
界面与用户体验

增强现实和虚拟现实是全新的计算环境，同时也是需要建立新的用户体验的领域。目前该领域之所以还未出现成体系的成功经验，是因为用户还未完全适应新的界面环境。

只有设备远远不够，还需要设计叮适配新的供应商和用法的用户体验和界面。回顾手机普的过程，电容式触控屏和用户体验说明书改变了人们的习惯，继而使手机变得大众化。而这也是增强现实和虚拟现实领域的必经之路。Facebook旗下的Oculus公司也正在着力开发界面和用户体验，为此需要持续开发和升级多个配套技术，比如控制器、手势追踪、仪表板和个人空间。

值得注意的是，Oculus公司正在积极地开发研究多模态接口（Multi-modal Interface）。多模态指的是针对触控、手势、声音、摄像头采集的技术，眼动追踪，支持虚拟键盘、脑电波等多种技术，在对上述技术进行开发支援的同时，Oculus公司还利用多种感知方式设计更为细致、直观的用户体验。虚拟现实可在相对有限的空间里使用，只要用户小幅度移动便可使用配套软件，这对空间要求不高，因此可以借鉴许多计算机用户的使用经验。而增强现实可在更大的空间内使用，也具有日常用品的使用性，但这个特点也限制了它的发展。

尽管苹果公司正在开发增强现实眼镜的传闻已经是公开的事实，但是产品发布的时间大概率会远超出人们的预期。因为苹果公司是最重视界面和用户体验的公司。就目前为止苹果公司已经发布的产品来推论，要想开发出成熟的界面和适配用户体验的增强现实眼镜，它还需要投入大量时间和努力。可以确定的是，不久的将来，苹果公司将积极收购相关企业，同时其内部团队会优先开发增强现实眼镜。

07

可穿戴设备的限制

虚拟现实头盔和增强现实眼镜都属于穿戴在身上的、可移动的可穿戴设备。限制可穿戴设备拓展市场的最大障碍就是穿戴时的不适感。人们在适应一件不熟悉的东西之前，需要一些忍耐时间。

然而人们给予可穿戴设备的这份忍耐是有价值的吗？如果可穿戴设备无法产生与这份忍耐同等的价值，那么它就不会被人们选择，即使被选择也不会长久。比如很多人把叫作活动追踪器或是智能手表的设备放进抽屉中并就此遗忘。而苹果手表成功打破了这一限制，因为它掌握了可穿戴设备应有的两大价值。

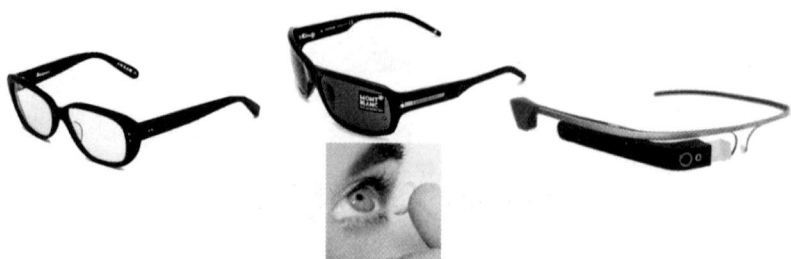

第一个价值：打破不适，培养用户习惯或具有不可替代的本质功能

戴眼镜的人中一定有人曾经有过戴着眼镜洗脸的经历。不戴眼镜的人可能不相信，眼镜戴得久了似乎就成了身体的一部分，让人感受不到它的存在。你还记得第一次戴眼镜的经历吗？非常不舒服吧，耳朵疼，鼻子疼，眼睛也有点刺痛。

然而眼镜有一个让你能够忍受这些不适的功能，那就是它能让你看清楚这个世界。没有眼镜，视力不好的人就看不清电视，看不清字，而在他们戴上眼镜的那一瞬间世界就会变得无比明亮和清晰。所以即使会让人感到不适，眼镜也还是有它的价值。也就是说，如果有一天你感受不到它的存在，它就已经成了你的习惯。

如同上面说的那样，像眼镜、墨镜还有隐形眼镜，人们戴与不戴它们是能明显感到功能性差异的，助听器也是如此。正是因为这份明显能感受到的功能性差异，人们才会在感到刺眼的时候戴墨镜，滑雪的时候戴滑雪镜，游泳的时候戴泳镜，骑摩托车的时候戴头盔。

从这个角度来讲，虚拟现实头盔已经达到了基本标准，因为人们只要戴上虚拟现实头盔就可以玩虚拟现实游戏或者是沉浸在虚拟现实内容中。这种戴上便能体会到的乐趣让人们很乐意去使用虚拟现实头盔。但是它能否成为人们每天都使用的设备，这又要另当别论了。要培养人们的使用习惯，需要解决的问题还有很多。在这一点上，Facebook就做得很好，他们在努力研究如何培养用户的使用习惯。

苹果手表已经做得很好了。与苹果手机配对的苹果手表可以收到新消息提醒，即使不掏出手机，人们也能在手表上查看重要消息，另外它还有诸多功能，这使它成了人们每天都会使用的产品。用户的充电需求早已大大超出日常使用的最低水平。

相反，增强现实眼镜要想培养用户习惯还需要做许多事情。只是短时间使用增强现实眼镜，根本发挥不了它的原创性功能性。它还需要有更成熟的界面和用户体验，更进一步来说，设计者需要开发出一种无可替代的功能，这种功能带来的价值要提升到足以让人忍受戴增强现实眼镜所带来的不适感，继而培养用户习惯。

第二个价值：秀出自我，而非让用户看见

很多人戴手表是为了看时间。但是对他们来说，手表作为装饰品的价值更大。因为如果消费者只是想要看时间，那么他们很容易就能找到替代品，从而摘下手表。在手机和传呼机出现之前，很多人都戴手表，那时候人们真的用手表来看时间。然而用手机看时间更加方便准确，甚至手机还有提醒功能，这让很多曾经觉得手表不方便的人摘下了手表。所以更准确地说，人们戴手表是为了追求它的时尚价值，实际上手表也会让他们产生不适感，而用手表看时间也只是因为已经戴上它了而已。当然并不是所有

情况都如此。

戴手表的人群有以下两种情况，一种是人们购买或者收到了名表，于是他们便开始戴；而大部分情况是，尽管已经出现了手表的替代品，但由于人们已经养成了戴手表的习惯，因此还是遵从原先的生活节奏继续戴。对养成习惯的这部分人来说，他们已经感受不到手表的存在了。

苹果手表自发布伊始就加持了苹果公司独一无二的、与时尚相关的品牌影响力。人们觉得戴上苹果手表就赶上了时尚潮流，而且他们还会产生一种智能感，这对苹果手表的发展起到了帮助作用。为了走在时尚前端，苹果手表与许多品牌联名发布了各种颜色的配件，以及各种款式的表带。用户可以按照自己的喜好来搭配，搭配完成的手表非常美观、独特。再加上苹果手表的功能性与便捷性，戴它成了许多人的习惯。

很多过去不戴手表的人直接跳过了手表阶段，开始使用苹果手表。尽管谷歌眼镜刚发布的时候也曾短暂流行过，但无论是进化为时尚单品，还是配备更成熟的功能，它都没能实现，于是它便渐渐淡出了人们的视野。

这就跟有着明确的时尚性和功能性的鞋子、帽子、衣服等服饰是同样的道理。服饰与可穿戴设备的本质区别就是属性差异。与可穿戴的智能设备相比，穿在身上的服装的区别是：在千百年的历史中，人们已经解决了培养习惯的问题。当可穿戴设备能够产生上述两种根本价值时，这就证明它正式进入了可被选择的行列。也就是说，如果增强现实眼镜和虚拟现实头盔拥有能够成为"服饰"的根本价值，那么它们就能自然而然地成为人们的习惯，走进人们的生活。

第七章

元宇宙创造的新未来

他们建高楼，建公园，立广告牌。不仅如此，他们还实现了许多现实中无法实现的事情，比如令光束在空中四散的灯光秀，可以无视三维时空法则的特殊地带，还有可以四处搜寻并射杀他人的自由战斗区域等。唯一的区别就是，这些都不是由现实中的物理手段制造的。街区本身就不是真实存在的东西，它们只是写在纸上的电脑特效协约，或者说它们只是通过光纤网络向全世界公开的软件碎片而已。

为了建造这些事物和场景，创建者不仅要获得国际多媒体公约协会联盟的许可，还要做如下准备：购买街区空地，获得地区开发许可，获得各种许可事项，收买检查人员等。企业所投入的街区建设资金将进入信托基金，这些基金将再次被用于维护和扩建街区。

尽管街区是尼尔·斯蒂芬森三十年前在《雪崩》中创造的想象世界，但如今，在元宇宙构建全新的数字经济体系的同时，人类也正在实现和扩张一个没有清晰边界的新世界，这是一个人类不知道终点在哪里、能走到哪里、能做到什么的新世界。

就像渗透到全球各个角落的互联网一样，所有虚拟的东西都可以与现实相连接，并转变为一个具有全新价值的时代。因此当前有必要以我们的标准，用长远的发展目光来展望元宇宙的未来。那不是抽象的未来，而是一个人类触得到、可想象的未来，更是一个令人心潮澎湃的未来。

01

新冠疫情下诞生的C世代

2020年全球爆发新冠疫情，给我们的社会造成了巨大的影响，当前依然有许多人类尚未攻克的难题和挑战。为了阻断病毒传播路径，许多地区被封锁和隔离，在超过一年的时间里人们都在保持社交距离的模式中度过。

过去人们在同一个空间里说说笑笑、吃吃喝喝，自由地生活，而如今我们不知何时才能再次过上那样的生活，未来是不确定的，而出国旅行和出差也不像过去那么容易了。职场人士半强制地开启了居家办公和远程办公模式，学生的大部分课程也都从线下改到了线上。而一年一度的入学典礼和毕业典礼也不在学校举行，校方改用Zoom、网迅、YouTube这种线上的形式。

如今人们不去超市，动动手指就能购买食材，还能用手机办理银行业务。即使不能去饭店吃饭，人们也可以通过外卖吃到更为丰富的食物；

网购取代了百货商场，人们在线上购买衣服和鞋子，甚至购买大部分日用品。

由于不能去电影院和剧场，人们在家看网飞，订阅各种OTT服务[1]，开始在家中摆放大屏幕电视机和大型显示器。清晨，人们不再去健身房，而是选择在家运动或是做瑜伽。周末，人们通过YouTube去想去的地方。一切都在以零接触的、线上的、数码的形式实现和展开，人们生活在一个全新的时代。

尽管数字技术方面的变化、线上的变化、移动设备上的变化等不是由新冠疫情触发的，但新冠疫情前后变化发生的密集度和速度尤为明显。如果没有新冠疫情，人们改变习惯和生活方式至少需要花费十年时间，而如今在半强制的状态之下，仅一年人们就发生了改变，而这种改变依然在持续。即使总结出了发展规律，我们也很难预测未来的走向，但毋庸置疑的是，新冠时代正在创造新的价值观和生活方式。Z世代的下一代人，尤其是2020年开始上小学的这一代人，由于新冠疫情是他们成长经历中的一部分，因此这一代人将成为继金融危机世代[2]和五抛世代[3]之后的另一代人。

他们刚一入学就几乎都在家中上网课，大部分社交生活、课后与同学之间的交流也都在网络上进行。他们还可以一边上课一边看YouTube及浏览网页，他们非常适应Zoom和网迅等远程会议软件，这是通过数字网络来见面和交友的一代人。他们知道不用去公司的父亲居家办公的样子，中午

---

[1] 编者注：OTT服务是Over the Top的缩写，是指互联网公司越过运营商，发展基于开放互联网的各种视频及数据服务业务。

[2] 译者注：金融危机世代指的是韩国20世纪70年代后期到80年代中期出生的人群，他们受惠于金泳三政府时期大量开办的四年制大学，并由此获得高等学历，却又在正式进入社会时经历了经济停滞和1997年亚洲金融危机。

[3] 译者注：五抛世代指的是因为生活艰辛而放弃恋爱、结婚、生育、人际关系和购房的韩国年轻一代。

在家点各式各样的外卖也已经成了常态。

在更多时候，他们和同学在线上见面，在《罗布乐思》、Zepeto、《我的世界》中认识的朋友反而比现实中的还要多，他们是与手机融为一体的一代人。如今，线上和线下像错综复杂的经线和纬线一样难舍难分，而用手机下单，在Facebook上发帖，在Zepeto中将现实中的场所作为背景，再将其拍成照片上传的行为正在我们所生活的世界中发生。

智能手机是能够一直保持联网状态，可以让用户随时保持在线的媒介。从这一代人开始，人们正式进入了无法分清线上和线下的边界和区别的时代。更为准确地说，他们已经没有必要去认识和区分线上、线下的边界了。他们就是新冠世代，或者说C世代。

C世代在元宇宙这一虚拟空间中的停留时间很有可能长于他们在线下的现实世界中的停留时间。他们有可能同时生活在多个元宇宙和现实世界中，而元宇宙和现实世界之间的边界会变得模糊不清，我们甚至难以准确地测定时间和划分时间的边界。

综上所述，未来人们所在的现实空间将被元宇宙化，而新冠疫情下产生的C世代极有可能自然而然地主导这一切。

02

零售业的未来

　　零售业分为以线下为基础的传统贸易领域和包括手机在内的以线上为基础的电子商务领域，数字技术的发展推动了电子零售领域的飞速成长。各种技术和智能手机的普及使得线下零售正在发展为线上和线下融合型零售，电子商务领域正朝着元宇宙的更深层次发展。

　　中国美图公司发布的美妆相机软件是一款美妆推荐软件，它的全球下载量达到2亿次，月活量是1400万左右。这个软件很好地应用了增强现实的基本属性，它能分析镜头中人脸的肤色，并根据用户的肤色和喜好推荐适合他们的化妆品，帮助用户完成购物。眼镜品牌Rounz利用人工智能技术开设了虚拟眼镜试戴服务，顾客在摄像头前试戴虚拟眼镜框，在挑选出适合自己的眼镜之后，他们可以在线上下单，然后选择送货上门或是去门店取货。

　　在零售业，像这种以智能手机为基础，运用增强现实创造多样化的顾客体验和价值的尝试正在频繁地开展。元宇宙是能够了解不断成长的顾客需求，为顾客创造感动的最具潜力的领域之一，因为它比任何领域都要更加积极地引入和使用新技术。由于零售业与要接触无数客户的批发零售和流通行业息息相关，因此它不仅有应用虚拟现实和增强现实技术的各种应用程序，还非常有可能向元宇宙中的虚拟世界拓展。IKEA Place是一款应用了增强现实技术的软件，用户可以选择虚拟家具并将其摆放在家中。Pizza Chef是达美乐公司推出的软件，顾客可以在软件中的餐桌和比萨底上加自己想要的配料，他们不仅可以体会到制作与现实相近的定制比萨的乐趣，还能获得下单定制比萨的用户体验。美国劳氏公司（Lowe's）的Test-drive Hologram通过增强现实软件让顾客学会安全地使用工具，Topshop公司和ARDoor公司联合推出了虚拟试穿服务。

Ulta Beauty公司推出了虚拟体验GLAMLab美容工具的服务，科尔士百货公司（Kohl's）和色拉布（Snapchat）合作推出了应用增强现实技术的虚拟衣柜，为顾客打造有趣的用户体验。路易威登也制作了虚拟现实皮肤和AR Quick Look，尝试为顾客的体验和购物提供帮助。

亚马逊公司开了一家名为亚马逊沙龙（Amazon Salon）[1]的连锁理发店，顾客首先可以通过增强现实技术在预约阶段选择适合自己的发型和发色等，然后可以访问门店进入造型空间，在店内配备的亚马逊平板设备（Amazon Fire Tablet）上享受多种多样的娱乐项目，这为顾客提供了全新的体验。

综上所述，在零售业，虚拟现实和增强现实技术不是未来，而是正在进行多种尝试的现实，这个领域所做的尝试比其他任何领域都要多，而由于尝试的结果将会直接反映在销售额上，零售业成了一个快速试验、快速放弃或转型、快速反馈并进入下一阶段的战场。

在零售业的未来中，虚拟现实和增强现实等虚拟技术和元宇宙非常重要，其理由如下：顾客体验正在被拓展，顾客的需求点不再是满足单纯的购买欲，而是在向发现指向型的，与生活方式密切相关同时又能提高生活品质的方向发展。而在未来的零售业中，元宇宙技术所能带来的利好将满足顾客新的需求点。

（1）为顾客提供更好的购物体验

在网上购物，我们很难判断商品的品质。我们仅靠照片或详细信息就能够购买以图书为代表的具有一定规格的消耗品、工业制品和食品，却很难对时尚用品、家具、汽车、室内装饰品、彩妆等商品进行判断。此时虚拟技术起到了至关重要的作用。

在虚拟世界中，用户可以多次点击以实现对现实中的房间进行虚拟家装的目的，他们不用去线下门店也能够方便实用地选择产品。你可能会有这种经历，即使是在门店选择壁纸，甚至将壁纸样品拿回家比对，你也很难了解其与整体家装的适配度，以及该选择怎样的风格。而使用了增强现实技术之后，我们只要动动手指就能虚拟地更换家中的壁纸，即使更换数十种壁纸也不会太耗时。我们甚至还能截图来比较不同的壁纸风格，找到与整体家装风格匹配的壁纸。

家电也是一样。标准家电时代已经成为过去式，如今人们在选择家电的时候更看重其设计、尺寸和颜色，而只要用上增强现实技术，人们就能轻松地挑选合适的家电。在挑选汽车内装时，比起汽配产品图册，增强现实技术能帮助顾客完成更精准的选择。

即使不去线下门店，虚拟展厅或是虚拟现实游戏也能让顾客感受门店的气氛，试用门店中的产品。不去门店或是离门店很远的顾客可以通过这种方式在线上购物，这反而更加便捷。如今，线上最强大的顾客体验可以让顾客快速找到他们想要的商品并下单，然后毫不费力地收货，这不仅让顾客用更少的钱更方便地买到了产品，还能让他们享受到更有乐趣和参与感的体验。

元宇宙虚拟世界会自然而然地进化为零售空间，就像《集合啦！动物森友会》中的乐金显示的有机发光二极管显示器屏幕展厅，顾客可以在他们经常光顾的、趣味横生且实用的空间中，将符合个人世界观的零售元素融入其中，而这将成为新常态。游戏《堡垒之夜》的广场里开了一家星巴克门店，玩家在这里获得的咖啡可以被送到现实世界饮用，玩家还可以将咖啡作为礼物送给朋友。在广场前面的Market Kurly[1]还能买到《堡垒之夜》的纪念品和季节限定商品，这些商品都可以配送至玩家的家中。

阿迪达斯和耐克门店可以销售为游戏虚拟玩家提供超凡能力和大量经验值的虚拟鞋。在游戏中的展厅里，玩家还能用虚拟货币购买可在现实世界中穿的鞋子。Zepeto门店和NAVER的购物网站合作，顾客在Zepeto门店中购买了自己喜欢的品牌的服装后，顾客的虚拟人物衣柜中也会相应地增加一件相同的衣服，那么虚拟人物和顾客就能够拥有相同的衣服和同样的时尚风格。

零售品牌可以独立地在虚拟世界中构建元宇宙。假如在网页或虚拟现实中开设零售店或体验馆，那么顾客可以像玩游戏一样在上面闲逛、试穿和试用，还能够得到虚拟客服的亲切帮助。在购物网站中，比起充满产品信息的模特照片，三维渲染的模特能够更真实地展现顾客试穿后的模样。

最近有一个很火的二维线上活动平台Gather.town，我们可以把它看作是"赛我小窝"的城市版本和《哈宝宾馆》的村庄版本，人们经常在这里举行线上会议或是街头庆典。虽然目前还不能完全将这个平台归为元宇宙，但它有非常多有趣的功能，用户还可以在里面经营新世界的Starfield购物广场。

将空间的布局和结构打造成Starfield购物广场的风格，再选个好位置，用户可以让虚拟化身逛自己常去的卖场，然后点进卖场链接访问品牌线上门店，还可以在广场里见朋友，和朋友聊天打游戏，共享休闲时光。当前零售业顾客的购物需求点已经从目标指向型转换成了元宇宙中的发现指向型，他们更加追求能够获得购物体验和有趣过程的指向型购物。

---

① 译者注：Market Kurly是韩国生鲜电商平台。

线下购物发生了更大的改变。商家的销售策略已经不再是让顾客挑选和购买特定商品，而是将能够提升顾客的生活品质、给顾客带来乐趣的推荐功能运用到极致。

顾客通过虚拟技术挑选商品，紧接着该商品的信息就通过流传输展示在显示屏上，上面有该商品的说明或是其他推荐商品。顾客不仅能通过这一技术轻松了解已选商品的信息，还可以在手机的增强现实软件中搜到其他商品，查看它们的评分，并对它们做出比较。

应用在亚马逊无人便利店（Amazon Go）和阿里智慧门店中的技术已经开始普及，这一技术能够帮助顾客将商品放在数字购物篮中，并进行结算，还能分析时间和顾客的位置等信息，为顾客推荐并帮助其参加符合他们条件的促销或活动，让顾客在线下门店中也能够同时体会到线上和线下购物的优势，从多种角度提升顾客体验。

过去试衣服要在试衣间里一件件地试穿，然而虚拟试衣镜可以让顾客在虚拟环境中更迅速地试穿各种各样的衣服，然后再从中挑选几件自己喜欢的衣服在门店中试穿，这大大减少了购物时间和顾客需要付出的精力。他们还可以将试穿视频上传到社交网络，与朋友分享乐趣。屏幕上还能显示商品的顾客喜爱度，帮助顾客提升购物体验。利用试穿过程中所收集的数据，人工智能算法还能为顾客推荐门店中没有的适合顾客的商品，它收集的数据越多，所推荐的商品和服务就更容易令顾客满意。

利用增强现实技术和智能手机摄像头，线上购物可以根据顾客的肤色和皮肤状态推荐合适的产品，然后门店可以获取更准确的信息，更加迅速地为顾客推荐合适的美妆产品或护肤品。与此同时，这种技术不仅能够减少顾客在门店试用化妆品的次数，节省门店费用，还能扩大顾客的选择范围，减少门店压力。

食品和日用品的线下零售商将智能手机、摄像头与增强现实技术相结合，将商品的营养成分、热量、保质期、推荐食谱等信息显示在手机画面显眼的位置，比如当顾客把商品加入购物车后，他们能够实时地在智能手机上查看商品价格和注意事项。

咖啡厅、餐厅等餐饮门店中使用的自助服务机应用了增强现实和虚拟现实技术，未来它将朝着更多样性的方向发展。举个例子，自助服务机能将顾客添加在购物车中的食物进行虚拟摆盘，并拍摄成视频展示在画面中，这不仅能够帮助顾客点单，还能够为顾客推荐适合已添加食物的其他搭配或菜品，这一技术也可以在多个领域中提升顾客的购物体验，让顾客更加便捷高效地购物。

（2）将店内导航和顾客参与度做到极致

卫星定位信号无法覆盖至室内，而室内定位系统又非常具有局限性。尽管人们尝试用信标或紫峰技术来实现室内定位导航，但由于各种限制，始终没能取得重大突破。不仅因为人们很难在宽阔的地区安装定位系统，如何开发能够与顾客的智能手机相连的功能也是个很大的难题。人们想了很多种办法来提高顾客参与度，比如利用接近传感器进行周边营销，或是让顾客手动扫码，但这些方法也有诸多限制，因此所取得的效果非常有限。由于顾客的消费习惯已经转为线上，因此门店密集、流动顾客多的大型购物中心或百货商场的销售额正在减少，但是人们正在竭尽全力地创造重大转机。

如果使用增强现实技术，线下零售就很有可能拉回被电子商务抢走的顾客。

　　首先店内导航（In-Store Navigation）能够辅助顾客定位到想去的位置。在没有卫星定位信号的情况下，用户可以把智能手机拍摄的画面导入导航系统中，人工智能会将图片转换为空间数据。

　　然后系统会对各种设施、门店招牌、部分信标数据合并进行分析，最终得出一个相对的地理空间信息。系统再将这些空间信息相关联并绑定到一起，这样则能得到一个连续的整体空间的位置信息，继而找到与之相关的场景。如果这一技术关联了室内地图数据，那么就能够帮助身处巨大空间之中的顾客定位到自己想去的地方，并快速到达目的地，而且能够更方便地根据顾客定位信息进行有针对性的营销和推广活动。

　　当顾客进入像COEX[①]或是Starfield这种拥有超大空间的购物中心时，他们不仅可以通过智能手机摄像头或是增强现实眼镜使用室内导航系统，找到自己想去的地方；还可以使用类似购物规划的服务，该服务会针对访问者的不同情况优化目的地的顺序和位置，让顾客不错过任何重要信息和促销活动。

　　如果顾客为当前正在使用的地图打开导航，那么在地图上寻找路径的时候，他们可以将出发地和目的地的位置设置为建筑物的入口处，也就是说可以精确到从门到门的程度。这样顾客可以更加准确地把握路线所需时长，在室内也不会因迷路而晚到，可以最大程度地节省时间。

　　更进一步讲，这可以提高店内顾客参与度。各门店可以获得会员或是同意共享位置信息的顾客的精准位置信息，就此进行更加积极和精准的推广投放。

　　进入门店的顾客可以打开应用了增强现实技术的品牌软件，通过该

---

① 编者注：COEX商场是韩国最大的购物商场之一，它坐落于首尔，占地面积85,000平方米。

软件便捷地查看商品信息和特性，这不仅可以更加积极地向顾客介绍新商品和推荐商品，还可以在合适的时机向顾客发送问卷调查或是活动信息，让他们参与其中。开发者还可以将线下门店和增强现实技术相结合，比如进店就能得到隐藏优惠券或是找到活动商品，那么顾客为了完成任务也会更愿意光顾线下门店，开发者可以使用这种方式来最大程度地提高顾客参与度。

（3）开启经验贸易的时代

之所以能够提高顾客参与度，这和MZ世代的价值观变化息息相关。MZ世代与之前的几代人不同的是，他们不仅会在自己喜欢的东西上投入大量金钱，还会向朋友展示和炫耀这些东西，在此过程中他们就自然而然地更加积极地参与其中。MZ世代是能够敏锐地感知先进技术发展动向的一代人，因此在元宇宙受到人们的关注并成为热门话题的过程中，他们发挥了很大的影响作用。

与仅购买一件商品相比，体验并享受产品，与产品产生深度关联的过程起到了更重要的作用，因为顾客所访问的大部分门店或品牌馆中都配置了可供上手体验的设备或软件。

从产品本身来讲，增强现实或虚拟现实都是能够让用户深度体验的技术，而头戴设备Oculus Quest 2的销售盛况也与此密切相关。在此基础上，元宇宙技术以经验为基础打造的贸易可以说拥有最佳先天优势。

类似《宝可梦GO》的增强现实游戏之所以能够收获巨大人气，是因为游戏将现实世界和宝可梦世界叠加在一起，这使得玩家在娱乐的同时还能够获得深度沉浸的体验感。有时，品牌会在特定门店进行推广，这种经验是贸易化的代表性事例。在电视剧《阿尔罕布拉宫的回忆》中有这样一个情节，要想恢复在增强现实世界中消耗的体力，用户就要在现实世界的便利店中购买特定的饮料并喝掉，这便是真正的经验贸易想象力。

在智能手机发布的初期，用户如果访问线下门店便可以在类似Foursquare或Gowalla①的软件获得优惠券，还可以成为门店的会员，如果再结合一些能够吸引用户参与的简单体验，那么从现在开始那些与扎实的故事和逼真的经验有关的产业都将大有发展。

COEX购物中心和Starfield购物中心可以利用增强现实技术搞一些大型活动，让顾客不仅享受其中，还能得到优惠，比如开展找宝藏或是寻宝游戏之类的体验项目，先用游戏吸引顾客进入购物中心，这就很有可能引发一些反客为主的偶发事件，比如顾客会在探索门店的过程中消费。它们还可以为那些经常查看活动消息的活跃顾客准备一些略有难度的体验活动。门店也可以设计一些能让顾客更常光顾的、带有趣味性的奖励活动，比如用积分奖励吸引人们用软件打车，或是在汉堡王的汉堡包装纸内部印上用户可以扫描的二维码。

在现代汽车展厅有一些特别的体验，人们可以用增强现实技术改变汽车内装，他们扫描后备厢里的二维码能获得特别的礼物，这就自然而然地吸引了很多顾客进入车辆内部进行体验。易买得超市会在滚动走字屏中放一些只有访问线下门店才能获得的隐藏积分或优惠券。在乐金显示展示的电视机中找到特定内容并扫描，人们便可参与活动或是获得即时优惠。

---

① 编者注：与Foursquare一样，Gowalla是一款围绕地理位置数据展开的社交签到应用。

欧利芙洋（Olive Young）[①]在CJ One[②]会员卡软件中应用了增强现实技术，门店中会隐藏一些肉眼不可见的优惠，只要用户用软件中的相机扫描就能获得优惠信息，这不仅能够延长顾客在门店中停留的时间，还能够让顾客自然地参与推广或营销活动。几乎所有实体店和商品都可以应用无数的创意，这个世界正在变成一个经验贸易的世界。

线上也有很多经验设计。《第二人生》首次尝试了在虚拟世界中开设品牌门店，并且顾客可以在门店中购买商品，这种虚拟经验贸易在元宇宙中快速成了新风潮，如今线上和线下都具备了能够使经验贸易盛行的先决条件。

乐金显示在《集合啦！动物森友会》中打造的展厅也可以看作这种尝试。在Zepeto中可以虚拟使用古驰的产品，这虽然很简单但也可以看作经验贸易。那些通过体验虚拟商品而非实体商品，并以此提高销售量的活动都可以看作经验贸易。

SPC集团开放了一个名为"快乐世界"的虚拟世界，它将现实世界中所有的实体店都搬到了虚拟地图中，顾客可以像玩游戏一样访问门店，还可以获得虚拟世界中的活动与现实世界联动的体验。比如顾客如果在现实世界的唐恩都乐里喝咖啡，那么他们就可以在虚拟世界中其地理位置附近的巴黎贝甜获得优惠券；如果成了自己最常光顾的门店的虚拟店长，那么他们还会被赋予每天送朋友一杯咖啡的权限。这样就有可能出现想要走遍全国线下门店的用户，这种锁定效应提高了顾客的黏性。

宜家家居在《我的世界》中开设了门店，玩家可以在这里制作和线下门店一模一样的家具并上传共享，其他用户可以为这个家具打分，得到最

---

① 编者注：欧利芙洋是韩国美妆品牌。
② 编者注：CJ One是韩国希杰（CJ）集团旗下生活方式品牌。

高分的顾客可以在真实世界里收到相应的家具。由此我们可以得知，经验贸易也交换兑换价值。

利用虚拟现实头戴式显示器，开发者可以设计最具真实感的体验，推出一些可以体验不同职业或者是制作料理的软件。新罗酒店推出了一款虚拟派对软件，顾客可以在虚拟现实中制作并装饰蛋糕，还可以在上面写字，接着酒店就会将一模一样的蛋糕送至顾客家中。上传家中图纸，系统就会自动添置宜家的家具，用户可以戴上头戴式显示器在虚拟世界中体验这个改造后的虚拟房间。虽然这会花费他们一些开发费用和时间，但相信在不久的未来，很多企业都会将元宇宙世界中的经验贸易与现实世界相关联，这会成为一个新风潮。

（4）开启虚拟商务和虚拟网红的时代

有线频道刚开播的时候，电视购物出现了；网络刚诞生的时候，电子商务出现了。同样地，YouTube的成长带动了可视化电子商务的发展；而社交媒体的推广创造了社交化电子商务。如今，混合了多种电子商务模式的复合型商务正在摸索中发展，而元宇宙的诞生开启了虚拟商务（Virtual Commerce）的新篇章。

无论以何种形态出现，所有线上购物的基础都是电子商务，严格来讲，可视化电子商务和社交化电子商务都属于虚拟商务的分支。有所不同的是，虚拟商务最有真实感和沉浸感，最接近线下购物，用户还可以像在线下门店一样进一步体验和研究商品，这也是虚拟商务的一大优势。Home Plus超市打造的智能商店最先将虚拟概念变成现实，开发者在店内放置一些有商品虚拟照片的"墙"，顾客在"墙"上挑选商品后可以直接下单，然后商品就会从自动售卖机中出来或者是被配送至顾客家中。这种虚拟智能商店不需要将商品摆在货架上就能够运营，这节省了许多空间，但那些需要向顾客说明沟通的商品在销售的过程中可能会遇到困难。

如今人们可以在由虚拟现实打造的展厅或门店中触摸、使用和深度体验产品。为了给购物提供便利，存在于虚拟商务中的虚拟人物会对产品进行详细的说明，虚拟商务正朝着更具真实感的方向进化和升级。虚拟网红已经被大众所熟知，如果推出一个有虚拟网红的虚拟商务平台，在虚拟网红的影响力之下平台将会迅速发展，到那时这种24小时都能营业的虚拟商店可能会成为常态。对那些顾客无法亲自前往体验的门店，或是顾客不试用就很难做出购买决定的商品来说，虚拟商务所发挥的效果更加明显，比如运动器材、成人用品和时尚相关领域的产品。

（5）针对个人打造的商品和营销策略

顾客可以在网店中根据个人情况选择商品，对商品进行组合，一些网店也会针对不同的顾客情况做不同的营销。这是线下门店比不了的，因此二十多年来，线下门店一直在被网店抢占市场。然而随着线下门店引入以增强现实和物联网为代表的各种技术，逆袭正在发生。

智能商店的各个角落都配有摄像头和传感器，它们能够跟踪并感知顾客的动作、移动路径、对商品的关心程度、停留时间等信息，尤其是在向顾客展示化妆品和服饰等商品的时候，这些信息能够针对每位顾客的情况给出个性化方案。在服饰或家具等产品的销售环节中，顾客可以根据自己的喜好在自助服务机和平板电脑上任意搭配组合，整个商品制作和结算的过程都不会花费太长的时间。这种购物方式将线上和线下的优势结合到一起，帮助线下门店升级为多功能门店。

匡威运营了一家可定制鞋款的线下旗舰店，在这里顾客可以利用虚拟现实打造个性化鞋款，然后利用增强现实试穿。

当顾客想要购买适合自己的专属产品，他们对这种产品的要求是既不失个性，又要带些感性和乐趣，那么他们就会访问智能商店。智能商店融合了线上销售的优势，突破了线下门店无法突破的瓶颈，这是它将成为新趋势的关键原因，为此智能商店大量应用了零售技术和增强现实技术。

近年来，苹果公司和Facebook在开发增强现实眼镜和虚拟现实头戴式显示器的同时，也在开发眼动追踪技术和视线追踪技术，尤其是个性开发这个方面还存在着巨大的潜力。这能够帮助系统分析用户在虚拟世界中眼球的活动、视线停留的时间以及视线停留的对象，了解用户对什么感兴趣，在什么消息上停留的时间更长。

另外还有这种可能性，当人们戴上增强现实眼镜走上真实世界的街道后，他们更关心哪些事物，他们看了哪里，这些都会被增强现实眼镜所跟踪和分析，然后再根据得出的结果给他们推荐相应的产品。而要想将这一功能应用到更多的领域，就需要开发商解决保护用户隐私和个人信息的问题。

数字标牌可以使用摄像头和传感器来收集顾客反应和人流密度等信息，然后开发商根据收集到的信息投放最佳广告和视频。也就是说，数字标牌的播放方式正在从单纯播放发展为根据顾客的反应来播放。灯箱广告、数字标牌、自助服务机中的传感器能够感知环境变化，然后利用投影或增强现实等技术，设计者将符合当前环境的视频投放到屏幕、墙面和地面上。

使用增强现实技术来增强顾客所在的空间，让他们对广告中所传达的信息产生兴趣，甚至沉浸其中，这种强有力的营销方式会持续发展，最终走入现实世界。

首尔江南站、COEX广场、Galleria百货商场的广告大屏都将引入这些技术，当人们经过或是看向广告屏时，屏幕里的传感器会识别人们身上的服装和包，然后将相关商品的推荐信息制作成有吸引力的、能让人们沉浸其中的故事，最终投放到大屏幕上。

03

传媒的未来

增强现实和虚拟现实是传媒领域的风口，然而许多传媒公司并未意识到它们需要有所改变。从业者产出内容和新闻的方式，以及消费者对内容和新闻的消费方式自然会有所改变，他们对内容的沉浸感和感受深度的标准与过去相比也发生了巨大的改变，但是传统传媒公司只看到了表面，忽视了上升和发展的可能性。

传统媒体的时代已经过去了，如今随着数字媒体和新媒体时代的到来，事件报道和信息传递的传统模式已经不再受到人们的关注，其效果也大打折扣。报社为了维持现状和维护既得利益仍然在垂死挣扎，每日依然会印刷数十万份报纸。被读者和观众抛弃的传统媒体仍然在想尽一切办法招商，然而这个世界并不在乎这些抵抗，它依然在变化。讲故事的能力成了判断媒体优劣的重要标准，也就是说媒体要想生存，就要具备讲故事的能力。然而随着元宇宙时代的到来，媒体的地表再次产生了新的裂痕，与此同时也迎来了大步迈进的机会。在思考未来媒体的发展方向时，我们必须正视和看重元宇宙的影响力，及元宇宙能够带来的变化，这就是我们所生存的时代。

在手机普及的过程中，人们开始对增强现实产生兴趣，然而最近几年增强现实才开始对传媒产生影响。因为技术的发展直到现在才达到了一定的程度，媒体从业者开始尝试利用这些技术生产有希望被读者和观众喜欢的内容。

与此同时，仅凭单纯的叙事型故事无法满足将会在未来成为核心用户的Z世代，因为未来的趋势是活进故事中（Story Living），因此媒体从业者首先要讲好一个故事，接下来要让读者和观众参与到故事中，让故事成为他们的日常，而在与故事产生共鸣并且分享这个故事的过程中，他们也就成了故事的一部分。Z世代是和手机形影不离的第一代人，他们随时随地都能活进故事中，因为在他们的成长环境中，所有故事的最终目标都是引发人们的共鸣，引导人们产生分享行为。

《沉浸式太空行走体验》，英国广播公司（BBC）

图片来源：area.autodesk.com[1]

《纽约时报》为了不被时代所淘汰专门成立了一个虚拟现实部门，这个部门每天至少在The Daily 360栏目上传一个用全景视频制作的报道。《卫报》、《时代》周刊和美国有线电视新闻网（Cable News Network，简称CNN）也在不断地尝试并最大限度地应用虚拟现实技术来制作专题和报道。Facebook等社交媒体和YouTube也没有忽视这种变化，并且他们为了迎合这股风潮正尝试在平台做出改变，并不断尝试使用新技术，开发新功能。在我们提升故事的沉浸感，从讲故事阶段跨越至活进故事中的阶段的过程中，新媒体的未来到底是什么，新媒体将迎来怎样的变化趋势，这是值得我们郑重思考并有所准备的。

沉浸式媒体时代的到来

增强现实和虚拟现实最强大的功能就是能够制作具有用户沉浸感的内容。展开来讲，这种内容会让人感到自己仿佛身处现场，仿佛眼前所见就发生在此时此刻，仿佛自己就参与其中。在诸多被称为有沉浸感的形式中，有一种形式尤为关键，这就是能让人沉浸其中产生临场感的沉浸式新闻（Immersive Journalism）。

探索频道（Discovery Channel）雄心勃勃地打造了一个名为"Discovery VR"的新频道，该频道主要播放以大自然、天空和大海为背景制作的沉浸式视频。尽管对探索频道来说，这是一个全新的领域，但他们依然怀着壮志雄心开启了挑战，然而一开始就困难重重。他们制作的视频质量过低，软件也频频出错，视频不仅没能让观众持续停留在节目中，甚至令整个频道失去了许多观众，最终频道不得不关停。目前该频道仅剩在Oculus VR产品中的软件仍在维持，不知是不是因为他们预感到了沉浸式视频的时代即将到来。

与之相反的是，英国广播公司对数字技术革新发起了挑战，它打造了一个名为BBC Connected Studio[2]的频道，开始进行各种各样的尝试。该频道制作的《虚拟现实游戏家：太空行走》获得了"仿佛亲身在宇宙中行走一般让人产生了临场感"的评价，开启了沉浸式媒体的新纪元。BBC新闻实验室内部正在探讨如何利用数据革新和新的数码技术给观众带来更多福利，他们打造了一个发布实验性创意的BBC Taster平台，平台利用新技术制作的测试性内容正在经受观众的考验。他们在Oculus商店发布了一个以叙利亚难民为背景制作的虚拟现实采访视频，视频展现了难民们痛苦的经历，以及他们内心的希望与恐惧。

《卫报》的特别报道——《6×9：全方位观察单人监舍》（*6×9: A Virtual Experience of Solitary Confinement*）也是不得不提的名作。这是一部虚拟现实纪录片，在纪录片里，观众在23小时内将被关在一个6英尺×9英尺[①]的单人监舍里，在这里人们能够感受到罪犯的心理变化和被隔离的恐惧。在这个纪录片里，剪辑技术和画面美学只是表面上的噱头，制作者想要传递给观众的信息才是最真实的，因此直到现在这部实验性的作品依然被人们津津乐道。

智能手机虚拟现实软件、谷歌Cardboard以及谷歌虚拟现实平台等操作简单的平台和设备完美地呈现了沉浸式媒体的特性。《国家地理》开发了一款名为Explorer VR[3]的平台，该平台进驻Oculus头戴式显示器，平台内部有许多独家定制内容。人们在这里可以划着皮划艇探访冰川，穿越暴风雪寻找最后的企鹅国王，还可以探索马丘比丘和印加文化，这些极具沉

---

① 编者注：6英尺×9英尺约合1.83米×2.74米。

浸感的媒体内容获得了人们的一致好评。

Steam VR在HTC Vive设备和Valve Index设备中制作了专用虚拟现实纪录片。纪录片《格陵兰在消融》[4]全方位地展现了正在消融的格陵兰冰川，在这里人们可以与探险队一同穿梭于冰川之间，还可以用第一人称视角观察和收集各种能够证明峡湾正在消融的数据，这一切都能够令人们产生身临其境般的临场感。

Birdly是一款由瑞士的Somniacs公司开发的飞行模拟器，它通过调动人们的各种感觉器官让用户体验到在天空中翱翔的感受，同时它与模拟器内置的内容相结合，这使得用户能够进一步感受到什么是沉浸式媒体，这种尝试非常值得关注。虚拟现实这个新的硬件平台令沉浸式媒体和沉浸式新闻在一个新的领域占据了一席之地，头戴式显示器Oculus Quest 2的推广令虚拟现实变得更加大众化，而虚拟现实领域也是媒体行业需要最先开拓的领域。

报道时间和空间的时空新闻

增强现实和虚拟现实的基础是空间，两种技术在空间上唯一的区别就是一个是虚拟世界里的空间，另一个是现实世界里的空间，而这两种技术是承载空间与空间里存在过的时间的最佳媒介。如果说沉浸式媒体的核心是临场感，那么时空新闻（Spatial Journalism）的核心就是时间和空间中所蕴藏的故事。时空新闻不是在二维世界中用语言和文字来报道真实场景中所发生事件的一种形式，而是在三维世界中用影像以及它与观众的沟通来循序渐进地报道一个事件的形式。尽管时空新闻和沉浸式新闻有重合的部分，人们很难完全将二者区分开来，但不同观众的关注点各有不同，他们会按照自己的标准来衡量和判断两者的地位。

《时代》周刊在推出沉浸式手机软件的同时，还发布了名为《登陆月球》[5]的阿波罗11号登月视频。视频记录了1969年阿波罗11号登陆月球时的照片和数据，以此呈现月球空间中所发生的故事，另外该视频还展示了尼尔·奥尔登·阿姆斯特朗（Neil Alden Armstrong）穿过的太空服，这引起了人们极大的兴趣。

《亚马孙实录：正在消失的森林》[6]记录了亚马孙森林正在被破坏的真实情况，人们可以在视频里和珍妮·古多尔（Jane Goodall）博士一同探访亚马孙村落，在这里他们能够直观地感受到亚马孙森林正在经历怎样的破坏和危机，换句话说，这为人们提供了一个真实感受和探究亚马孙森林的机会。纪录片跨越了单纯的记录事实阶段，它令无法亲自前往亚马孙森林的人们直观地、多角度地感受到了当地所面临的危机，并且愿意为之付出行动上的支持，而沉浸式手机软件也因此吸引了一批《时代》周刊读者之外的全球用户，成为国际性平台。

　　同一时期，《纽约时报》推出了用增强现实技术打造的《探索视界：NASA的终极火星任务》特辑，视频呈现了人类对火星发起的挑战。[7]这是一个非常有深度的项目，在《纽约时报》手机软件中，人们可以通过桌子上的火星着陆器深入探究其原理。在这之后，《纽约时报》也坚持在沉浸式手机软件中发布特别报道。

　　《纽约时报》的Daily 360平台曾发布过一个令人印象深刻的报道，那就是芝加哥小熊队（Chicago Cubs）时隔108年再次在美国职棒大联盟世界大赛中夺得冠军的报道。当时，大部分报道仅用文字和图片对竞赛场馆和选手进行了报道，而《纽约时报》的报道记录了正在场馆外欢呼的粉丝和人群。这次报道用全景视频完成，它记录了发生在同一时空中的，迎来胜利时刻的芝加哥小熊队和欢呼雀跃的人群，不得不说这是一次非常生动的报道。这是一次能够令人产生临场感的、具有历史性意义的报道，它令不在现场的人们也能像亲临现场般感同身受，如果用户戴上Oculus头戴式显示器观看YouTube上的视频，那么他们还能体会到站在人群之中的真实感。

2018年CNN VR对西班牙潘普洛纳奔牛节进行了报道，这是一次传奇般的报道，它通过全景视频完美再现了现场情况，报道不仅向人们传递了奔牛节贯穿始终的活力，甚至还展现了隐藏在奔牛节背后的不为人知的一面。如果你在YouTube观看名为《在潘普洛纳与牛同奔》（Running with the Bulls in Pamplona）的视频，那么你也能够如临现场般地感受到现场令人惊叹的气氛。

综上所述，如果没有能够同时承载时间和空间的虚拟现实和增强现实技术，传统媒体无法跨越式地进入这个新的领域。当前，这一领域的进入门槛非常低，对制作方来说，制作过程简单且不用他们投入大量资金；而对消费者来说，他们不用花费太多时间成本和金钱成本就能享受到新技术带来的福利。因此，对数字传播公司来说，进入时空新闻领域是势在必行的一步。

打破合成媒体和沉浸式媒体的边界

假新闻是媒体行业的热门话题之一。在这个信息爆炸的时代，随着数码工具的普及和社交网络的扩张，制造、分享和传播新闻变得非常容易。随着人工智能、机器学习以及计算机运算能力的发展，不仅是文字假新闻，就连视频假新闻都能轻易地被制造出来。在过去人们可以用人工智能和电脑特效制作科幻电影和游戏，而如今这些技术可以做任何视频，比如用电脑合成的唐纳德·特朗普和希拉里·克林顿的形象制作假的演讲视频，还可以让英国首相跳舞，或者是制作汤姆·克鲁斯（Tom Cruise）的假视频上传到YouTube上。据新闻报道，一些人工智能公司开发了辨别假视频的技术，其准确度高达80%。

　　这些话题之所以闹得沸沸扬扬，皆因合成媒体（Synthetic Media）的崛起。合成媒体的技术和行业收费体系已经成熟，如今制作合成视频并不是什么难事，而合成技术所创造的人物也已经达到了难辨真假的程度。

　　第六章曾经提到，如今Unity公司和虚拟引擎正在发展，透视图技术正在升级，以图形处理器为代表的计算机运算能力也在飞速成长，人们非常轻易地就能合成一个虚拟人物，继而制作出一个完成度很高的视频。合成媒体不仅增强了虚拟世界的真实感，它的出现还意味着用户只用一台电脑就能创建一个电视台的时代到来了。

　　合成媒体还被称为人工智能合成媒体（AI-generated media）或者生成媒体（Generative media），同时因为它是依靠人工智能算法的深度学习功能建立的媒体，也有人给它起了"深度造假"（Deep fake）这一具有负面意义的名称。合成媒体是媒体领域至关重要的组成部分，这是因为元宇宙生态与合成媒体具有同样的属性。利用数字技术，我们可以创造世界，创造人类，甚至创造经济体系，尽管过去真实世界和虚拟世界之间的边界非常清晰，但今非昔比。无论是虚拟世界还是现实世界中都同时存在真实与虚假，这种技术生态已经形成，这也就意味着对和我们共同生存在这个世界的新世代来说，划定虚拟与现实的边界将变成毫无意义的事情。

　　从消极的方面来看，随着合成媒体的发展，人们为了消除其中的假新闻和假消息，要付出大量的精力和资金；然而从积极的方面来看，我们找到了即使没有人类，也能够有技术取代人类扮演人类角色的方法。这意味着能够对媒体产业造成巨大影响的拐点很快就要到来了。

泛媒体和超场景的诞生

从以用户为中心的角度来看，增强现实和虚拟现实更接近自媒体；而从以空间为中心的角度来看，有屏幕的地方就有媒体。举个例子，玻璃幕墙屏、公寓电梯里的屏幕、地铁里的LED灯板，这些被增强的环境和场景都可以成为媒体。

从这个角度来说，增强现实和虚拟现实是一种泛媒体。用户佩戴虚拟现实头戴式显示器进入虚拟现实之后，围绕在他周围的所有事物都是被虚拟化的场景，同时用户的信息能够出现在任何地方。虚拟现实中的世界是一个屏幕，其中的任何地方都可以成为屏幕。任何地方都能播放新闻和视频内容，任何地方都能投放广告。

过去人们曾一度十分反感网上的广告，因此设计者很难将让人感到不适的广告铺天盖地投放。但由于虚拟现实的内部空间和网页页面不同，这就使得投放到虚拟现实中的广告和内容更容易被人们自然地接受。

增强现实的场景是真实空间，因此与虚拟现实相比，它会受到更多的限制，但是它能综合位置、关注度、时间和环境这些信息，用导出的最佳结果制作成广告，并且投放到屏幕上，从而为人们呈现应用了增强现实技术的最佳内容。只要戴上AR头戴式显示器，用户眼前的空间就能够变成屏幕，也就是说屏幕无处不在，而这也就为增强现实技术赋予了更多可能性。尽管人们已经能够使用投影技术将内容投放在墙面和路面上，而且这一技术已经被应用在了传媒行业，但是虚拟现实技术和增强现实技术能够将这些内容投射在更大的空间里，这是投影技术无可比拟的绝对优势。

虚拟世界作为元宇宙的另一个领域也同样不可小觑。当前传媒行业已经渗透进了游戏《第二人生》和《堡垒之夜》，而《罗布乐思》和《我的世界》也同样"没能幸免"，并且《集合啦！动物森友会》和Zepeto中也有传媒行业留下的痕迹。

尽管媒体行业将不同空间传媒化的方式各不相同，但相同的是，其针对每位虚拟世界的用户定制了内容推广和广告投放的个性化方案，并已经占据了一席之地。如今，曾经活跃在网页上的那些媒体纷纷开始进入虚拟空间。对传媒行业来说，既拥有数字形态又能与互联网相连接的元宇宙是一块未被发现的新大陆。

过去，由于场景的限制，用户只能在特定场景购买特定的内容，但现在这个限制被打破了，更多的场景进入了人们的认知范围之内，他们因此开始购买多种多样的内容，同时还能和其他用户发生相互作用，也就是说如今人们正在最广阔的传媒领域中翱翔。综上所述，超场景（Hyper-context）是一个集合体，它由相互连接后得以扩展的场景和相互作用的用户组成。从场景上来讲，超场景比以用户和内容为中心的物理场景范围更广阔；从用户的角度来讲，人们参与其中，在其中消费，与之发生相互作用。

超场景可以与其他超场景相连，比起场景规模来讲，它们相互之间的连接更为重要。连接进化带来的新时代是一个与超个人化、多样性、细节最大化以及跨媒介融合相连接的脉络时代。在即将到来的超场景时代中，以供给方为中心的符合大众取向的内容将会减少，取而代之的是以消费者为中心的个性化、多样性内容，而根据即时性和场景的不同，用户的沉浸度和参与度也会有不同程度的提升，而与场景相连的用户所产生的相互作用和经验也将成为超场景的一部分。

超场景/适应性管理

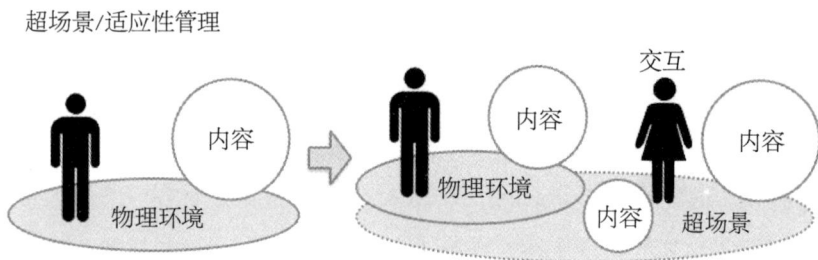

跨媒体叙事

随着数字媒体的崛起，将一个创意以多种形态输出至多个平台的OSMU（One Sourse Multi Use，亦即"一个来源，多个用途"）成了当前的趋势。换句话讲，OSMU是对同一个故事情节以不同的形态进行改编和传播，比如将漫画原著改编成影视剧和电影，或者将一本书改编成戏剧，再以此为基础改编成影视剧，又或者是将小说原著改编成游戏等。跨媒体叙事（Trans Media）一词来自2006年亨利·詹金斯（Henry Jenkins）所著的《融合文化》（*Convergence Culture*），在书中他将"跨媒体叙事"定义为让一个故事横跨多种媒介，同时与多种形态保持有机联系，并对其进行传播的叙事行为。

电影《釜山行》上映之后，它的前传《首尔站》紧接着以动画的形式上映，这便是跨媒体叙事，而这种模式漫威和迪士尼也经常使用。

在未来跨媒体叙事模式的发展过程中，增强现实和虚拟现实技术将会发挥重要作用。故事在跨越多个媒介平台的同时仍然需要保持连贯性，而元宇宙是最佳的平台，因为它在叙事的时候能够让用户产生沉浸感，从而更想参与其中，因此各种形态不同的媒介都能够很好地利用元宇宙这个平台，实现无限潜力。跨媒体叙事是一种复杂又难以实现的模式，故事在跨越多个媒介平台的过程中，要投入大量的费用，而产出效率却不高，而且还有可能不断缩减参与人员，因此过去并未实现太大的发展。然而未来将会有所不同，因为偏好与众不同的故事的个性化用户在逐渐增多，而元宇宙技术的发展又可以帮助制作方以更少的投入产出更有沉浸感的作品，从而构建更棒的平台。

在未来，在去电影院看电影之前，用户可以先在虚拟世界中了解电影的背景故事；在看完电影之后，用户可以进入虚拟现实选择其中一个开放式结局，继续沉浸在故事中，这样就可以顺畅地继续感受剧情，而广告也可以自然地植入其中。不仅故事创作者可以制作多条故事线，用户也可以在某个情节中放入自己的故事，或者是帮助用户活进用户当天所选择的故事中。

04

娱乐和体育的未来

普华永道娱乐和媒体业务负责人德博拉·伯苏恩（Deborah Bothun）曾在市场调查报告中指出："下一个让媒体和娱乐业产生差异的时代的面貌，是由想要分享实时沉浸体验的用户决定的。"同时她还表示，"当前的用户想要打破线上和线下的边界，想要更亲近，想要更多地参与其中并且与自己喜欢的故事产生关联"[8]。

如前所述，娱乐业当前十分关注是否能创造与媒体行业相似，并能满足顾客需求的用户体验。娱乐业的版图正在向行业外部拓展，也就是说，对娱乐业来说，其他产业的任何一家企业都有可能成为竞争者。就目前的情况来看，传统娱乐公司无法制作具有沉浸感的参与型内容和形式，各平台如果不针对这个问题提出强有力的解决方案，便很难继续在行业中生存。体育业也是如此，当务之急是如何快速实现能够推动技术发展的新用户价值。

虚拟现实和增强现实技术不但能够满足顾客需求，也是能够制作新的用户体验的核心技术，因此在未来人们需要给予其更多关注和讨论。

沉浸式叙事和参与型视频格式

导演郭景泽和技术指导具范锡用虚拟现实视频格式合拍了一部38分钟的爱情电影《邂逅记忆》。为了能让这部电影在4DX[①]影院上映，电影中加入了震动和触感等感觉，因此它可以被视为一部可以用整个身体去感受的电影。虚拟现实电影的后期制作时间比普通电影多三到四倍，这其中的虚拟现实工序非常困难。国外的一些电影节，像圣丹斯国际电影节、戛纳电影节以及博尔德国际电影节等开设了虚拟现实相关的奖项，这必将成为未来的趋势。

虚拟现实电影的最大优势就是能让观众产生无异于现实的沉浸感和临场感，同时镜头还会随着观众的视线切换，让观众产生真实感。在虚拟现实电影制作的过程中，制作者需要考虑普通电影的拍摄手法很难达到的细节和多样性，观众有可能不看主角。一般电影会将所有信息和情节都放在一个平面的画面里，但是虚拟现实电影的困难在于它需要有所区别地将360度全景都呈现出来。

虚拟现实电影拥有从第一个画面开始就能让人深度沉浸并产生临场感的优势，当前它正在打破各种技术限制，飞速成长。

《拯救稻草人》是一个实时的社交虚拟现实演出。[9]它曾经作为零接触社交演出领域的作品被邀请到圣丹斯国际电影节"新前沿"（New

---

① 编者注：4DX技术是由CJ集团旗下公司首创研发的一项四维影院技术。4DX电影在三维视觉效果基础上，由编程专家重新制作，增加了视觉之外的其他感受，全方位调动了观众的感官。

Frontier）单元。两名演员分别扮演稻草人和杀手，他们和全球佩戴虚拟现实头戴式显示器的用户通过VRChat进入并且聚集在虚拟舞台上，然后开始实时表演。他们在绿色花园中互动，然后共同完成结局。在每一次演出中，演员和观众之间的互动、配合以及节奏都会有所不同，因此对演员来说，每一次演出都是一次全新的体验；而对观众来说，即兴剧本的形式是一次非常特别又有魅力的体验。

《拯救稻草人》是一次非常棒的尝试，它通过虚拟现实技术让人们在一场小型表演中产生连接和交流。凭借这部作品，制作这部电影的韩国艺术综合大学艺术&科技实验室不仅受邀参加了"西南偏南"音乐节，而且还在英国瑞丹斯独立电影节中获奖，大受好评。

当前像这种能让人产生沉浸感从而参与其中的内容正在蓬勃发展。制作电影的人可以在影片中设置一些能与观众产生互动的东西，比如网飞的交互电影《黑镜：潘达斯奈基》可以打破平面画面的限制，将电影画面呈现在空间里。简单来说，就是将过去应用在三维冒险游戏中的理念和方式应用在内容项目里，与过去的三维立体电影相比，这种新的电影模式最核心的不同就在于，观众是在观看呈现在一个平面里的立体画面，还是"亲自"来到了空间的中央。过去的三维电影的立体呈现都是平面立体视频，比如从观众眼前画面中飞出来一只幽灵，类似于现在的180VR视频格式。

越来越多的影视剧、综艺节目将会用虚拟现实技术制作，但由于这些视频不能在电视台和视频网站等平台播放，因此预计它们在初期阶段主要会以电影和YouTube视频为主，与此同时将会出现一批创业公司，开发专门播放虚拟现实视频的播放平台，或者是Oculus商店和HTC Vive中的软件。由于虚拟现实内容需要用户戴上个人虚拟现实头戴式显示器来观看和享受，它具有特殊性，人们无法在客厅电视上共同观看，因此它属于在个人时空内得到使用的个人消费领域。由此，无论是制作过程，还是排播和分发过程，都会与之前的方式有所不同，估计虚拟现实内容能够极大地推动强调沉浸感和参与感的特别内容市场的成长。

尤其是在韩国流行音乐当前的热度之下，许多MV和舞台视频都被制作成了虚拟现实视频，粉丝们不仅能够感受到表演者就在身边的真实感，还能看到颇具临场感的表演舞台，因此当前在娱乐领域中虚拟现实是可操作空间最大的领域之一。如果再加入空间音频，那么观众不管站在哪个位置和方向都能听到具有真实感的立体音乐。

虚拟舞台和超量级表演的文艺复兴时代

新冠疫情使演出行业持续低迷。在企业和艺术从业者们的不断努力之下，他们利用新技术摸索出了新的发展方向，并且取得了高于预期的成果。

2020年4月，由Lady Gaga发起，"全球公民"公益组织主办的"同一个世界：团结在家"演唱会上演，在仅8小时的线上直播表演中，这场演出募得了约1.28亿美元善款，有超过2000万来自全球的观众参与了这次线上演唱会。防弹少年团（BTS）举办的"Bang Bang Con 21"线上演唱会也实现了75万名粉丝观看的盛况。

著名的音乐人纷纷举办线上演出，而线上的粉丝观看规模非常庞大，是线下观看规模的十倍到几十倍。线上数字平台能够帮助那些知名音乐人完成超量级舞台，这在线下是不可想象的。在《堡垒之夜》中举办的演唱会达到了史上最大规模，这里的规模并不是指空间的大小，而是指当前我们已经迎来了能够聚集大规模人群的时代。

大型虚拟世界自不用说，就连虚拟现实空间也在打造新的虚拟舞台。线上演出活动通常都是用二维画面来呈现的，比起可以感受到粉丝的热情和欢呼的线下演出，这不仅使观众缺少临场感，也会产生很多遗憾。

而虚拟现实打造的三维虚拟舞台不仅能够弥补这些不足和遗憾，甚至可以做一些新的尝试。当人们戴上虚拟现实头戴式显示器并进入虚拟世界时，他们就可以拥有身临其境般的观看体验；如果能像在VRChat中一样实现全身追踪，那么他们就可以一边全身心地跳舞一边享受演出。让-米歇尔·雅尔（Jean-Michel Jarre）就是像这样在虚拟现实中的虚拟舞台上表演的。

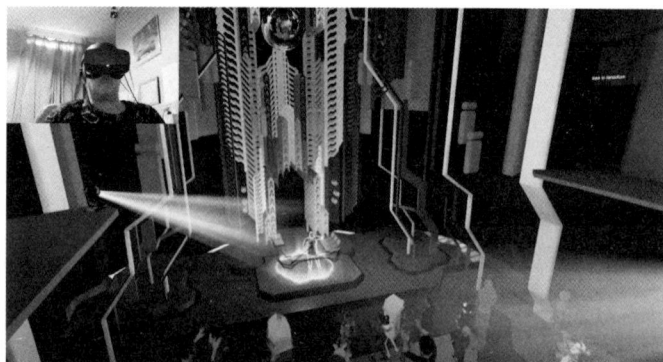

在微软2021年技术大会发布Microsoft Mesh的最后一个环节时，太阳马戏团创始人盖伊·拉里伯特走上了舞台，然后他用混合现实头戴式显示器将亚历克斯·基普曼带到了舞台上。基普曼用"瞬间移动"进入了Hanai World①，那里有一个用混合现实技术打造的巨大舞台，可以将所有人一起享受演出的样子展现出来。这个场面向我们展示了虚拟舞台的未来。

---

① 编者注：Hanai World是拉里伯特打造的混合现实社交平台，该平台主要用来探索Microsoft Mesh如何能让人们以虚拟的方式出席音乐会、戏剧演出和家庭庆祝活动。

Hanai World平台将会在Mesh上运行，无论用户佩戴什么设备进入这个平台，他们都能够享受到颇具真实感的演出，在这里用户可以与其他正在观看演出的人交流和分享感受，还可以在演出结束后一起开派对。未来的线上演出将不仅是观看虚拟舞台上的演出，还是一种全新的模式，在这里表演者和观众可以一同欢呼，互相交流，而观众之间也可以"见面"并产生互动。虚拟舞台的文艺复兴时代即将到来，这种模式和能够获得多重体验、和大家一起共度的线下演出类似，但又有更多的想象空间。

作为粉圈宇宙的元宇宙

现实世界中正在不断诞生无数的偶像明星和艺术家。他们有着各自的世界观，同时与追随其世界观的粉丝群体相互作用，在线上和线下打造出了属于他们的粉圈（Fandom）。随着与粉丝相关的数字技术和互联网环境持续发展，他们的世界观便自然而然地渗透到虚拟世界中，这也就使得粉圈得以全方位地扩张而无所谓线上还是线下。例如以应用程序服务的形式上线的SM娱乐[①]的"Lysn"和NCSoft[②]的"Universe"等粉圈社区，再例如HYBE[③]将拥有1300万名用户、覆盖全世界230多个国家的Weverse[④]与V LIVE[⑤]进行整合，以期打造更大的平台。

还有些偶像明星则直接诞生于元宇宙之中。2018年，为纪念英雄联盟全球总决赛在韩国举办，拳头游戏公司推出了以人气游戏《英雄联盟》中

---

① 编者注：SM娱乐是韩国规模和实力最大的娱乐公司之一。

② 编者注：NCSoft是韩国具有代表性的网络游戏公司。

③ 编者注：HYBE是韩国知名娱乐公司。

④ 编者注：Weverse是一款为韩国男子偶像团体防弹少年团的粉丝用户打造的专属社区。

⑤ 编者注：V Live是韩国最大的明星直播平台。

的虚拟人物组成的四人女团"K/DA"。当时该公司利用增强现实技术在现场演出中发布的该组合出道曲"POP/STARS"曾一度霸占iTunes的韩国流行音乐榜榜首，截至2020年末，该出道曲在YouTube上的累计播放量超过了4700万。后来单独发行的官方MV点击量也超过了4亿人次，收获了巨大的人气。

"K/DA"由主唱兼队长阿狸、主唱伊芙琳、说唱歌手阿卡丽和主舞卡莎组成。此后随着独立音乐人萨勒芬妮的加入，组合人数增至五人。自此，K/DA组合开始像现实世界中的偶像明星一样开展演艺活动，与粉丝进行互动交流。

偶像组合"aespa"于2020年11月凭借歌曲"Black Mamba"出道，她们的世界观连通了现实世界与元宇宙。仅仅数月，她们就收获了1.4亿的播放量，大受粉丝欢迎。aespa从一开始的定位便是多国籍女团，其中队长兼主舞刘知珉（Karina）来自韩国，主唱宁艺卓（Ningning）来自中国，主舞金旼炡（Winter）来自韩国，说唱歌手内永枝利（Giselle）则来自日本。

aespa是SM娱乐为了推出"SM文化宇宙"（SM CULTURE UNIVERSE，简称SMCU）概念而打造的组合，组合内的四名成员分别有各自的虚拟化身人物，而这些人物生活在一个名为"荒野"（KWANGYA）的地方。

在设定方面，每个虚拟化身的名字都是在真人名字前面加"ae"，彼此间通过一个名为SYNK的手机软件进行交流，并在一位名叫NAVIS的人工智能朋友的帮助下实现彼此间的连接，同时她们还可以通过REKALL的方式进入现实世界，相互见面，一起演出。虽然这一切难免让人感觉有些牵强，但提出一种将现实世界与元宇宙相连接的世界观，同时推出与此同步的现实活动，算得上一种很新鲜的尝试，也为以后更宏大世界观的缔造开了一个有意义的好头。

由此可见，虚拟世界和现实世界在娱乐领域的界限已经彻底消失，相应的世界观也已逐渐向元宇宙拓展。各种演出、粉丝签名会和其他现场活动将可以在任何地方举办，而对熟悉移动互联网和元宇宙的Z世代和 α 世代[1]来说，这些越发快速的变化则让他们感到无比和谐与愉悦。

虚拟现实直播流媒体的兴起

新冠疫情暴发以来，市场对直播流媒体的需求明显增加。当人们无法到达现场，无法聚集，却又需要获得实时体验时，一个备选项便是现场直播。直播技术被广泛应用于会议、电视节目和体育赛事转播等众多领域，但因其以视频形式单方面地播送信息，所以难免让观众缺乏临场感和沉浸感。为了克服这些缺陷，给观众带来更好的收看体验，人们通过应用了虚拟现实技术的直播流媒体进行着各种尝试。

MelodyVR音乐直播平台一直致力于用虚拟现实直播来播放音乐演出和相关活动，而且在新冠疫情出现前它就已在对英国的无线音乐节（Wireless Festival）等多个活动进行虚拟现实转播。MelodyVR的首席执行官安东尼·马切特（Anthony Matchett）表示，之所以获得这些成功，是因为人们相信虚拟现实可以帮助艺术家与粉丝们建立更牢固的连接纽带，进行更深入的交流和互动，而并非因为诸如新冠疫情之类的特殊情况。

---

① 编者注：α世代是指21世纪出生的第一代，即"10后"。

而苹果收购的NextVR在新冠疫情暴发前一年就已经正式上线了音乐现场演出和体育现场转播功能，可见苹果在社会影响和技术储备方面在当时就已经到达了临界点。

体育赛事的虚拟现实现场转播也早已在多项赛事中得到尝试，并得到了英国广播公司和福克斯体育等主要电视台，以及美巡赛（PGA Tour）、美国职业篮球联赛（National Basketball Association，简称NBA）和全国大学体育协会（National Collegiate Athletic Association，简称NCAA）的合作支持。NCAA March Madness Live VR在对男排比赛进行流媒体转播时，单独销售了虚拟现实门票。与虚拟现实初创公司LiveLike结成合作伙伴的福克斯体育还在转播时开放了可以收看虚拟现实直播的平台。

但到目前为止，虚拟现实直播还受到诸多制约。这种直播不但播放时需要有可以拍摄出360度高分辨率画面的特殊摄像机，而且在现场也需要能进行高速通信的网络条件，还需要能让视频产生沉浸式体验的特殊技术。当然，观众还要自备虚拟现实头戴式显示器。所幸的是，Oculus

Quest 2的普及令虚拟现实直播流媒体有可能在未来实现巨大发展。在疫情防控要求零接触的情况下，虚拟现实不但能帮助人们体验到有临场感的实时活动，而且这项技术本身所具有的特殊功能也将为虚拟现实直播的大众化发挥巨大作用。

由于用户们可以在虚拟现实中自由移动自己的视角，因此平台还允许用户购买一些不同位置的特殊视角。以棒球比赛为例，用户可以选择赛场的VIP座席、啦啦队前面的座席、球员席中间或捕手身后的裁判位等位置。观众能够实时地在最近处一边欣赏啦啦队员，一边与现场观众一起为球员加油，或是从球员们的视角观看整场比赛，不得不说这是一件很有魅力的事情。在线下观赛时，观众只能被局限在特定的座席上，但来到线上后，对观赛位置的选择却有了近乎无限种可能。这一优点将让观众们得以通过现场直播体验到排球、足球和篮球等各种比赛中的各种独特视角，同时让全世界的人们都仿佛身临其境，与现场的球员和观众们呼吸与共。

图片来源：vrscout.com[2]

增强实况转播打造的全新用户体验

有了增强现实技术，虚拟信息能够变成与用户产生相互作用的叠屏，进而呈现在任何场景中。例如用户可以在房间中引入一个属于自己的运动场，还可以将音乐会场搬到桌面上。未来人们可以利用增强现实技术，将运动场、音乐会场、演出会场放到掌心上。而通过现有的屏幕，在被增强的画面上引入叠屏是我们最容易接触到的形态。也就是说，电视转播画面或手机将会展示被增强的影像，但比起简单地展示影像，这种形态可以让人们更加互动地观看比赛或演出。

美国赛事转播从很久前就开始使用增强实况转播技术了，比如一场橄榄球赛事转播，他们会将各小组的攻击方式、行动轨迹，以及各条路径的传球成功率标记在画面中，而这一技术也被广泛应用在足球和棒球赛事转播中。除此之外，转播画面中还会提供顾客所需的各种各样的信息，比如卫生间和出口的信息、座位信息、通过虚拟记分牌所呈现的统计信息等。随着技术的发展，电视台转播中添加了更为生动的内容和人工智能分析的信息，人们可以收看交互式增强实况转播，还可以利用移动设备来增加一个虚拟屏幕。

以美国职业篮球联赛中由微软前CEO史蒂夫·鲍尔默所管理的洛杉矶快船队为例，这支球队使用了初创公司Court Vision的技术，给球迷们带来了欢乐。

转播画面会在有需要时标注球员的名字以方便粉丝辨认球员，还会像动画片一样在比赛中加入对话气泡，看起来就好像是球员在说话。电视台还可以利用追踪到的比赛记录来得出一些统计数据和概率数据并实时地展现在画面中，比如通过球员投篮命中率以及统计数据来看哪条路线投中的球更多，这能够帮助粉丝了解赛况。

娱乐与体育电视网在转播中应用NBA官方合作伙伴Second Spectrum的技术，将选手们的奔跑速度、运动轨迹、传球路径等信息显示在画面中，为观众提供了更为生动和清晰的赛事转播画面。为了方便观众了解赛况，增加比赛的乐趣，人工智能还会利用慢放和回放来重新组合画面，并把它呈现给观众。现场观众可以在观赛时将手机对向赛场，接着手机上方就会出现比赛统计数据和各种有价值的信息，观众还可以收看转播影像来辅助观赛。这个技术也被应用在英超联赛和美国职业棒球联赛中，未来将被应用到以奥运会为代表的所有赛事转播中，把增强后的影像实时流传输给观众。

即使不去现场，用户也能一边看电视，一边用手机将赛场带到客厅的桌子上。利用增强现实技术，Immersiv.io让人们在家看赛事实况转播的时候，将手机投向转播画面，就能在家中任何地方引入一个虚拟赛场和虚拟信息牌。目前，人们可以将比赛内容流传输至增强现实虚拟运动场，虚拟画面中还可以标注选手速度、当前位置、得分和统计数据、选手运动情况等各种各样的信息。

增强实况转播对广告市场也产生了很大的影响。这是因为利用增强现实叠屏技术，电视台可以将赛场中的广告替换为转播画面里的广告，特定的设备还能为不同的地区、不同的观众推送不同的广告。

在美国，可以将转播画面中未进入国内市场的品牌的广告替换成国内广告投放至智能屏幕的虚拟运动场中，还可以只出现定制化广告，甚至可以根据比赛的进程投放当前时刻最容易激起人们购买欲的商品的广告。虚拟混合数码板（Virtual Hybrid Digiboard）系统从过去就已经开始被使用，而如今人们的手机和视频网站的服务令这一技术展现出了最佳效果。

05

教育的未来

　　新冠疫情暴发后，教育是最受影响的领域之一。由于担心病毒扩散，学生们无法上学，他们只能长时间在线上听网课、交作业。起初，因为摄像头、电脑、软件操作、上课环境、网络等问题，绝大部分学校和教师都感到手足无措，学生和家长也一时间难以适应这种变化。但随着时间的推移，现在人们已经对网课这种形式习以为常。原本预计人们需要十年以上才能逐渐适应的在线教育，现在仅用一年的时间就被半强制性地推行和普及了。

　　一般而言，教育都是面对面授课的形式，我们认为学校这个空间为学生带来的社交能力的锻炼和体验是其他任何东西所无法替代的，然而这种传统的教育现场一下被颠覆了，一切都在不断摸索的过程中朝着数字和线上的形式发展。

　　大部分学生去学校的日子一年加起来都还不到四个月，同学们在Zoom

上见面，家成了半个学校。即便步入了2021年，疫情依旧不见好转。许多学校仍然在进行线上与线下混合式教学。随着线上授课这种形式长期化，线上视频会议软件与学习工具得到了蓬勃的发展，像YouTube、慕课（MOOC）这种在网上分享信息的平台也在迅速成长，其内容日益丰富。元宇宙的生态系统也处于一同发展的进程中。

在非面对面授课时，学生难以长时间集中注意力，而教师也很难确认学生的学习状态。为了弥补这些不足，我们需要借助各种教辅工具和软件，而元宇宙在教育领域的应用效果最佳。

为了发展和普及数字素养、学习工具的应用，从很久以前开始，谷歌就开发了"谷歌教育"（Google for Education）程序，开展了许多活动，但直到疫情暴发，这一切才加快进程。线上学习工具、谷歌虚拟现实纸盒眼镜（Google Cardboard VR）、谷歌探索（Google Expedition）中的程序"Tour Creator"等，都在非面对面的教育模式中得到了广泛的应用。

在这种形势下，连毕业典礼和入学典礼如此重要的年度活动也只能在线上举行。大部分学校都选择在Zoom或YouTube上举办，但也有学校为了让活动更有特色而选择在元宇宙中举办。比如伯克利大学的学生就在《我的世界》中重建了校园"Blockeley University"，并在里面举办了2020年虚拟毕业典礼和为期两天的音乐节。学生和教授全都化身为虚拟人物出席典礼，他们在虚拟世界里进行交流和参加现实世界中的活动。毕业典礼以视频直播的形式通过实时流媒体视频平台"Twitch"每天直播五小时。

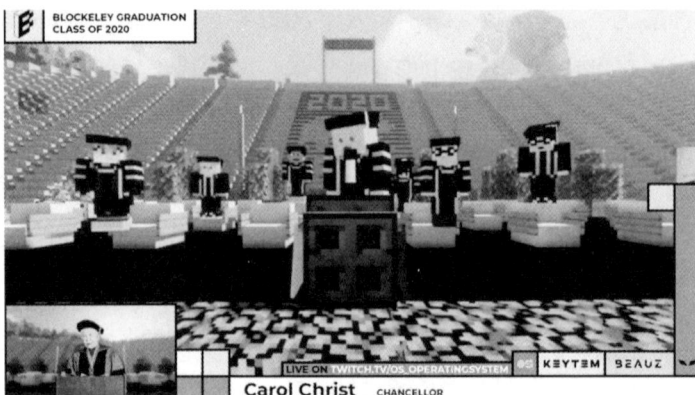

伯克利世界2020届毕业典礼

图片来源：blackmagicdesign.com[3]

在毕业典礼上，《我的世界》制作公司Mojang的莉迪娅·温特斯（Lydia Winters）、Twitch公司的简彦豪（Justin Kan）和游戏公司雷蛇（Razer）的CEO陈民亮（Min-Liang Tan）分别发表了演讲。在典礼的最后，虚拟化身们一起把学士帽扔向空中，场面十分壮观。

图片来源：hankyung.com[4]

疫情的蔓延导致许多大型活动都无法在线下举行，在这种情况下，顺天乡大学决定将2021年的开学典礼转移到SK通信公司的Jump VR平台上举办。这是因为新生们都是Z世代，校方想采取一种他们更为熟悉的方式举办典礼，所以才做出这样的决定。学校不仅在元宇宙中重现了学校操场和部分校园场景，还把校服制作成虚拟化身的服装送给新生。活动当天共有2527名新生（实际出席约2300名）在线上参加了典礼，他们在虚拟空间里自拍、与朋友见面。

如果换成在YouTube上举办的话，学生们只能全程作为观众收看，参与感很低。所以尽管这是一次新的尝试，目前还存在许多的不足之处，但是在虚拟世界中举办现实世界的活动能让新生们体验即将到来的数字化转型，这可以说是一次非常有意义的典礼。

市场调研公司Market Research Future发布的报告显示，全球虚拟教室市场的规模从2017年起就以每年10%左右的速度增长，到2023年，这个规模将达到120亿美元（约合人民币770亿元）。Market Data Forecast也在新冠疫情暴发后发布的报告里提到，全球虚拟教室市场的规模以每年16.24%的速度增长，到2024年，这个规模将达到196亿美元（约合人民币1250亿元）。从这两份报告可以看出，在新冠疫情暴发之前线上虚拟教室已经开始发生变化，并且在疫情暴发之后，其变化速度越来越快。也就是说，我们现在所经历的变化在过去已经悄然开始，同时这也是未来的发展趋势。所以，与其把新冠疫情当成一种危机去应对，不如把它看作一个改变教育模式的新机会和转折点，对经历了此次疫情的一代人来说，我们应该不断地进行尝试，积累经验，努力成为引领数字化教育改革的先锋。因为值得庆幸的是，教育的未来一定会比现在更好、更光明。

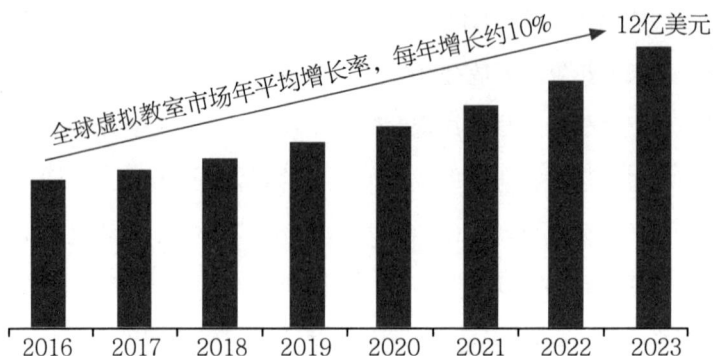

全球虚拟教室市场年平均增长率，每年增长约10%

12亿美元

2016　2017　2018　2019　2020　2021　2022　2023

图片来源：marketresearchfuture.com[5]

互动和参与感的最大化

线下教室最大的优点在于学生之间可以进行互动，这个过程能让他们产生参与感。然而，应试教育的发展让这种优点逐渐消失。新冠疫情暴发后，人们开始重新审视互动和参与感的本质，随着线上授课形式慢慢融入人们的生活，教室这个空间将会实现互动和参与感的最大化。

通过线上视频授课的方式，学生们可以持续高效地集中听课，如果将教室和增强现实的内容融合，学生们还能立即参与到其中进行互动。在家中利用虚拟现实技术上课，大家即便不在同一个空间里，也可以频繁地互动。《我的世界》教育版可以让学生在互动的同时进行丰富多彩的实习和体验，伴随着资源和模式的逐渐增多，也可以将这些内容灵活应用到学生们的学习当中。在《罗布乐思》游戏中，学生们可以一边做任务开发游戏或学习程序，一边学习，并且能和朋友们愉快地交流，互换意见。

把增强现实、虚拟现实设备和元宇宙软件应用到数字教育上后，从小熟悉这种文化的一代人可以比采用原有的教育方式更快地进行互动，课堂的参与效果也能达到最大化。这种方式并不仅仅局限于小学和中学教育，在大学或成人的学习课程中，我们同样也可以通过虚拟现实设备提高课堂的参与感，使用智能设备的增强现实软件与内容的交互程度非常高，可以帮助学生与其他同学在同一空间内面对面交流和互动。尽管大家实际所在的位置各不相同，但登录虚拟世界的教室后，他们就像身处在同一个空间里，所以在参与讨论和完成小组课题的过程中，学生们的参与感也会更为强烈。

个性化学习体验已成为现实

每个人都有自己喜欢的学习环境。但因为现实中的教室是面向所有人打造的，必须具有一定的标准性和大众性，所以很难满足所有人的需求。虽然家中学习空间的个性化定制潜力更大，但因为它终究是一个物理空间，所以一旦打造完成，人们就很难再去进行改变，无法满足人们所有的想象。对虚拟空间的环境而言，人们则可以在软件设定的范围之内尽情地更改和优化空间，同时，还可以根据学习的内容打造一个合适的环境，这对定制个性化学习空间而言再合适不过了。虽然基于互联网的学习过程可以让每个人的学习能力、学习进度和兴趣都实现个性化定制，但目前我们仍无法实现学习体验的个性化定制。

虚拟现实或虚拟世界中的个性化学习体验可以对物理空间产生影响，通过增强现实软件，用户可以把教材或学习材料放在房间各处，以供自己查阅学习。在虚拟现实里，用户还可以把学习空间打造成深山里僻静的小木屋，或是一栋能欣赏到巴黎埃菲尔铁塔的视野绝佳的三层建筑，可以邀请朋友一起学习和讨论，也可以坐在印度尼西亚巴厘岛海景优美的咖啡厅里读书。

学习已经不再仅仅是在现实中翻开书本、画重点和整理笔记了，"去想去的地方、见想见的人、看想看的事"成了更重要的学习模式。现在我们可以通过最合适的方法和工具学习自己想要学习的知识点，因此个性化的意义将不再停留在进度和科目的差异之上，而是会扩展到学习空间的范畴。学习空间一直都在改善中，即便是在不大的空间里也照样能够学习到大千世界，根据个人情况和心情，还可以打造出有助于集中注意力的个人专属学习空间。

沉浸式学习和学习效果实现最大化

虚拟现实让沉浸式学习成为可能。就连平时对学习不感兴趣的孩子也喜欢进入虚拟现实中探险和做任务。因为这给人的感觉更像是一种游戏，而不是学习，因此他们的学习动机和学习欲望也会变得更为强烈。在面对自己觉得有趣的事情时，人的心态通常也会变得更加积极，即使失败了或者没有做好也会认为没有关系，只要从头再来就可以。即便是第一次接触的东西，他们也愿意主动去学习。

正是这些条件为人们实现沉浸式学习创造了可能。比起通过书本和文字汲取知识，身临其境的学习效果要高出好几倍。人们通过亲身感受、亲眼所见和亲耳所闻的方式获取的知识和经验，理解起来会更快，记得更牢，而且不会感到枯燥乏味。就和游戏一样，沉浸式学习也需要人们去完成指定的任务，这给人的感觉和现场学习无异。这样一来，人们因新冠疫情不能随心所欲外出的郁闷之情也能得到些许缓解。

在虚拟现实和增强现实带来的效果中，最具冲击性的是能够给人如同亲临现场般的学习体验。而且用户所处的空间场景可以是任何地方，哪怕是人类还无法抵达的地方也可以，因为在虚拟现实里，根本不存在时空、规模或速度的限制。

通过增强现实技术，太阳系和宇宙星云、木星的卫星系统和旅行者号的探测轨迹、火星的表面和月球的背面，都可以一一呈现在用户的书桌上。不仅如此，他们还可以通过上帝视角俯瞰整个宇宙，理解整体原理，将月坑放大后进入其中。另外也可以通过放大原子和基本粒子来寻找夸克和轻子，把DNA的螺旋构造分解开来学习。

虚拟现实可以让许多事情变为可能，比如登上火星表面、登上月球表面、进入炽热的太阳黑子内部等。解剖领域也无须再靠解剖动物、掠夺生命的方式来掌握专业知识了，而且人们不用特殊工具也能观察得非常细致，并且可以反复学习这些知识，直到自己理解为止。即便坐在自己的椅子上，用户也能瞬间移动到太平洋最深的海沟之下或南极冰川之上学习和了解知识。

建筑、历史、医学、物理、化学、生物、地球科学……无论什么领域和科目，都有可能实现沉浸式学习，不仅大量的内容将会重新在三维元宇宙中发光发热，还会催生出一大批新的项目企业和创作者。随着人类的知识与经验从原本的二维形式朝着三维，甚至是超越时空限制的四维发展，未来穿越时空的形式将会成为学习的新模式。

迈向合作和共同学习的时代

在元宇宙中，人们既有独自存在的世界，也有和其他人共同存在的世界。你可以一个人去海底探险，去美术馆欣赏凡·高的作品，也可以和朋友们一起堆积木、盖房子、解决问题，或是和朋友组队后与其他小组展开对决。

在此之前，人们的学习大部分都是以个人为中心进行的，即使是与他人共同完成的课题，也是以小规模的团队为主进行。但在元宇宙中，大规模的合作学习成为可能。比如学习和研究蛋白质的折叠构造，通过增强现实标记历史遗迹等，这些都可以通过合作共同完成。此外，人们还可以一起搭建《我的世界》的方块，理解科学原理；以小组为单位展开任务比赛，一起采集海底生物；一起进入历史当中探讨和破解历史谜题。

通过互联网的连接，孩子们可以走出教室与全世界的朋友一起面对面学习。对那些正在逐渐成为数字地球人的孩子来说，他们在未来究竟能在元宇宙中参与多大规模的合作学习呢？这是一件十分令人期待的事。

未来的实践性学习

虚拟现实和增强现实的技术优势在于可以实现沉浸式体验和没有制约的交互，这对实践性学习和职业教育来讲是非常有利的。通过技术准确还原的内容，人们无须实际的工具或材料就能学习到它们的特性，进行实操训练，并且他们还能直观地学习到各种机器和工具的使用方法。

在医学领域，尤其是在对人体或器官进行操作时，人们必须熟练掌握危险工具或手术器械的使用方法。如果运用虚拟现实和增强现实技术操作，人们不仅可以针对重要环节反复训练，还可以根据不同的身体特征进行练习，这个过程既不受限制，也没有危险。因为这是关系到生命的领域，所以实操机会可遇而不可求，成本也十分之高。但如果结合虚拟现实或增强现实技术，一切问题都将迎刃而解，所有制约也会随之消失。

虚拟现实和增强现实技术还非常适合易燃易爆品和危险品的处理。因为这类工作不仅对人的生命构成威胁，还需要人们投入大笔资金。如果先通过虚拟现实充分训练，再在实战中完成最终训练的话，从各个角度来看都是非常有好处的。也正是基于这个原因，这种技术被广泛运用到军事当中。无人机的操作，飞机的驾驶，以及坦克、重型装备、导弹发射装置等，这些都是先通过模拟器训练，再在实战中额外训练的，而开发模拟器的核心技术就是虚拟现实和增强现实。

虚拟现实和增强现实技术在企业学习新设备和新软件的操作方面发挥着重要的作用，这是因为机器或设备变得越来越复杂，需要人们经常对它们进行检查，必要的时候人们还要重新接受培训去学习它，这时候虚拟现实和增强现实技术就会派上用场。另外，针对像机器维护和电力维修这类要求高度专业性和熟练度的工作，人们同样可以通过增强现实的引导学习来提升实践能力。如果人们在实操中也佩戴增强现实眼镜的话，那么他们就能一边工作一边学习。这样一来，人们不但能够灵活调用庞大的数据库，还能降低在这个过程中漏掉重要知识点的可能性。

虚拟现实和增强现实也给职业培训带来了巨大的改变。有一款适配Oculus Quest的游戏叫作《工作模拟器》（*Job Simulator*），在这款游戏中，人们可以间接体验自己感兴趣的特定职业。虽然这是一款游戏，但在完成任务的同时，人们也有效地体验和学习了该职业的技能、作用和责任。

事实上，现在有许多企业都在制作服务于OJT培训（On the Job Training）的各种软件和内容，并且将其应用到新职员的教育当中，如果能把它的应用领域扩展到职业体验方面的话，人们就可以提前体验各种心仪的工作和业务，以此来判断自己是否适合以及能否胜任这些工作和业务，以及做起来的实际体验与自己的预想是否相符。

这项培训对想要换工作或者刚开始工作的人非常有用，通过充分地提前体验，它可以帮助求职者或者对特定工作有需求的学生找到他们各自想要的工作。随着我们逐渐进入一个超老龄化的社会，对需要从事一项全新的经济活动的老年人来说，这项培训也是十分有用的。

06

数字疗法与医疗的未来

　　数字技术除了可以用于辅助诊断和测量，还被研究用于治疗疾病，这就是数字疗法（Digital Therapeutics）。近年来，随着制度约束逐渐放宽，各种传感技术及手机应用程序蓬勃发展，数字技术得以更积极地被应用于医疗领域，由此出现了诸如药物中毒救治软件在美国食品药品监督管理局获批等案例。以至于我们可以偶尔看到"数字新药"这一多少有些夸张的说法，足见该领域所拥有的崭新潜力。

　　数字疗法具有基于传感器采集的数据，通过软件实现治疗效果的特性，因此这一技术目前还受到诸多制约，它能够应用的领域有限。然而在糖尿病、失眠、抑郁症和阿尔茨海默病等多个领域，其应用研究仍在一刻不停地进行着。我们有理由相信相关研究成果将在未来不断涌现。

　　从这种观点来看，该领域杀出的两匹黑马正是虚拟现实技术和增强现实技术。二者的优势在于，其交互界面能够突破智能手机程序和电脑软件的制约，以此帮助那些在互动中更加需要沉浸感和真实感的领域实现巨大飞跃，尤其在与脑部相关的领域，它们的应用空间巨大。

Virtuleap[①]的"Enhance VR"应用程序被用来开发用于大脑训练的实验室平台，以及记忆力、认知能力、方向感知能力及问题解决能力的提升等多个领域。它不但可以被用于提升幼儿的学习能力，而且它在阿尔茨海默病早期治疗，以及延缓阿尔茨海默病病程发展方面尤其有效。据报道，在治疗阿尔茨海默病时，它可以用患者一生中所拍摄的照片或视频制作出阶段性、重复性的训练内容，对患者受损的记忆和降低的认知能力进行修复和提升，并可根据患者的反应，以虚拟现实技术对这些训练内容进行适当的沉浸式再现，这种方法的治疗效果显著。[10]

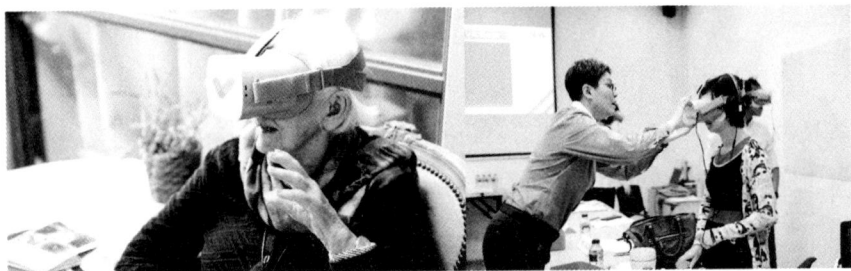

虚拟现实技术对于治疗恐惧症、创伤后应激障碍和惊恐症等也很有效。韩国国内的部分医院[11]已经建成虚拟现实治疗中心并投入使用，应用方式也多种多样。

有报道称，恐高症患者在重复观看仿佛置身高处的虚拟现实影像后，其症状即可得到有效缓解。该疗法已经被许多企业和医院实际采用。[12]

---

① 编者注：Virtuleap是一家葡萄牙的医疗保健初创公司，它致力于将神经科学与虚拟现实相结合，通过这种手段检测用户是否患有认知疾病，并针对各类病症提出相应解决方案。

另外，针对心理压力、社交恐惧症、强迫症、被霸凌、被孤立、厌食症、焦虑症和心理创伤等由心理因素引发的症状，与之匹配的虚拟现实解决方案不断面世，并凭借其费用低、效果好的优点成了在数字治疗领域被经常引用的优秀案例。

为早年间参加越战的军人治疗创伤后应激障碍的虚拟现实程序"虚拟越南"（Virtual Vietnam）[13]在投入临床应用后被证明效果不错，于是研究人员不断优化为外派官兵提供治疗的程序，并将其投入使用。随着"虚拟阿富汗"（Virtual Afghanistan）和"虚拟伊拉克"（Virtual Iraq）等后续程序被研发并投入使用，出现了多种尝试性的疗法[14]，例如对创伤后应激障碍产生地点的事件或经历进行追踪，以及以治疗为目的让患者反复观看相关内容后进行心理治疗等。相关疗法至今仍然被广泛应用于治疗类似症状。

一家名为AppliedVR的企业曾凭借其30多年的研究经验正式研发出了虚拟现实疗法。该企业至今已与240多家医院达成合作，为3万多名患者提供了虚拟现实数字医疗服务。相关疗法对治疗慢性疼痛以及急性手术后的疼痛和焦虑症有显著临床效果，它获得了美国食品药品监督管理局的批准，并在一线医院投入了使用。同时，它在一般疼痛和焦虑症管理方面也是目前采用的方法中最积极的疗法。可以想见，虚拟现实技术今后也将在数字治疗领域获得广泛应用，实现在该领域的爆炸式增长。

打开医疗研究新局面

除数字治疗领域外，虚拟现实技术在医学的先行研究领域也发挥着重要作用。该技术在基因组研究和基于大数据的制药研究等领域得到积极应用，通过获取小型基因组信息，或对各种新药候选物质进行不同角度的旋转和放大，该技术可以帮助研究人员进行更加多元和详细的研究。过去受到条件制约，当多名研究者想要用显微镜共同观察研究对象并进行各种讨论和实验时，这个过程存在诸多不便。而应用该技术即可将研究对象放大到可以用手触摸的大小，让研究者可以共同观看，放大视觉信息的效果，从而多观点、多角度地分析问题，最终激发出更多的创意。

其中的代表性案例便是基于纳米细胞超高分辨率显微镜数据开发的虚拟现实软件包vLUME，它是一款由剑桥大学和LumeVR[15]共同开发的视觉化分析工具。它可以让人看到自己的细胞，并从拥有数百个数据点的庞大数据集当中提取出数据模式，实现共同协作。[16]而通过虚拟现实技术，诺华制药（Novartis）则与虚拟现实结构设计领域的新兴企业Nanome进行虚拟协作[17]，它们的协作旨在发现新药的候选物质。

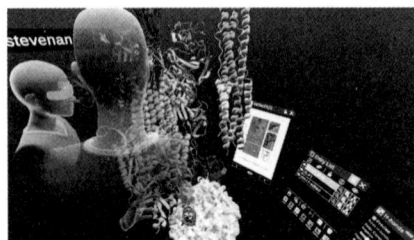

在新冠疫情导致众多研究室被关闭或无法运行的当下，利用虚拟现实技术使远程共同研究重新成为可能的头号功臣正是虚拟现实环境。它使研究者能在无法接近重要设备或实验室的情况下，通过虚拟现实继续进行虚拟实验或研究，还能让他们与相隔遥远的同事们在虚拟现实环境中继续协作。

多个远程诊疗和远程医学研究系统曾险些因疫情而大大拖延被投入使

用的进度，但该技术不但使这些远程诊疗和研究得到了迅速发展和应用，也给研究团队的研究习惯和研究环境带来了巨大变化。这反过来又使远程协作得到大发展，研究者们以斯高帕斯数据库（SCOPUS）、谷歌学术（Google Scholar）、美国国家医学图书馆数据库（PubMed）和学术社交平台研究之门（ResearchGate）等为中心进行了活跃的研究和全球化协作。尤其是在关于新冠的研究领域，他们显得更加活跃。研究人员在不接触新冠确诊患者和疑似患者的情况下，也能利用视频流媒体和虚拟现实进行极为有效的研究。[18]

数字疗法的大众化

随着智能设备的发展与普及，数字疗法将真正实现大众化。远程诊疗和处方在韩国国内受到限制，虽在经历新冠疫情后政策有所放宽，但依然对其造成严重制约，因此它们将在不同的国家迎来不同的发展局面。

特别是那些与智能设备相关，同时应用虚拟现实技术的领域获得了飞速发展，这些领域积累了大量的数据。数据量的增加带来治疗效果的提升，也使得各种解决方案和医用产品被不断研发出来，相关的应用和推广也将继续进行。随着大众对其产生理解与认知，受众面也将不断扩大。

由于目前市面上的虚拟现实设备大多是按照游戏娱乐的标准研发的，所以它们在很多方面无法满足和匹配数字治疗或医疗领域的需求。因此，针对相关领域专用的虚拟现实设备的研发也将同步进行，以确保设备性能与功能可以匹配和满足该领域的需求。

康复治疗领域也在加快引入虚拟现实和增强现实技术，而且相关疗法不但能覆盖传统康复治疗中针对肌肉骨骼的物理治疗，还在不断向脑损伤治疗和其他领域扩展。原本重复而枯燥的康复训练遇到虚拟现实技术后，利用各种游戏要素和让人产生真实感的内容，让患者不再容易感到厌烦，还能持续产生治疗效果。此时即使物理治疗师不在身边，患者也可自行居家治疗，这也就确保了患者能在感到舒适的场所和时间坚持康复治疗。

虚拟模拟器辅助训练法的推广

虚拟现实技术在医护人员培训领域受到巨大关注。医护人员的培训总是困难重重，因为他们要面对诸多问题，比如当他们遇到有捐献需要的遗体时，相关患者要有适当的患处，医护人员需要征得患者的同意并完成复杂的手续，但合适的病例很少。然而随着虚拟现实训练程序的开发，相关产品不断迭代，如今虚拟现实模拟训练已经全方位投入使用。相关研究结果表明，相较于按照传统方法实习的医生，曾用虚拟现实模拟器针对各种手术和病例进行过反复训练的医生，其医疗事故发生率显著降低，同时实际工作表现也更出色。[19]

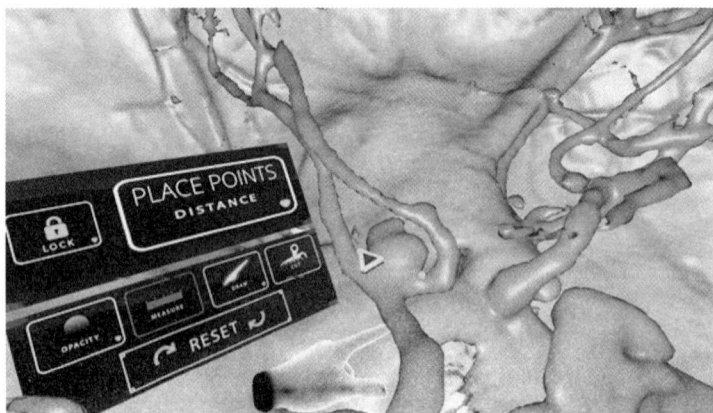

使用虚拟现实模拟器可以节约费用和时间。实习准备过程中的大多数步骤变得不再必要，医师准备和实习的时间也明显缩短，这足见其高效性。对大批医师的培训的整个过程仅需要最少的管理人员和运维人员即可完成，而且还能大幅度降低医疗事故的发生率。同时虚拟现实内容的特性还决定了培训的整个过程几乎不存在伦理问题，受训者对相关问题的排斥感也能被降到最低。对比传统训练，三维程序所具有的优点使得受训者可以更快速、更仔细地观察人体内部并重复进行手术实习。医生们在操作实际手术前进行过具有参考价值的模拟训练，能让实际手术更加成功。

ImmersiveTouch、Medical Realities、ORamaVR、SimX、zSpace和牛津医学模拟（Oxford Medical Simulation）等众多企业研发出了多种模拟器，这些模拟器在实际应用领域获得了人们的积极应用。随着触觉反馈技术和传感技术的加入，更多领域的专用模拟器将不断涌现出来，它们将覆盖几乎所有的领域。

个性化远程诊疗与虚拟护理

日常生活的忙碌以及预约和造访医院时的烦琐，这些正是现代人疏于保健和疾病预防的原因。利用虚拟现实技术，人们即可快速而便利地定期进行健康咨询、居家检查和疾病预防诊断。虚拟现实的一大优点便是让远在天涯的两个人仿佛近在咫尺。你可以造访虚拟医院，而那里的虚拟主治医生或真实主治医生可以为你看诊、做咨询乃至下处方。当然，如有必要，你还可以前往真实的医院。不过如果能定期接受这种便利的服务，不但可以节约人们看诊的费用，而且更省时高效。

通过智能设备，发达的数字技术与传感技术使人们即使相隔遥远也能完成多项人体数据的测量。而且由于诸如苹果智能手表之类的智能手环还能完成心电图测量，因此用户只要再配合使用智能手机的摄像头，即可实现与去医院相同的效果。若不考虑政策限制的因素，这便相当于实现了一种方便的个性化远程诊疗，人们将可以享受一种即时有效的虚拟护理。

另一个能够让虚拟护理大放异彩的领域便是提供旨在追求内心安宁与康乐的数字护理，例如解压、缓解失眠和正念冥想等。它超越了市面上一般的心理治疗或冥想课程，使用户能与教练、心理咨询师或主治医生等实现双向连接，使用户能够获得有助于治疗的数字处方，并且让用户能够利用智能设备实际接受治疗，同时紧密而持续地向医师咨询和反馈。

此项应用可以帮助大众降低看病门槛，减轻去医院的负担。这样一来，即使人们出现了那些不去医院检查就容易忽视的症状，也能预防它们发展为各种现代人的常见病乃至危重症，让自己活得更加健康。

协作诊疗与增强手术

在过去，计算机断层成像或磁共振成像技术使我们能够获得更为精密的医疗数据。如今我们又能以这些数据为基础进行三维建模，于是我们得以仔细而立体地对病人的患处进行观察与分析。而那些相隔遥远的人也一样可以轻松访问这些数据，并针对病人的症状或治疗方法展开讨论，实现多种多样的协作。

就这样，虚拟现实与增强现实的扩展作用让身处远方的专科医师们也能提供帮助，使人们能够获得更详细有效的诊治。这一切打破了过去仅能在医院系统内完成诊断与治疗的限制，成了实现医疗领域开放型协作与改革的重要推动力量。

结合前文提到的虚拟训练的效果，在手术时，还可以再采用增强手术（Augmented Surgeries）的方法，即在现实的手术室中通过类似HoloLens的增强现实眼镜，医师将与手术相关的重要信息在适当时机传达给手术人员，同时还可允许远程参与手术的专科医师实时提供建议与帮助。

法国IRCAD的教授雅克·马雷斯科（Jacques Marescaux）曾实现过一项创举，即在远隔7000公里的美国操纵在法国的手术机器人成功完成远程"林德伯格手术"。他主张，采用增强手术的方法，医师能够在方案制订阶段就找到高效的手术方法，因而这项技术不但能保证手术准确度提高，还能将实际手术时间缩短到原来的五分之一。[20]

该技术在韩国国内也正应用于脊椎手术等多个领域，并与内镜治疗和机器人手术等相互联系，共同发展。只要相关制度法规能及时完善，那么这项技术今后将能够获得进一步发展。

07

制造业的未来

自动化最发达的领域莫过于与制造业相关的产业。随着可以程序化的部分逐渐融入系统,传统制造业的那种人眼可视、人手可为的工作正在逐渐消失,产业结构也在逐渐升级。由于我们目前的生活空间依然以现实物理空间为主,制造业所创造的价值也将持续存在。更先进的实体经济使制造业向各种类型的小批量生产与大规模定制的趋势加速转型。在这样的趋势下,增强现实和虚拟现实的发展逐渐得到促进,而且它们在制造业中的应用范围逐渐扩大。

协同设计

作为制造的前一阶段,设计与开发领域成了增强现实和虚拟现实技术最大的用武之地。包括微软的Mesh平台在内,各厂商推出了各种建筑、工程和施工行业的协作工具，这使人们可以共同进行规划与设计，提升了生产效率。相隔遥远的各种专家和负责人可以将电脑辅助设计文件和人工设计文件上传到虚拟空间，针对创意以及需要修改的部分或问题进行讨论，共同协作，而这一切都是新技术的功劳。

如果汽车公司的相关员工聚在虚拟现实空间内，他们可以针对已经完成的设计图纸交换意见，进行评价；而家电或家具的设计人员，则可以模拟产品在不同的室内装潢和环境氛围中所呈现的感觉，并针对问题进行调整。原本因为时空限制而不方便聚在一起的人们可以更轻松地完成协作，同时还能大大节约协作的时间和费用。

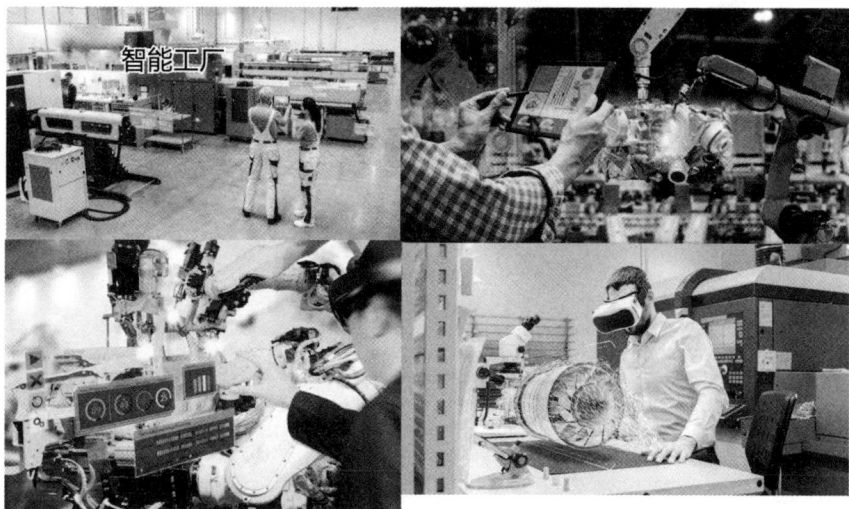

特别是，随着各领域专家的协作不断实现，设计的专业程度不断提升，协同设计的文化与经验逐渐成为各家企业的核心竞争力。

数字孪生

随着电脑辅助设计技术和模拟技术的发展，数字孪生技术开始在各种领域得到应用。在现实中的装备或设备还未被制造出来时，通过模拟，人们就能提前发现问题并对产品进行改进；而在设备的实际使用阶段，人们还可以进一步实现效率提升和管理优化。随着数据的积累，现实模拟的准确度提高，与整个供应链管理相关的智能生产和大规模定制也将成为可能。

英伟达试图通过Omniverse提供高精度、高效率的数字孪生解决方案，这也是因为其研发出了能够以极高的精确度实现高度模拟的平台技术，以此可以实现整个工厂的虚拟化，对生产线的调整或机器人的配置进行事前模拟。

如果在物理引擎PhysX上使用材质定义语言（MDL），即可实现对粒子、材料乃至流体的模拟。若在模拟中再加入数字人，还能对实际工作人员的工作流程、工作台高度和物料架位置等工作环境中的细节进行调整。

一个实例是，福特汽车利用数字孪生技术进行模拟优化后，为员工减轻了70%以上的负担。

虚拟培训

虚拟现实和增强现实可以在培训过程中为受训者提供完全不同的体验。据多份报告称，对存在危险性或复杂性的系统进行近似虚拟，可以使受训人员获得与在实际环境中操作和使用设备时相同的经验，而以此种方式培训出的工作人员，不但其工作效率得到提升，而且其生产安全事故发生率也显著降低。GE可再生能源公司（GE Renewable Energy）表示，用Upskill应用程序进行风力涡轮机操作培训后，实际生产效率提升了34%以上。

通过虚拟培训收集的使用者数据还可以被反映到实际设备中，以此预防生产过程中操作人员可能出现的失误，并将其移动路线缩到最短。虚拟培训不但让重复训练变得方便可行，节约了费用和时间，还有助于系统掌握每名操作人员的水平并实施个性化培训，因此未来它将会在生产现场得到更广泛的应用。

增强辅助

增强现实在生产现场发挥着重要作用，今后将获得极大推广。使用增强现实应用软件或佩戴增强现实眼镜，不但可以让用户快速与指挥总部实现免提式通信，而且能够让用户实时共享现场情况和进度，十分有利于管理。增强现实眼镜可以凭借附带的传感器捕捉到重要的警报或信息，并分析摄像头拍摄到的影像，迅速发现异常情况或需要立刻处理的问题等，它相当于一名专职助手，为用户提供一对一的辅助。

特别是在处理复杂和高难度的工作时，操作人员可以调出操作手册或指令菜单，在指导下完成操作。同时当设备零部件需要维护保养乃至维修时，操作人员也能及时处理。爱科（AGCO）等农机制造商曾表示，采用增强现实辅助后，操作人员的组装时间缩短了25%，检查时间也缩短了30%以上。

该项技术不但为敦豪航空货运、洛克希德·马丁、通用电气、波音、宝马和英特尔等众多企业所应用，还走出了制造业，扩展到了物流和建筑等众多领域。而且由于其能够有效降低安全事故风险，所以受益人群不再仅限于制造业的工人，而是普及到了警察、消防员和军人等行业。

可以想见，随着增强现实眼镜的价格走向大众化，外形更加多样化，各种实用的应用软件被开发出来，增强辅助的功能也将更加多样，市场前景也会越来越好。

08
工作方式的未来

　　元宇宙技术几乎和所有产业有关，而对所有产业都有巨大影响的领域必然会带来工作方式的革命。在新冠疫情导致居家办公普遍化之前，工作方式就已经进化出了诸如数字游民、联合办公空间和数字化办公室等新形态。人们已经不再像过去那样必须在相同的时空内一起工作，同时随着提倡与各种合作伙伴进行超远距离协作和开放式沟通的互联网企业文化被推广开来，人们的工作方式在最近十年迎来了远远大于过去数百年的变化。疫情让新工作方式的社会接受度提高，进化速度加快，而这一切都要归功于数字、互联网、移动通信以及虚拟现实和增强现实技术。

　　在远程工作时，沟通交流变得非常重要，因此在现实中人们会用到多种视频会议工具。然而若想采取一边分享资料一边协作的方式，或开一个一边在白板上写写画画，一边激发人们创意的工作坊等还是存在诸多限制。于是基于云服务的Slack和Teams等各种团队协作工具和创意工具纷纷面世，并随着各家企业的使用而逐渐推广开来。

然而人们也会感到工作的真实感降低，同时相较于面对面进行高频度讨论和工作的方式，人们的空虚感增加，亲密度降低，这些都是伴随技术而来的问题。当工作中有事情需要立刻找人询问时，人们固然可以通过打电话或发信息等方式来解决，但这很难让人们像在同一间办公室工作时那样彼此产生亲切感。于是有的互联网企业就选择让员工们在工作时间集体登录Zoom，关闭麦克风，打开摄像头，假装大家在一起工作。

Gather.town这款软件拥有可爱的虚拟形象和二维界面的虚拟空间。用户可以在里面创建一座学校，抑或是办公室或会议室。用户的虚拟化身可以自由穿梭其中，一旦当他靠近周围的其他用户时，他又能打开视频会议画面，与其进行视频通话，甚是有趣。

在虚拟办公室中，员工们可以在各自的办公桌上工作，在需要对话或汇报时，他们又可以移动到对方的座位上进行视频通话，还可以在规定时间聚在会议地点召开会议。在这个虚拟空间平台中，人们有了一点在公司上班的感觉。随着工作空间被元宇宙化，人们将更有在一起工作的感觉，工作效率也会同步提高。

虚拟现实和增强现实技术能够弥补沉浸感和临场感等方面的不足，使工作环境逐步进化出未来的形态。技术和社会认知在不断朝着带来巨大变化的方向升级迭代，同时人们的习惯和工作方式也在快速发生变化。

虚拟工作空间与远程协作

在过去，人们要开展工作就必须占据一个物理空间。但随着远程工作方式的出现，人们不再需要真正聚在一起，这也使得现实中在一个固定空间里开展工作的效率越来越低。彼此相隔遥远的员工们需要有一个可以聚在一起工作的全新空间，虚拟联合办公空间便应运而生。人们越来越需要一个能给人仿佛彼此在一起的真实感，在必要时还可用来实现开展讨论、决策、共同激发创意或给彼此发邮件等工作的虚拟工作空间（Virtual Workspace）。

虚拟现实技术的应用使人们能以多种多样的方式实现这部分的需求。随着对虚拟工作空间的需求和应用与日俱增，相关产业的销售额也在稳步增加。

Spatial支持混合现实技术，它通过多种设备构建出了一个允许用户彼此协作的环境。用户可通过在相同空间内佩戴增强现实头盔或使用智能手机中的增强现实程序，呼叫相隔遥远的其他用户一起参与讨论或共享资料数据，而远在异地的用户可以使用虚拟现实头盔进入虚拟空间参与协作。没有智能设备的用户则可以采用传统方式，在个人电脑上以视频会议的方式进入虚拟空间。于是无论用户身处何地，使用何种设备，他们都能聚集在相同的虚拟空间展开协作。

The Wild能够虚拟地建构设计或建筑、工程或施工等领域的专用协作空间。AltspaceVR和Mozilla Hubs则基于三维网络打造出便利的共享空间，让用户可以在其中分享数据和开展协作，享受良好的用户体验。而Rumii、Engage、vSpatial、glue和MeetinVR也在提供多种多样的解决方案，例如开设各种房间，以及在内部构建可进行各种团队协作和会议的灵活空间等。

这些围绕虚拟工作空间开展的远程协作必将紧扣企业需求，实现快速发展和推广，并在未来带来更多的好处和变化。现实中的企业也在致力于改造办公室结构，使其可以实现联合办公与柔性工作，减少其占据的物理空间。由于佩戴虚拟现实头盔时，用户会感到不适，因此在虚拟空间进行协作时，人们很少做需要较长时间的工作，而是更多地进行短时间的高专注协作或异步协作。

考虑到共同协作的特性，云技术能否支持和兼容将变得非常重要，而现有的工具将更方便地在现实世界和虚拟世界之间实现共享和兼容。通过界面优化，OneDrive①和GoogleDrive②，乃至Slack、Notion③和Confluent④等工具将可以在虚拟空间中得到应用，而这种优化和联动的应用程序编程接口又将催生出更多种多样的工作空间。

沉浸式工作环境

虚拟现实和增强现实还能为个人的工作带来更高的自由度和效率。比如在现实中没有大型的书桌、大房间或大型显示屏，而人们在虚拟办公室内就可以轻松地把它布置出来，并且他们同时使用3—4个显示器也没有问题，还可以随心所欲地改变显示器的位置和大小。即使身处吵闹的环境，只要戴上虚拟现实头盔，他们即可瞬间进入属于自己的办公室。

正是出于放大这一优点、扩大Oculus的业绩和用户数量的战略考量，Facebook的Oculus试图布局沉浸式工作环境，开发出了Infiniti Office。在Infiniti Office里，人们可以将物理空间中的桌椅按原样摆放在虚拟空间中，还能将物理输入手感良好、使用方便的蓝牙键盘和鼠标变成虚拟现实

---

① 编者注：OneDrive是微软在线云存储服务。
② 编者注：GoogleDrive是谷歌在线云储存服务。
③ 编者注：Notion是整合笔记、知识库和任务管理的协作平台。
④ 编者注：Confluent是管理和组织不同数据源的流媒体平台，它可以实时把不同源和位置的数据集成到一个中心的事件流平台。

中的虚拟键盘和鼠标，让使用感实现无缝切换。

号称可以消除现实世界与虚拟现实的边界，拥有无限可能的虚拟办公室确实不辱其名。此外，办公室的主题和布局也可根据具体情况随意更改。你可以让你的办公室变成一座静谧的小木屋，或者是巴厘岛度假胜地的海景别墅，抑或是纽约摩天大楼上可以俯瞰胜景的商务写字间。如果在模拟出个性化与最优化环境的虚拟办公室里，人们能以极高的沉浸感和效率完成工作，那么这必将掀起一场工作方式的重大革命。

虚拟办公室还可以进行灵活多样的调整，以满足用户在效率和工作特性方面的要求。无论是作画的艺术家、设计产品的设计师，还是敲代码的程序员、撰写报告书的策划人，每个人都可以按照自己对工作效率的要求随意更改办公室的布置，还可根据具体的时间、当日的心情和天气进行调整。于是，一个全新的工作空间就此诞生。在这里，除了工作内容无法更改，过去那些在物理空间中一旦固定下来就无法变更的事物几乎都可以随意更改，人在其中可以更专注地工作。而在工作间隙，它又能变身为一个让人休息和冥想的解压保健空间，同时这种转换可以与各种服务和产品相结合，实现共同发展。

虚拟员工

原本在智能手机、聊天机器人或智能音箱里发挥作用的人工智能助理正在逐步进入虚拟空间。它可能是个虚拟机器人或可爱的电子宠物，还可能是个与真人一模一样的虚拟人。它将具有多种多样的形态和功能，例如理解人们的命令和要求，给出反应，或是针对要求的内容做出应对等，它还能在工作时间化身为虚拟员工，协助真人开展工作。它可以是帮你确认日程安排、预约会议的秘书；也可以是帮你找资料、做统计的研究助理；抑或是给你放音乐、帮你放松休息的好朋友，总之它为你提供各种一对一的贴身服务。就好像电影《她》中的萨曼莎进入了你的增强现实和虚拟现实设备一般。

由于虚拟员工几乎不需要企业投入费用，而且它们不存在精神压力和基本生理需求，因此企业将更倾向于聘用虚拟员工，并将简单的、辅助类的工作以及个性化的支援工作交给它们。虚拟员工存在于增强现实与虚拟现实中，它们与云端相连接，完成与现实世界相关的工作。随着对虚拟员工的需求逐渐增加，原有云服务企业的经营范围将得到扩大，虚拟员工派遣业、虚拟员工培训所和虚拟员工开发企业等新业态也将逐渐涌现。

第八章

元宇宙打造的
虚拟经济时代

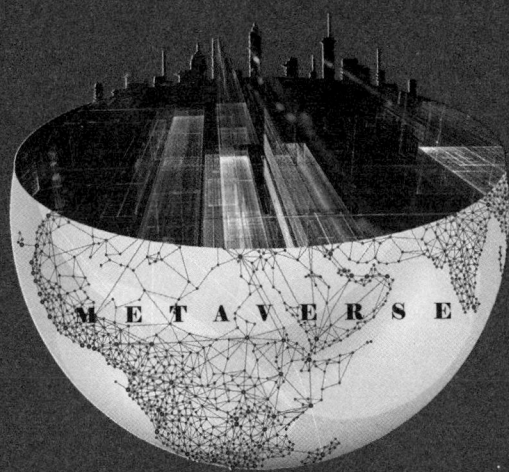

METAVERSE

01

连接的未来

连接在不断进化的过程中赋予了那些处于连接中心的用户以权力。随着个人拥有了连接的权力，我们便进入了拥有权力的个人时代，正如马歇尔·麦克卢汉（Marshall McLuhan）所说的"所有媒介都是人类身体（能力）的扩展"那样，人们正在以多种多样的方式扩展。通过数字媒体和如链条般连接的社交媒体，个人的影响力已经超越了传统媒体。随着数字的无限复制和传输，许多领域的边际成本已经消失，长尾无穷多样的分化仍在不断进行中。

个人可以将他们的想法和欲望通过数字形式表达出来，即转换为文本、图像、代码、声源或视频等形式，然后让其他个人消费和共享这些信息。这些信息在处于连接关系的人群中会传播扩散得更快。连接性越强的人、越具有吸引力的奇闻趣事，其传播速度与影响力也就越大。处于复杂的网络连接中的人们就像由突触连接的神经元一样，他们正在形成一个可以引起连锁反应的神经网。

在超连接时代，随着连接的深度和广度不断扩展，人们已然成为所有连接的中心，他们的视角也在不断地扩大。大量的自媒体连接起来后，我们可以接触到世界各个角落的消息以及许多个人的想法和日常。与此同时，越来越多的传感器与互联网相连接，我们甚至可以观察和认知到以个人为中心的巨大场景中发生的细小变化。随着一切事物都转换为基于云端的连接，个人可记忆的容量和可运用的智能也在不断扩展。扩展后的认知与智能让许多事物可以实现自行操作与运作，因此，这使得空间可以作为围绕着个人的场景移动和变换。

无论个人身在何处，空间都可以依据其位置成为连接的场景[1]。空间的中心由处于连接中心的个人组成，空间的密度和大小由连接的密度和大小决定。连接的场景可以实时检测和响应环境变化，无论个人身处何处，都能控制空间内的场景或与场景产生交互。物理空间被置换成数字场景后，它被识别为数字场景的一部分，由此，物理空间具备了新的属性和功能。智能设备和增强现实成了查看这个空间的屏幕，它们同时也是为这个空间编辑属性和提供新功能的工具。通过这个工具，现实世界的物理空间及数字场景可以与数字信息或物体相结合。在连接的场景中，空间与信息组合在一起就能形成一层层增强的图层。

以这种方式扩展的世界就像智能手机一样具有移动性。所有连接后的个人移动路线都可以构成增强后的场景，这些场景可以被存储、编辑和共享。移动的个人在与其他用户重叠或相遇时，个人与个人之间会产生互动，这些互动既可以发生在合并的场景中，也可以在单独的个别场景中实现。

个人与现实世界的空间分离后，把自己放入完全虚拟化的场景中，便可以开始无限扩展空间和时间。转化为数字的虚拟化场景基本上具备可以与任何事物相连的连接性，用户在虚拟场景中遇见的物体、空间、人物以至于一切都是与互联网相连的。即使他们坐在书桌前，虚拟现实中的场景也可以像想象一样无止境，其数量同样也是无限的。

在虚拟世界中，每个个体有各自的时间以及对空间的世界观。个人可以跨越不同的世界冒险，也可以建设城市，与朋友见面，创造出合作与竞争并存的平行世界。

个体通过虚拟现实进入的世界，可以说是通过个人电脑进入的虚拟世界的多维版本。因为它不再使用单一的计时方式，而是可以回到过去、走向未来，空间内还有空间，空间内的空间也还可以存在空间。最终被扩展成一个由想象支配的世界后，个人生活的世界将没有线上和线下之分。这样的世界可称之为元宇宙，即由个人连接而成，经过不断扩展后，没有线上和线下之分的一切场景。

02

虚拟化身的进化

随着线上和线下的边界逐渐模糊，增强的图层不断叠加，时空被无限扩展，在这样的元宇宙中，个人可以拥有不止一个身份。现实中的个人可能只有一个，但在元宇宙中，个人可以是扩展后的自我，也可以具有多个存在和身份，我们在数字世界中甚至可以拥有几十个身份。

用户注册任何网站都需要创建账号和密码以及上传个人照片。如果上传的身份、照片与现实生活中的自己相关联，那么即使是在不同的网站中，我们仍然可以是同一个存在；但如果是像游戏那样选择假想的角色和假想的名字，那么我们就会拥有不同的身份。也就是说，在捏脸软件Zepeto里的我，以及《罗布乐思》和Facebook里的我都是不同的存在。不仅如此，在同一世界里也可以创造很多个我。如果我们在同一个地方用不同的电子邮件或者电话号码注册的话，就可以创造出许许多多不一样的身份。也就是说，在数字世界里，个体的存在和身份可以不止一个。

在元宇宙中，我们经常需要与其他用户进行交流和互动。用户们之间并不仅仅是打一次游戏的关系，也不只是单纯为了获取信息而短暂结交的关系，他们可能需要长时间频繁上线，共同完成任务和行动。如果元宇宙具有社交网络性质，用户还需要选择和展示自己的身份，因为根据身份的不同，他们会认识和接触到不同的朋友。

Facebook Oculus中的虚拟化身与Rec Room里的虚拟化身以及AltspaceVR里的虚拟化身各不相同，因此人们对身份共存已经习以为常。不过在充满爱与关注以及具有标准价值的元宇宙中，人们还是会花费许多努力在管理自己的身份上。如果像现在的Facebook和领英那样，用户在里面的身份与现实世界的身份一致，情况则更是如此。

即便这样，多重身份仍旧是元宇宙的一大优势。在这个没有想象限制的世界里，个体可以有许许多多个对存在和身份没有限制的虚拟自我，这些虚拟自我组合起来后，用户便会源源不断地遇见各种现实世界中不可能发生的事情。

人工智能和机器学习的发展推动了全新存在的诞生，这种全新的存在可能在现实世界中并没有对应的存在。它们有许多不同的叫法，比如元人类（Meta Humans）、数字人类（Digital Humans）、虚拟人类（Virtual Humans）、人造人（Artificial Humans）、数字替身（Digital Doubles）等，这些名称通常都带有数字或虚拟的含义。又因为它们不是人类，所以人们有时还会在名称上加入表示"存在"的词语，比如数字存在（Digital Being）和虚拟存在（Virtual Being）等，如果这些身份像明星一样出名了，我们还可以称之为"虚拟网红"（Virtual Influencer）。正因为看中它们具备大众化的潜力，所以近来有许多企业都在这方面做出积极的尝试。

在Instagram上，利尔·米凯拉（Lil Miquela）坐拥300万粉丝，她会上传时尚爆棚的造型，也会和网友分享自己与男友弗拉科（Blawko）的约会和日常，就像那些十几二十岁的同龄人一般。然而令人惊讶的是，她并不是真实存在的人物，而是一个虚拟网红。在虚拟世界里，她既是一位时装设计师，又是模特和音乐家。

作为时装设计师，利尔·米凯拉曾登上现实世界的时尚杂志*Vogue*、*V*和*Paper*，得到过普拉达、古驰、香奈儿等品牌的赞助。她还推出了名为CLUB404的品牌，并公开过她声称是自己设计的T恤和袜子，这些商品一经推出便被抢购一空。作为音乐人，她发布过自己的音乐，而且在声田平台上备受欢迎。虽然利尔·米凯拉是一个出生在现实世界，却生活在虚拟世界里的虚拟化身，但她却是只有在现实世界中才广为人知的特殊存在。

宜家也在日本原宿开设的快闪店里启用了虚拟网红"Imma"，宜家其中一面墙壁的数字屏幕上投射出Imma的房间，并且公开了她三天的生活，直播她组装宜家家具、按摩和挑选衣服等一举一动。在这期间，Imma一跃成为备受关注的名人。

不仅如此，一位名叫莱娅·金（Reah Keem）的22岁虚拟少女也出现在国际消费类电子产品展览会的世界家电展上。莱娅居住在首尔，是一名DJ兼电子音乐作曲家，她是乐金为了营销而推出的虚拟网红。她在音乐平台Sound Cloud上公开了自己作曲的音乐"Comino Drive"，最近还在《集合啦！动物森友会》里制作的乐金有机发光二极管显示器宣传馆上变身为可爱的虚拟化身。

另外，三星推出了通过Neon项目可以轻松制作出Neon人造人（Neon Artificial Humans）的Neon Studio。用户可以先在预设好的虚拟化身中选择自己喜欢的形象，然后重新调整设置值，就可以自定义视频和旁白等。

这样短时间内就可以制作出符合自己目的的通用虚拟化身，并可以轻松地将其移植到应用程序或服务中。

推进虚拟人类大众化的方案可以说已经出炉了，就像Naver Clova的人工智能声优服务可以很轻松地为视频配音那样，Neon可以很轻松地打造出有表情、有动作、有声音的虚拟人类。今后人们通过Neon Superstar不仅可以推出虚拟网红，还可以定制像My Neon这样的个人秘书服务，任何人都能轻松使用虚拟人类的时代即将到来。

游戏《堡垒之夜》的开发公司英佩游戏开发出一款基于虚幻引擎的云流送（Cloud streaming）应用程序MetaHuman Creator（"元人类创造者"），人们使用它可以开发出高度精致细腻的虚拟人类。这款工具可以将目前制作游戏时使用的库和创作工具中制作虚拟人类的部分分开，实现最优化，它可以被应用于虚拟人类的预设和皮肤、头发、服装等，虚拟形象的细节部分也可以由用户自定义制作，用户还可以设计自己喜欢的表情或动作，并把它们应用到游戏或视频等当中。因为这种创作服务是免费提供给用户的，所以也可以说，这款工具为我们早日进入虚拟人类时代创造了有利的条件。

随着虚拟人类的兴起，数字时尚的关注度也相应地得到了提高。数字时尚是指利用计算机特效实现的服装视觉展示，它并没有实体服装，只是存在于数字数据中的一种时尚。

由于数字化转型，许多时装设计师开始使用三维数字工具设计服装，其中代表性的软件有韩国企业CLO Virtual Fashion开发的CLO。

通过这款软件，用户不仅可以轻松地将二维图案转换为三维数据，而且还能详细展示各种面料的质感、模特的试穿效果、光线和色泽等，这一款强大的工具可以将服装一个多月的制作时间缩短至5天左右。暴雪

（Blizzard）和EA等游戏制作公司也将这一工具应用于虚拟化身的服装制作，动画制作公司也喜欢使用这一工具。用户使用这个工具可以提取由数字构成的时尚数据，制作实体衣服之前的视觉数据状态就是我们所说的数字时尚。

数字时尚不仅被应用于游戏和动画，在以增强现实为基础的虚拟试穿软件中，它也作为试穿衣服的图像数据得到使用。最近由于新冠疫情的影响，人们无法举办线下时装秀，于是虚拟时装秀登场了，这时模特们身上的虚拟穿着也可以称之为数字时尚。2019年，美国Quantstamp的马化东（Richard Ma）赠送了一件价值9500美元的礼服给妻子，这件礼服正是利用数字时尚设计而成的，这一事件还成了新闻上了电视，在电视采访中他表示自己委托服装公司The Fabricant给妻子量身定制了一件世上绝无仅有的礼服，即使这件礼物并不存在实体，也是一件特别的纪念品。由此可见，数字时尚的使用已经开始变成现实。

图片来源：bbc.com[1]

斯堪的纳维亚一家时尚公司Carlings推出了名为Neo-Ex的品牌，据称其灵感来源于游戏《堡垒之夜》，因为这家公司看见游戏中的虚拟化身可更换皮肤，所以制作出了这个数字时尚系列。他们表示，制作人们不常穿的衣服会破坏环境，而且实体服装会因为大小和版型的限制带来很多麻烦，但是数字时尚没有碳排放，而且人们通过软件就可以轻松穿戴，所以这是一种意义深远的努力。他们也举办了营销活动，不卖实际衣服，顾客以11美元至33美元的价格购买数字服装并拍照，但由于数量有限，商品已经全部售罄。[2]

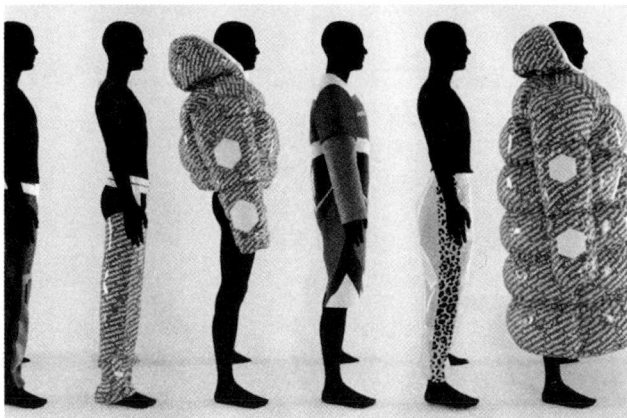

我们不能忽视虚拟人类或数字时尚的出现，因为这与元宇宙的崛起有关。我们现在在现实世界中已经遇到了由数字实现的虚拟人类和虚拟时尚。随着技术的成熟，制作精良的虚拟人类已经让人难以分辨真假，它们在现实世界中承担接待顾客、播报天气预报和新闻、解说美术馆展览等服务，有的甚至成了名人或播客，有了粉丝群体和一定的影响力。但与此同时，我们不得不思考，如果这些虚拟人类反过来进入元宇宙的虚拟世界，又将会产生怎样不可估量的影响。

　　数字原生（Born-Digital）的特点在数字中表现得最为明显。脱离现实世界的有限框架和场景，虚拟人类与代表自己的虚拟自我相遇，利用数字时尚来打扮自己，我们无法想象由数字构成的元宇宙里会出现多少可能性。

多人 & 多重身份

多人 & 多重身份

真实身份

虚拟自我
数字存在

真实自我

虚拟世界 ———————————————— 现实世界

虚拟化身
非游戏玩家
数字人类

人造人
虚拟网红

虚拟身份

03

虚拟经济的崛起

我们在前文中提到过元宇宙的核心要素，其中就包含了在虚拟世界内部运行的经济系统。这意味着元宇宙中拥有自主通用的虚拟货币，并且可以利用数字技术生产所需物品以及开展劳动工作，也可以实现数字形态的物物交换或货币买卖。在这一体系下进行的所有经济活动，我们都可以把它们定义为虚拟经济。

虚拟经济体制不仅可以激励参与者，起到赋予参与者动机的效果，而且它们还是维系虚拟世界可持续性发展的最有力的动因。在游戏《第二人生》中，玩家可以通过以林登币运行的经济系统购买土地、建造房子、经营公司等；在"赛我小窝"中有橡实经济，橡实可以用来装饰房间、购买道具；在《罗布乐思》中，参与者们可以亲自制作游戏，为玩家带来收益；而在IMVU或Zepeto中，用户则可以使用Credit币购买所需道具和服装。大部分的游戏和虚拟世界都有其独特的虚拟经济，而这些虚拟经济运营得好坏，以及它们对参与者激励程度的大小则成了衡量游戏成功与否的标尺。

元宇宙并不单单指某一个特定的虚拟世界或单一虚拟现实内的社交网络，它是通过数字化实现的一个所有虚拟化世界的最高集合，其中包括现实和虚拟的界限。就像在真实世界中，人是经济的媒介和中心，人与人之间会产生交互并创造和交换价值一样，在元宇宙中也存在各自的社会和经济体系。

不过，元宇宙并不会为生物存续做出努力，其自身也不存在欲望。如果有，那也是从真实世界的用户那里投射过来的，我们可以将其看作现实和虚拟世界连接的最大证据。这种从真实世界中反映出来的人类欲望是驱动虚拟经济的主要原因，现实世界中的拥有、共享、价值变动、生产和消费的概念也将构建起元宇宙的经济脉络。

加密货币经济vs.法定货币经济

在区块链技术的适用对象中，最能反映人类欲望的便是加密货币。2008年，在人们高呼对华尔街的贪婪行径及传统金融系统进行反思时，中本聪（Satoshi Nakamoto）发表了一篇论文，次年，他将论文的内容实际反映到现实中，并于2009年1月首次创建了比特币的创世区块（Genesis Block），这开了加密货币的先河。虽然比特币仍然处于不稳定的阶段，并且存在争议，但在过去十几年的时间里，它带来了诸多变数，对现实中的实体经济也产生了巨大的影响。

在联网的计算基础设施上，通过数字实现的算法创建了逻辑，在挖掘和流通数字货币的过程中，该逻辑建立起被称作"数字资产"的新价值体系，随着该体系在去中心化的网络上重新编程，它不断朝着更好的方向进化。这种以区块链为中心建立的新经济体制被称为加密货币经济。而现在我们正处于长期以来使用的法定货币经济与虚拟货币经济的分界线上。

元宇宙与区块链的连接

元宇宙包含虚拟世界和现实世界的交界，这意味着其内部同时存在由比特（bit）组成的世界和由原子组成的世界，因此以比特来运行的加密货币经济与作为实体经济的法定货币经济的交界也很可能被包含在内。加密货币体系很适合虚拟经济，即便它的出现是为了反映现实世界中人类的欲望。早期元宇宙里的许多服务和虚拟世界都是通过发行自己的货币来运营的，但近期登场的服务都在加密货币的基础上运营自身货币。如在三维虚拟化身社交聊天软件IMVU中，除了自带的Credit币，它还推出了加密货币VCOIN。另外，投射于现实世界地图上的虚拟房地产交易平台阿普兰（Upland）也将自带加密货币UPX作为购买货币流通。

现在在元宇宙中，即使把大部分虚拟世界的代币或货币换作区块链技术，元宇宙也能正常运作，由此可见数字生态系统构建得非常人性化。因此只要解决了必要性、效用价值和规制方面的问题，元宇宙的虚拟经济就可以随时转变为基于加密货币经济的形式。

由于游戏币、商品市场、奖励点数等虚拟经济的价值从很久以前起就得到了用户的认可，并且已经发展成相当大的规模，所以即便将其转换为区块链的形式，用户也很难从表面感受到其中的变化，不过这种转换本质上却蕴藏着引发巨大变化的契机，这个发展趋势值得人们关注。

Facebook的Diem和虚拟货币

世界最大的社交网络Facebook也一直高度关注虚拟经济。因为Facebook本身就属于巨大元宇宙的一部分，如果一个平台能在互联网中运行虚拟经济的话，那么不仅它的资产市场的规模会变得超乎想象地大，而且它的生态系统也会变得更具可持续发展性。

我们常说的虚拟货币分为以下四种类型：（1）标准型指的是单纯的点数，只能在单一游戏或虚拟世界中获得和使用，玩家之间无法进行交换，也无法把它兑换成法定货币；（2）高级型指的是可以使用法定货币购买的自主货币或信用，除此之外，其余属性与标准型一致；（3）商品型类似于百货商场的商品券，玩家不仅可以购买它，还能用法定货币出售或交换它；（4）货币型则像加密货币一样在线上和线下均可使用，玩家还能自由地进行兑换或交换。Facebook的Diem就属于货币型，不仅用户在Facebook和现实世界中都可以使用它，而且它还通用于Oculus虚拟现实生态系统。

在2019年，Facebook推出了稳定币项目Libra，意在消除传统加密货币的巨大波动性，以保证虚拟经济相对稳定地运行。在项目初期，由于贝宝（PayPal）、万事达卡（Master card）、易趣（eBay）等行业巨头的加盟，这个项目引发了全世界的关注。但是因为政府和金融行业认为这会威胁到金融秩序，表现出了强烈的反对，所以该项目只好被暂时搁置了。

最近，随着中央银行数字货币（Central Bank Digital Currency，简称CBDC）的发行成为热门话题，Facebook将Libra和虚拟资产钱包Calibra分别更名为Diem和Novi，它竭力再次推出加密货币Diem。虽然在获得许可的道路上依旧困难重重，但如果成功发布的话，Facebook将有望成为全球使用人数最多的元宇宙金融帝国。

虚拟资产和数字所有权

在虚拟经济中，如果说价值交换需要虚拟货币的话，那么价值积累和投资则需要资产。虚拟资产指的是在数字虚拟经济中能让价值内化的对象。韩国法律对其的定义是"具有经济价值，能够进行电子交易或转移的凭证及权利"，但其中也明确规定了不包括"在游戏中获得的有形及无形产物、电子货币、电子股票和汇票"等对象。幸运的是，《关于特定金融交易信息的报告与使用相关法律（特别金融法）》修订后，加密货币被纳入虚拟资产之中，但虚拟资产仍未被纳入金融资产的范畴中。

在虚拟经济中还有另一个要素，那就是虚拟商品，即在互联网中流通的数字形式商品。在元宇宙中，大部分商品都有丰富多样的形式。比如像提升虚拟化身能力或拥有特殊技能的武器、道具之类的功能型商品，以及皮肤、服装、配件等装饰型商品，还有能量、燃料等消费型商品，这些通常都可以在虚拟世界中获得或购买。

图片来源：dailymail.co.uk[2]

虽然虚拟商品与虚拟资产看上去十分相似，但两者之间存在明显的区别。我们可以从以下四点进行区分：（1）判断所持财产是否具备竞争性，虚拟资产是有限的，因此具有竞争性，而虚拟商品则可以无限流通；（2）判断价值是否具备持续性，无论联网与否，虚拟资产都可以维持当前的价值，而虚拟商品仅在联网时才能呈现它的价值；（3）虚拟资产的附加价值会因为用户而上涨或下跌；（4）再补充一点，虚拟资产可以生产和交换，也可以使用实体货币直接或间接地进行购买和销售，而虚拟商品基本上只能实现其中部分功能。

2007年，游戏《魔兽世界》里一位名叫"Zeuzo"的玩家以7000欧元①的高价售出埃辛诺斯双刃，这在互联网上引起了巨大的轰动。虽然当时韩国也常有私下的商品交易，但这次的交易额对人们来说仍然是一个天文数字。此次事件可以被看成一个将虚拟商品转换为虚拟资产的例子，这样的事情现在在以元宇宙为中心的虚拟经济中常有发生。

2010年，在虚拟世界游戏《安特罗皮亚世界》（*Entropia Universe*）中，约翰·雅各布斯（John Jacobs）将他的"不死俱乐部"（Club Neverdie）以63.5万美元的价格出售。这个俱乐部是他用10万美元贷款购买的，此后，这笔赚来的钱被他当作从事线上活动的初创企业的启动资金。

2018年，在加密货币风头正劲时，在一款基于以太坊（Ethereum）网络的《谜恋猫》（*Crypto Kitties*）游戏里，稀有数字猫的交易价格甚至达到了17万美元。[3]

Decentraland是通过在线虚拟现实方式建立的一个三维虚拟世界，它由9万个10米×10米的地块组成，实际面积相当于6个新加坡的大小。其

---

① 译者注：当时约合人民币70,000元。

内部的所有操作均基于以太坊网络，全部行情、交易和所有权都记录在区块链账本上，这里使用的是一种叫作MANA的加密货币。在平台中，相当于市中心的"创世纪广场"（Genesis Plaza）以27万美元的价格成功被交易，处于城市最外围的"边缘"的地价也按照行情被卖到了约700美元的价格，Decentraland的CEO阿里·梅里奇（Ari Meilich）曾提到过，平台累计交易金额达到了5000多万美元。在《第二人生》中，虚拟房地产也是最受欢迎的领域之一，通过基于现实世界地图的阿普兰和地球2（Earth 2）中的买房热潮，我们足以看出人们对有限资产的欲望始终未曾改变。

另外还有一种社交网络，它基于自主加密货币BitClout计算反映个人社交影响力和品牌力量的个人价值，然后根据购买BitClout的量和个人价值的比例发行相应的"创作者代币"（Creator Coin）。但由于种种原因，该社交网络服务在备受期待的同时也饱受争议。它的独特之处在于，用户各自的ID通过个人代币发行，别人投资自己代币的数量越多，用户的价值就越大，这也可以看成是一种将个人社交品牌转换成虚拟资产的新尝试。

图片来源：github.com[3]

　　就这样，在这个由数字技术组成的元宇宙中，一个叫作"虚拟资产"的全新价值积累手段诞生了。基于区块链的加密货币逐渐成为一种交易手段，这不仅赋予了虚拟经济向新局面转换的可能性，还为它注入了极具破坏力的创新性。如果说在此之前，数字改变世界的原理是无限复制和传送的能力，那么现在它拥有了相反的属性，一个有限而有所属的数字正开始创造出新的价值。

NFT与唯一性

2021年3月，紧张的气氛笼罩着已有255年历史的佳士得拍卖行（Christies）。受新冠疫情影响，佳士得拍卖行无法进行线下拍卖活动，因此它转为了线上拍卖。其中有一份名为《每一天：前5000天》（*Everydays: The First 5000 Days*）的JPG格式文件，它是由数字艺术家Beeple创作而成的作品。他在过去的5000天里每天创作一张数字作品，最终把它们拼贴成了一幅作品。这幅作品在转换为非同质化代币（Non Fungible Token，简称NFT）之后，便成了一幅世界上独一无二的作品。它的起拍价为100美元，但当竞拍结束时，显示成交价的画面最终定格在了6934.625万美元（约合人民币4.5亿）。

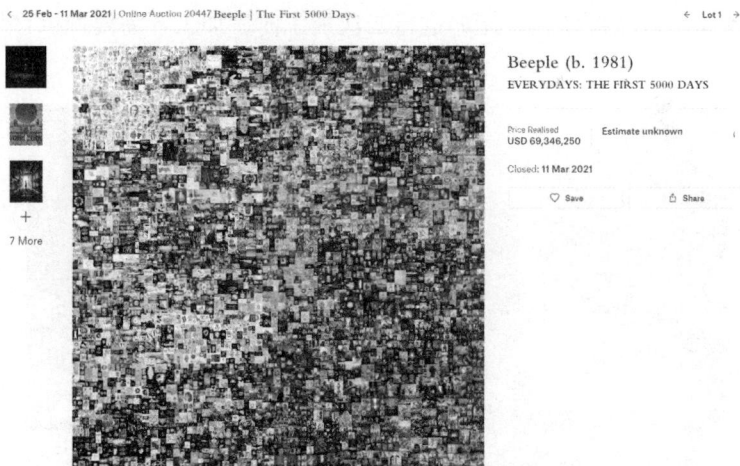

图片来源：coinmarketcap.com[4]

随着数字所有权的兴起，一同备受瞩目的还有"真伪性"和"唯一性"，它们给世界带来了强烈的冲击。因为这意味着基于区块链技术创作出来的数字作品能够被证明是唯一的真品。在记录所有权和交易内容的数字产权证明技术基础上，数字作品成为世界上独一无二的存在，数字由此变为资产，产生了有限的价值。

这一事件之所以被当成一个重要的契机，是因为它打开了数字艺术、音源、照片等作品成为有限资产的大门，未来将有望形成一个庞大的市场，而且如果把元宇宙中无穷无尽的资源都铸成NFT，都变为固有资产的话，元宇宙中的虚拟经济规模也会变得无比庞大，现实世界中人们的强烈欲望也会因此展现到元宇宙当中。

NFT是不可替换的代币。在物理空间里，世界上独一无二的美术作品、作者亲自编写的乐谱或小说原稿等基本上都是不可替代的，而在数字世界中则不存在这种有限性。虽然存在数字版权管理这类技术支持，它可以使作品避免被复制，比如进行二次加工时，加工者需要提供许可证

图片来源：nftplazas.com[5]

明，但是创作的主体依然能够无限地复制数据。无论是实体货币还是数字货币，都应该保证自身有足够的数量可以进行流通，确保可以被替代和交换，但NFT必须是世上唯一的数字数据。

像OpenSea、SuperRare、Foundation这类可以交易NFT的数字交易平台层出不穷，铸币、美术馆、租赁、咨询等五花八门的相关服务也纷纷涌现。格莱姆斯（Grimes）不仅是一位音乐制作人，还是特斯拉创始人埃隆·马斯克（Elon Musk）的伴侣，她的作品被卖到了600万美元，还有Twitter创始人杰克·多西（Jack Dorsey）发布的第一条Twitter也被卖到了250万美元，由NFT构成的虚拟世界Decentraland里，每天都在进行着土地交易，区块链版的电子宠物游戏*Axie Infinity*中，一套包裹也曾被卖到160万美元。

	可替代的	不可替代的
有形的		
数字的		 非同质代币

现在这种巨额交易成为新闻刺激着人们最原始的欲望，但当它真正变为我们日常生活的一部分时，将会给我们带来翻天覆地的变化和更加强烈的冲击。

04

虚拟经济的争议性和局限性

与主流实体经济相比，虚拟经济不仅规模较小，而且与现实世界相分离，所以它存在明显的局限性和争议性。即便如此，虚拟经济的规模仍在不断扩大，正如元宇宙一样，随着基于数字世界的生活方式占据的比例越来越大，其中所涌现出来的问题也亟待改善和解决。与其说关于虚拟经济的争论大部分都来源于其本身，不如说它来源于现实世界中人类的欲望、贪婪、希望和创新的意志。所以，虚拟经济的争论也与现实相关。随着关于资本和价值的话题增多，人们对于虚拟经济的争议也越来越大。

（1）缺乏信赖感

因为虚拟经济的主体大部分都来自民间，所以虚拟经济在信任问题上比较难以保障。即便人们可以相信实现虚拟经济的区块链技术，他们也很难信任交易所或特定的服务。也有人主张说，在这种技术的支持下，人们会建立起对现有经济体系或金融产业的相应的信赖感，所以我们还需要经历漫长的时间和几代人的努力，让它被社会所接受。

（2）缺少安全性

随着平台和加密货币越来越多，新的商业模式和首次代币发行如雨后春笋般出现，它们的安全性已经无法保障。虚拟经济很难被看成遵循了"高风险、高收益"的固有模式，能够保障虚拟经济安全性的政策和制度也尚未成熟。由于诈骗行为屡屡出现，且骗子的诈骗方式花样百出，所以各经济主体应该根据虚拟经济去中心化的属性来完善和解决问题。

（3）波动性和不稳定性大

受一部分持有大份额货币的个人影响，虚拟经济容易出现起伏，并且这种波动还会迅速反映到管理机制和话题上。这也是主流经济否认以区块链为首的虚拟经济的最大理由，以及不承认其价值的依据。为了解决这一问题，政府主导的数字货币和稳定币进行了大量的实验，但是要想有效控制波动性和不稳定性，就要向虚拟经济引入充分的价值，直到它实现源源不断地自主创造价值以前，这都将是一个永恒的话题。

（4）缺乏透明度

虽然区块链账本和基本技术是透明的，但是应用虚拟经济的主体、商业和资金流等诸多方面并不透明。如果虚拟经济使用人们无法追踪的技术，那么问题就会变得更加严重。此外，与去中心化的哲学理念相冲突的是，透明度很容易受到中心化的交易所、"挖矿"团队和技术社区等影响，从而引发一系列信任问题。

（5）存在效率低下的问题

大量兼容性不好的技术和协议蜂拥而至，这导致虚拟经济的交易成本和管理效率低下。由于在"挖矿"的过程中会消耗大量的电力和计算机运算能力，即便是在今后的持续交易中，虚拟经济也依然无法保障其效率，因此虚拟经济亟须专家为创新技术倾注心力和时间。

（6）存在安保薄弱的问题

虚拟经济即便是紧密依托开源代码的技术，并且由三四种安保算法组成，但也需要依靠人类编程来实现，所以仍然会存在安保薄弱、个人信息泄露和黑客威胁等问题。比如在首次代币发行的过程中，大量的加密货币被掠夺，以及在安保薄弱的交易所，钥匙被抢走、加密货币被转出等，诸如此类的事件不计其数。在虚拟经济在虚拟世界的价值很小或者它在现实世界中没有兑换价值时，它对安保的需求也会相对较弱，但随着今后虚拟经济规模的扩大、内在价值的提升，将会出现越来越多关于安保问题的话题与争论。

（7）管理机制与社会认可度之间存在巨大鸿沟

政府对新技术或价值体系只会持否定态度，因此这必然会妨碍现有制度的革新，而这种差异也决定了社会革新的程度。如果变化速度或结果造成的影响过大，那么这一变化往往会因为管理机制的限制而被搁浅，或是因为既得利益者的阻挠而化为泡影。社会认可度和管理机制之间的关系亦是如此，因此在这方面，制定社会协议和建立有制度规范的体系始终是一个巨大的挑战。

（8）在征税与公平性问题上存在争议

归根结底，就像资本主义社会所有制度那样，对于社会创造的价值，我们既要适当补偿，又要征税，并以此来完善倾斜的公平性和普遍福利。然而，带动虚拟经济发展的技术在不断变化和摸索中，其速度与破坏力是系统望尘莫及的。既合理又客观且具有法律普遍约束力的系统和制度只存在于人们美好的幻想中。因此对这方面的争议将会频繁引发意外状况，并导致公平性和稳定性缺失的现象时常发生。尽管前路困难重重，我们仍然应该打造以社会弹性、公民意识和包容性为基础的和谐文化，跨越鸿沟，并朝着正确的方向前进。

第九章

准备好了吗？头号玩家！

一起飞往充满无限机会的时空吧

雅达利（Atari）是一家创立于1972年的电子游戏制作公司，它曾推出过以史蒂夫·乔布斯喜爱的街机游戏*Pong*为首的《吃豆人》（*Pac-man*）、《小行星》（*Asteroid*）等数百个游戏作品。雅达利在20世纪70年代引领了电子游戏的大众化风潮，在历史上占有一席之地。1977年，雅达利推出了一款游戏主机雅达利2600（VCS）。这是世界上第一台卡式游戏机，在它上市后，人们纷纷拿起游戏手柄，在电视机前狂热地享受游戏的欢愉。雅达利也成了当时人人梦寐以求的最佳工作之选。

直到1983年"雅达利冲击"（Atari Shock）到来，在电子游戏产业陷入大崩溃前，雅达利的作品可谓风靡一时。在斯蒂芬·斯皮尔伯格（Steven Spielberg）根据同名小说改编的电影《头号玩家》中，最后的第三道关卡就是雅达利2600的游戏——1979年问世的《冒险》（*Adventure*）。这是一款最早的动作冒险类游戏，开发者还在里面隐藏了一个彩蛋。因为影版的设定完全相同，对了解这些的用户而言，这既是一部科幻电影，又是一部能充分唤起旧日回忆的怀旧影片。雅达利目前正在开发加密货币Atari Token（ATRI），它将旗下电子游戏、互联网金融业务与区块链相连接，并在游戏Decentraland中开设了赌场和游戏厅。

在《头号玩家》中，天才开发者詹姆斯·哈利迪（James Halliday）创造了虚拟现实世界"绿洲"。主人公韦德·沃兹（Wade Watts）在"绿洲"中的虚拟化身借用了圣杯骑士帕西瓦尔（Parzival）的名字，他在与企业巨鳄IOI对抗的同时，还要守护"绿洲"。这所有设定都和《雪崩》十分相似，让人不由得怀疑斯皮尔伯格是不是在致敬《雪崩》。实际上，片中虚拟世界和现实世界的比例是六比四，虚拟世界所占的比例要大很多。在故事的结尾，主人公闯过所有关卡后，我们看到了詹姆斯·哈利迪最后的留言。他告诫我们，虽然虚拟世界占比更大，但更重要的事都存在于现实世界之中。

"我创造了'绿洲'，只因我从未适应现实世界，我不知道怎么在现实世界与别人沟通。终其一生，我都在畏惧着现实。但在生命的尽头，我才明白，尽管现实世界充满恐惧和痛苦，但只有在这里，你才能找到真正的幸福。只因为，现实是真实的。"所谓元宇宙并不是由人们想象了很久的虚拟世界和一直在发展的虚拟现实或增强现实这样的技术创造出来的。如同《头号玩家》故事里那样，脚踏现实土地的我们走进元宇宙，在那里，我们的想象有多大，世界就有多大。而之所以其中还存在分界线，那是因为元宇宙正在走入现实世界的深处。

元宇宙和电脑游戏之间的区别在于，在元宇宙中，我们和现实连接在一起，我们可以和其他的用户交流沟通。而元宇宙的时间也和现实世界的时间连接在一起，形成一个数字平行宇宙。就像电影《黑客帝国》（*The*

Matrix）的主人公尼奥（Neo）为了守护现实而选择了红色的药丸，在元宇宙的世界里，最重要的莫过于来自现实世界的我们。

Amazon Prime Video推出过一部名为《上载新生》（Upload）的网剧。这部剧的内容很劲爆：人们的记忆、经验和回忆全部都可以被数字化后上传到网上的虚拟世界中，上载后的人从此不会衰老、不会死去，而是会以意识的形式永生，其还可以通过屏幕与现实世界中的人们见面，虚拟成了现实。

微软首席科学家戈登·贝尔（Gordon Bell）的研究也与此一脉相承。他从很早以前就开始了"我的数码生命"（MyLifeBits）计划，他认为如果把我们所有的记忆都记录下来，那么就可能实现随时重现完整记忆的"全面回忆"（Total Recall）。

埃隆·马斯克创立的Neuralink曾经开展过一项研究，该研究尝试在猪脑中置入芯片来读取脑波，该实验取得了成功。如果能尽快成功读取人脑信息，那么攻克阿尔茨海默病或帕金森病等人类尚未征服的疾病也指日可待。然而，让我们用科幻的视角去想象一下，如果我们反过来向大脑施加电信号，也就可以制造出如同亲眼所见、亲耳所闻、亲身所感的体验。到了那时，也许我们可以不用戴上累赘的虚拟现实头盔就能生活在虚拟世界里。

科幻电影里或是我们想象中的元宇宙，现在看似依旧是遥不可及的传说，但在互联网进化的过程中，元宇宙正以我们无法定义的速度扩张。现在，我们身处这个元宇宙的中心，此刻在数字虚拟世界里发生的事、人类做出的挑战正一同书写着历史全新的篇章。

这里可能诞生出新的谷歌，也可能诞生出新人类。虚拟经济的规模可能直逼实体经济，虚拟世界的人口也可能有地球人口的几十倍之多。在一天的生活中，我们花费在虚拟世界里的时间占比越来越大，逆转时刻也许正在降临。有越来越多的人整个周末都消耗在虚拟世界里。单单想象一下，也能体会到现在正发生的变化是何等迅疾和猛烈。

不过，有一件事明白无误，那就是所有的一切都是由我们的意志和努力决定的。技术带来的变化是一把双刃剑，人类始终为了能把技术导向于人有益、公平正义的目的而不懈努力。

迈向元宇宙的旅程也面临着同样的挑战。变化有多大，机遇就有多大。呈指数增长的变化将为我们带来新的时间与空间，那里有着比以往任何一个时代都更多的机会。如果詹姆斯·哈利迪现在再看到元宇宙，也许他会这样说——

"现实都是真实的。"

参考文献

内容来源

第四章

1 http://worrydream.com/refs/Sutherland%20-%20The%20Ultimate%20Display.pdf

2 https://blog.siggraph.org/2018/08/vr-at-50-celebrating-ivan-sutherland.html/

3 https://www.elianealhadeff.com/2006/11/ibmplay-serious-games-for-virtual.html

4 https://www.youtube.com/watch?v=QhWcI1gswqs&ab_channel=HighFidelity

第五章

1 https://techland.time.com/2012/11/01/best-inventions-of-the-year-2012/slide/google-glass/

2 https://www.internetlivestats.com/

3 https://uploadvr.com/oculus-quest-store-stats-2020/

4 https://www.pocketgamer.biz/news/75688/superdata-oculus-quest-2-shifted-1-million-units-in-q4/

5 https://kommandotech.com/statistics/how-many-iphones-have-been-sold-worldwide/

6 https://www.roadtovr.com/60-apps-oculus-quest-2-million-revenue/

7 https://www.oculus.com/blog/announcing-the-acquisition-of-surreal-vision/fbclid=IwAR1tgsQ9a21aC7f1s3EzVf_KOtzLn92vOBvC Nykp WoUkZrAzhW-_g9G6Q98

8 https://venturebeat.com/2016/12/28/facebook-acquires-eye-tracking-company-the-eye-tribe/

9 https://www.kickstarter.com/projects/551975293/meta-the-most-advanced-augmented-reality-interface

10 https://www.macworld.co.uk/news/how-many-apple-watches-sold-3801687/

11 https://www.fool.com/investing/2019/12/07/facebook-is-on-a-billion-dollar-vr-ar-buying-spree.aspx

12 https://www.roadtovr.com/facebook-acquires-varifocal-lemnis-technologies/

13 https://www.mobileworldlive.com/devices/news-devices/facebook-buys-maps-company-in-ar-vr-play

14 https://martechtoday.com/facebook-buys-ar-startup-

building-a-11-digital-map-of-the-physical-world-238428

第六章

1 https://program-ace.com/blog/unity-vs-unreal/

2 https://www.valuecoders.com/blog/technology-and-apps/unreal-engine-vs-unity-3d-games-development/

第七章

1 https://blog.aboutamazon.co.uk/shopping-and-entertainment/introducing-amazon-salon

2 https://www.bbc.co.uk/connectedstudio/

3 https://www.oculus.com/experiences/quest/2046607608728563/?locale=en_US

4 https://store.steampowered.com/app/1012510/Greenland_Melting/

5 https://time.com/longform/apollo-11-moon-landing-immersive-experience/

6 https://time.com/longform/inside-amazon-rain-forest-vr-app/

7 https://www.nytimes.com/interactive/2018/05/01/science/mars-nasa-insight-ar-3d-ul.html

8 https://www.prnewswire.com/news-releases/pwcs-entertainment-media-outlook-forecasts-us-industry-spending-to-reach-759-billion-by-2021-300469724.html

9 https://www.scarecrowvrc.com/?fbclid=IwAR3xZVweyh6xPe2UyIFrcRiF-OmlRxwS3Ux JPm6ye-EtzZdpqcug_CVv8Os

10 https://bmcpsychiatry.biomedcentral.com/articles/10.1186/

s12888-019-2180-x

11 http://www.whosaeng.com/97426

12 https://psious.com/acrophobia-vr-therapy/

13 https://gotz.web.unc.edu/research-project/virtual-vietnam-virtual-Reality-exposure-therapy-for-ptsd/

14 https://link.springer.com/chapter/10.1007/978-1-4899-7522-5_16

15 https://www.lumevr.com/

16 https://www.nature.com/articles/s41592-020-0962-1

17 https://www.sciencedirect.com/science/article/pii/S1093326318303929

18 https://www.sciencedirect.com/science/article/abs/pii/S1871402120301302

19 https://blog.capterra.com/the-top-free-surgery-simulators-for-medical-professionals/

20 https://www.news1.kr/articles/?3490328

第八章

1 https://terms.naver.com/entry.naver?docId=864529&cid=42346&categoryId=42346

2 https://hypebeast.com/2018/11/carlings-digital-clothing-collection-details

3 https://www.digitaltrends.com/computing/dragon-cryptokitties-most-expensive-virtual-cat/

图片来源

第三章

[1]https://blog.laval-virtual.com/en/laval-virtual-days-the-birth-of-virtual-worlds/

[2]https://www.shutterstock.com/hu/video/clip-1037713625-industrial-factory-chief-engineer-wearing-ar-headse

[3]http://blog.virtualability.org/2017/11/how-to-attendidrac-conference-in.html

[4]https://www.gearthblog.com/blog/archives/2017/04/first-review-new-google-earth.html

[5] https://en.wikipedia.org/wiki/Reality - virtuality_continuum

第四章

[1]https://augmentedrealitymarketing.pressbooks.com/chapter/definition-and-history-of-augmented-and-virtual-reality/

[2]https://nwn.blogs.com/nwn/2007/12/second-life-for.html,（左侧）https://www.sisajournal.com/news/articleView.html?idxno=121450（右侧）

[3]https://www.sedaily.com/NewsVIew/1Z7PMZPKK4

[4]https://www.businessinsider.com/pokemon-go-nick-johnson-trip-2016-9#that-meant-johnson-spent-a-full-day-layover-in-the-dubai-airport-while-they-waited-for-the-storm-to-clear-johnson-took-the-opportunity-to-keep-catching-pokmon-but-he-was-getting-stressed-out-the-delay-meant-hed-only-have-12-hours-

in-hong-kong-total-10

[5] https://minecraft.fandom.com/wiki/World_border

第五章

[1]https://minecraft.fandom.com/wiki/World_border

[2]https://www.cbinsights.com/research/top-acquirers-ar-vr-ma-timeline/

[3]https://www.forbes.com/sites/erikkain/2020/04/29/party-royale-is-coming-to-fortnite---when-to-play-freerewards-new-map-and-more/?sh=24dcc6c673a6:

[4]https://www.xrmust.com/xrmagazine/sxsw-online-xr-agenda/
（下图）

第六章

[1]https://www.electrooptics.com/analysis-opinion/meeting-opticaldesign-challenges-mixed-reality

[2] https://www.facebook.com/Oculusvr/videos/433308464321696

第七章

[1]https://area.autodesk.com/blogs/journey-to-vr/where-story-living-happens-home--a-vr-spacewalk-based-on-a-conversation-with-sol-rogers-founderceo-of-rewind/

[2]https://vrscout.com/news/cbs-sports-super-bowl-liii-ar/

[3]https://www.blackmagicdesign.com/kr/media/release/20200731-01

[4]https://www.hankyung.com/society/article/202103012614h

[5]https://www.marketresearchfuture.com/reports/virtual-

classroom-market-4065

第八章

[1]https://www.bbc.com/news/av/technology-56264555

[2]https://www.dailymail.co.uk/sciencetech/article-1330552/Jon-Jacobs-sells-virtual-nightclub-ClubNeverdie-online-Entropia-game-400k.html

[3]https://github.com/decentralandscenes/Genesis-Plaza

[4]https://coinmarketcap.com/headlines/news/who-isbeeple-most-expensive-digita-art-non-fungible-token-nft/

[5]https://nftplazas.com/new-decentraland-genesis-plaza-design/